Tesch-Biedermann
Patentwissen für die Praxis

Patentwissen für die Praxis

Das müssen Manager und Innovatoren in KMU über Patente wissen

von

Carmen Tesch-Biedermann

Verlag Franz Vahlen München

Dr. Carmen Tesch-Biedermann ist promovierte Physikerin, Patentanwältin und seit 2007 Inhaberin der Patentanwaltskanzlei *Athene Patent* (www.athene-patent.de) in München. Sie ist zugelassen als deutsche Patentanwältin sowie als European Patent, Trademark and Design Attorney.
Privat liebt die gebürtige Norddeutsche Wind und Wellen, Bergleben sommers wie winters, gute Bücher und Musik. Sie ist mit einem bayerischen Manager verheiratet und lebt mit ihrer Familie im Großraum München.

ISBN 978 3 8006 5434 5

© 2017 Verlag Franz Vahlen GmbH, Wilhelmstr. 9, 80801 München
Satz: Fotosatz Buck
Zweikirchener Str. 7, 84036 Kumhausen
Druck und Bindung: Nomos Verlagsgesellschaft mbH & Co. KG
In den Lissen 12, 76547 Sinzheim
Umschlaggestaltung: Ralph Zimmermann – Bureau Parapluie
Bildnachweis: © adrian825-istockphoto.com

Gedruckt auf säurefreiem, alterungsbeständigem Papier
(hergestellt aus chlorfrei gebleichtem Zellstoff)

Vorwort

Die Entscheidung, dieses Buch zu schreiben, traf ich eines Abends, als mein Mann nach einem anstrengenden Arbeitstag aus dem Office nach Hause kam. Mein Ehegatte ist mit Leib und Seele Manager. Er ist also einer von jenen Workaholics, die tagsüber von einem Meeting zum anderen eilen, eine Unmenge von Informationen verarbeiten und schließlich darauf basierend Entscheidungen treffen. Mich hat diese Welt und ihre besondere Denkweise immer fasziniert.

Andersherum konnte ich das jahrelang leider so nicht behaupten. Stattdessen betrachtete mein Mann meine Arbeit als selbständige Patentanwältin zwar mit viel Respekt und auch einer gehörigen Portion Bewunderung. Doch ein tieferes Verständnis fehlte – ganz so, als ob Patente etwas Geheimnisvolles, viel zu Spezielles und kaum Verständliches wären!

Also begann ich an jenem Abend, meinem Mann Geschichten zu erzählen und sie festzuhalten. Nicht aus dem Fachbereich Jura, sondern aus dem Umfeld der Wirtschaft. Nicht unter der Überschrift Patente, sondern unter der Überschrift Management-Tools. Keine hochintellektuellen Abhandlungen nach einem anstrengenden Arbeitstag, nicht dieses „Das auch noch!", sondern spannende Stories, interessante Fakten und klar auf den Punkt. Nützliches mit Unterhaltungswert aus seiner Business-Welt. Und schließlich fragte mein Mann mich dann allabendlich, ob ich ihm denn auch wieder ein spannendes Buchkapitel zur Lektüre mitgebracht hätte …

Für ihn steht mittlerweile fest: Patente sind ein immens powervolles Management-Tool, deren Stärken man gerade als Manager unbedingt kennen sollte. Patente schützen Innovationen und tragen deshalb maßgeblich mit zum Unternehmenserfolg bei. Sie sind ein machtvolles Instrument zur Erarbeitung und Umsetzung der Unternehmensstrategie. Umgekehrt können nur durch ausreichendes Patent-Basiswissen im verantwortlichen Management gefährliche Defensivsituationen vermieden und Haftungsrisiken minimiert werden – für das Unternehmen als Ganzes und für die Top-Entscheider ganz persönlich.

Was Patente im Kern ausmacht, was sie leisten, wem sie nützen und wie gefährlich sie für Dritte sind, beschreibt dieses unterhaltsame

Patentwissensbuch speziell für Manager. Ich lade Sie sehr herzlich dazu ein.

München, im September 2016
Dr. Carmen Tesch-Biedermann

Inhaltsverzeichnis

Vorwort V
Abkürzungsverzeichnis................................. IX
Kapitel 1: Patentstrategie als Wettbewerbsvorteil 1
  1.1 Die Patentlandschaft heute 3
  1.2 Die Herausforderung für den Mittelstand/KMU 8
  1.3 Die Lösung: Powerpatente für den Mittelstand........ 11
  1.4 Die Vorteile von Powerpatenten 16
Kapitel 2: Wissen, worum es geht: Schutzrechtsbasics 21
  2.1 Schutzrechtsarten im Überblick 23
  2.2 Prioritätsprinzip: Schnelligkeit zahlt sich aus 32
  2.3 Local oder Global Player: Nationale und internationale
      Anmeldemöglichkeiten............................. 37
  2.4 Zukunftsmusik: Das Europäische Patent mit
      einheitlicher Wirkung 48
Kapitel 3: Wissen, was geht: Patente und Patentierungs-
           anforderungen 53
  3.1 Neuheit 55
  3.2 Erfinderische Tätigkeit 60
  3.3 Verfahrensablauf: Von der Anmeldung bis zum Patent . 66
  3.4 Patentierungsverbote und Kontroversen: Medizinpatente,
      Softwarepatente, Businesspatente und Co. 72
Kapitel 4: Wissen, wie es auch geht: Alternative Vorgehens-
           weisen.. 81
  4.1 Kurzüberblick 83
  4.2 Gebrauchsmusterschutz 84
  4.3 Geheimhaltung in Zeiten von Spionage.............. 88
  4.4 Defensivpublikation 92

Kapitel 5: Wissen, was die Anderen tun: Patente von Wettbewerbern 99
5.1 Wettbewerbsanalyse: Patentliteratur ist ein machtvolles Werkzeug 101
5.2 Störende Patente identifizieren: Schutzumfang von Patenten 106
5.3 Störende Patente zu Fall bringen: Einspruch und Nichtigkeitsklage 113

Kapitel 6: Wissen, was verboten ist: Patentverletzung und Haftungsfragen 119
6.1 Verbotene Handlungen und Patentverletzer 121
6.2 Erlaubte Handlungen und Erschöpfung des Patentrechts 128
6.3 Sanktionen und wirtschaftliches Risiko 131
6.4 Persönliche Haftung der Geschäftsleitung 139

Kapitel 7: Wissen, wem die Erfindung gehört: Arbeitnehmererfinder und Kooperationspartner . 145
7.1 Arbeitnehmererfindungen und deren Vergütung 147
7.2 Die gestohlene Erfindung......................... 154
7.3 Geheimhaltungsvereinbarungen und Kooperationsverträge 161
7.4 Lizenzverträge: Patente als Einnahmequelle und Tauschmittel 163

Kapitel 8: Wissen, was es kostet: Honorare und Gebühren .. 171
8.1 Kosten der Patentanmeldung 173
8.2 Aufrechterhaltungsgebühren der Patentämter 177
8.3 Fördermöglichkeiten 183

Kapitel 9: Wissen, das zählt: Patente aus strategischer Sicht 191
9.1 Patente als unternehmerisches Tool 193
9.2 Patentschnittstellen im Unternehmen 198
9.3 Patentwissen in Unternehmen 210
9.4 Der volkswirtschaftliche Impact von Patenten 214

Stichwortverzeichnis 219

Abkürzungsverzeichnis

BGH	Bundesgerichtshof
DPMA	Deutsches Patent- und Markenamt
EPA	Europäisches Patentamt
EPÜ	Europäisches Patentübereinkommen
EP-Patent	Europäisches Patent (heutiges Bündelpatent)
EU-Patent	Europäisches Patent (zukünftiges EU-Einheitspatent)
EUIPO	Amt der Europäischen Union für Geistiges Eigentum
IGE	Eidgenössisches Institut für Geistiges Eigentum
JPO	Japanisches Patentamt
KIPO	Koreanisches Patentamt
LG	Landgericht
OLG	Oberlandesgericht
ÖPA	Österreichisches Patentamt
PatG	Patentgesetz
PCT	Patent Cooperation Treaty – Patentzusammenarbeitsvertrag
SIPO	Chinesisches Patentamt
USPTO	United States Patent and Trademark Office
WIPO	World Intellectual Property Organization

Patentstrategie als Wettbewerbsvorteil

1.1 Die Patentlandschaft heute

Neugier, Kreativität und eine gute Portion Hartnäckigkeit sind Eigenschaften, die zutiefst in der menschlichen Natur verwurzelt sind. Wir nutzen sie unter anderem mit Begeisterung und Erfolg dazu, unser Leben komfortabler, gesünder und sicherer zu gestalten. Anders ausgedrückt: Wir treiben den technologischen Fortschritt unserer Zivilisation immerfort voran. Unser technologisches Wissen wächst beständig, ja manchmal sprunghaft – und die Grenze des technisch Machbaren (und Bezahlbaren!) verschiebt sich damit in gleichem Maße.

Je weiter die Technisierung unserer Welt voranschreitet, desto stärker wird auch deren immense wirtschaftliche Bedeutung. Technisierung ist ein wesentliches Element der unaufhaltbaren Globalisierung der Wirtschaftsmärkte. Dies betrifft alle Industrienationen weltweit. Der Wettbewerb verschärft sich zusehends – und zwar nicht nur für die großen, etablierten Weltkonzerne. Auch kleine und mittlere bzw. mittelständische Unternehmen treffen vermehrt auf internationale Konkurrenz – und zwar schon vor der eigenen Haustür, also auf dem Heimatmarkt. Auch diese Firmen müssen deshalb schnellstmöglich lernen, mit der neuen sich verändernden Wettbewerbssituation umzugehen.

Für uns alle aus den technologisch führenden Industriestaaten bedeutet dieser verschärfte Wettbewerb, dass wir unsere Anstrengungen zur Stärkung unserer Wettbewerbskraft noch weiter steigern müssen. Dazu gibt es keine Alternative, wollen wir nicht schon bald von den ökonomischen Spitzenpositionen dieser Welt verdrängt werden. Alles andere als das Trachten nach Verbesserung wäre fahrlässig. Es geht schließlich um unsere Zukunft und um unseren nationalen Wohlstand.

Ein sehr wirksames Mittel zur Stärkung unserer Wettbewerbsfähigkeit stellen gewerbliche Schutzrechte und insbesondere Patente dar. Sie bieten umfassenden Schutz für technische Ideen, d. h. Erfindungen. Als starkes Verbietungsrecht halten sie Wettbewerber auf Distanz und verbieten diesen wirksam den Nachbau bzw. die Nutzung der geschützten Vorrichtungen und Verfahren. So wird aus einer guten Idee ein echtes, rechtlich geschütztes Alleinstellungsmerkmal. Im eigenen Land oder auch international.

1. Patentstrategie als Wettbewerbsvorteil

Weltweit steigende Patentanmeldezahlen

Der steigende Einsatz und die enorme Wichtigkeit von Patenten werden auch durch die weltweit weiter ansteigenden Patentanmeldezahlen eindrucksvoll belegt. Zu den wichtigsten Patentämtern – den sog. „IP5" – zählen zurzeit die Ämter folgender Länder:

1. USA (USPTO)
2. Japan (JPO)
3. Europa (EPA)
4. Republik Korea (KIPO)
5. China (SIPO)

Wobei die oben verwendete Reihenfolge so schon heute nicht mehr stimmt, wenn man sich auf die Patentanmeldezahlen bezieht (vgl. Abbildung 1):

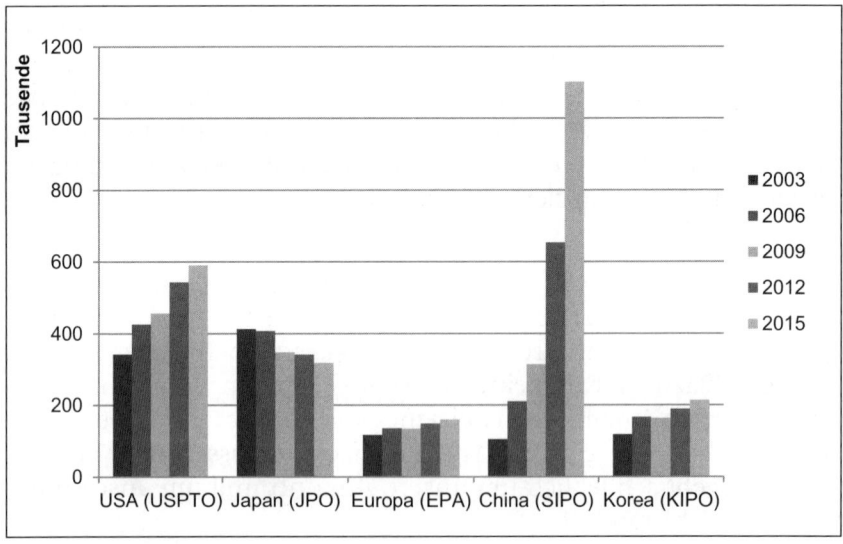

Abbildung 1: Patentanmeldezahlen bei den Patentämtern der „IP5"[1]

Asiatischer Patentboom

Das chinesische SIPO verzeichnete im Jahre 2015 mit Abstand die meisten Patentanmeldungen für technische Erfindungen – mit mehr als einer Million eingereichten Patentanmeldungen mehr als das

---

[1] Daten entnommen aus den Jahresberichten der jeweiligen Patentämter; berücksichtigt sind nur technische Patente (ohne Gebrauchsmuster); beim EPA wurden die EP-direkt und die Euro-PCT Anmeldungen gezählt.

1.1 Die Patentlandschaft heute

US-amerikanische USPTO und das Europäische Patentamt zusammen! Innerhalb von nur drei Jahren – zwischen 2009 und 2012 – haben sich die Patentanmeldezahlen in China mehr als verdoppelt. Bis Ende 2016 wird es innerhalb von vier Jahren zu einer weiteren Verdopplung der Patentanmeldezahlen kommen.

Dabei ist diese beeindruckende Entwicklung in China alles andere als Zufall. Und sie wird sich in den kommenden Jahren immer noch rasant fortsetzen. Avisiert ist auch in den nächsten Jahren eine mehr als 20-prozentige Steigerung der Patentanmeldezahlen pro Jahr. Die Entwicklung der IP-Landschaft in China ist fester Bestandteil des Fünf-Jahres-Plans und wird durch vielfältige staatlich initiierte Maßnahmen getragen. Dazu gehört sowohl der kontinuierliche Ausbau des schutzrechtlichen Systems an sich als auch eine aktive Patent-Promotion und gezielte Unterstützung von chinesischen Unternehmen, die gewerbliche Schutzrechte anmelden können bzw. sollten.

Auch die Patentanmeldezahlen in Korea verzeichnen einen ungemein raschen Anstieg im vergangenen Jahrzehnt. Die dortigen Anmeldezahlen haben sich im Laufe der letzten zwölf Jahre ungefähr verdoppelt – und das trotz der Weltwirtschaftskrise von 2008/2009. Diese Krise spiegelt sich interessanterweise nur in den koreanischen, europäischen und japanischen Anmeldezahlen deutlich wieder – nicht aber in den chinesischen und auch nicht in den US-amerikanischen Anmeldezahlen. Die europäische Patentanmeldelandschaft hat sich zwischenzeitlich von der Krise erholt und die koreanische Patentanmeldelandschaft ist ebenfalls wieder zurück auf deutlichem Wachstumskurs. In Japan allerdings fallen die Anmeldezahlen kontinuierlich weiter, wobei nicht nur die wirtschaftliche Gesamtlage, sondern auch ein interner Dissens zwischen Patentpolitik und Patentinstitutionen für die fortgesetzt sinkenden Zahlen mitverantwortlich sein dürfte.

Dramatische Veränderungen in Europa zu erwarten

Aus Wettbewerbsgesichtspunkten ist sehr interessant, wer bei den jeweiligen Ämtern Patentanmeldungen tätigt bzw. aus welchen Ländern diese Anmelder stammen. Denn eine Patentanmeldung ist ein Indikator dafür, welche räumlichen Märkte als strategisch wichtig angesehen werden bzw. wo wirtschaftliche Aktivitäten der Anmelder stattfinden oder zukünftig stattfinden werden. Aktuell ist es noch so, dass der überwiegende Teil oder zumindest ein Großteil nationaler (regionaler) Patentanmeldungen von dort originär ansässigen Unter-

1. Patentstrategie als Wettbewerbsvorteil

nehmen eingereicht wird. Im Zuge der zunehmenden Globalisierung ist aber auch hier der starke Trend zu beobachten, dass der Anteil der Anmelderschaft aus dem Ausland kontinuierlich ansteigt bzw. noch weiter ansteigen wird. Das gilt auch und insbesondere für den wichtigen Markt Europa.

Aktuell stammt noch etwa die Hälfte aller europäischen Patentanmeldungen von Anmeldern aus Europa bzw. den Mitgliedstaaten des Europäischen Patentübereinkommens (vgl. Abbildung 2). Gut ¼ der Anmeldungen stammt aus den USA. Der ganz überwiegende Anteil des letzten Viertels kommt schon heute aus Asien. Dabei trägt Japan etwa 13 %, Korea und China tragen jeweils ca. 4 % zu den Anmeldezahlen bei. Das mag hinsichtlich Korea und China noch nicht wirklich viel erscheinen, sondern gerade einmal so viel, dass deren Anmeldezahlen in den Jahresberichten der Patentämter überhaupt Erwähnung finden.

Zuwachs- Betrachtet man aber die Zuwachsraten der letzten Jahre, so stellt
raten sich die Situation wesentlich dramatischer dar: Man findet dann

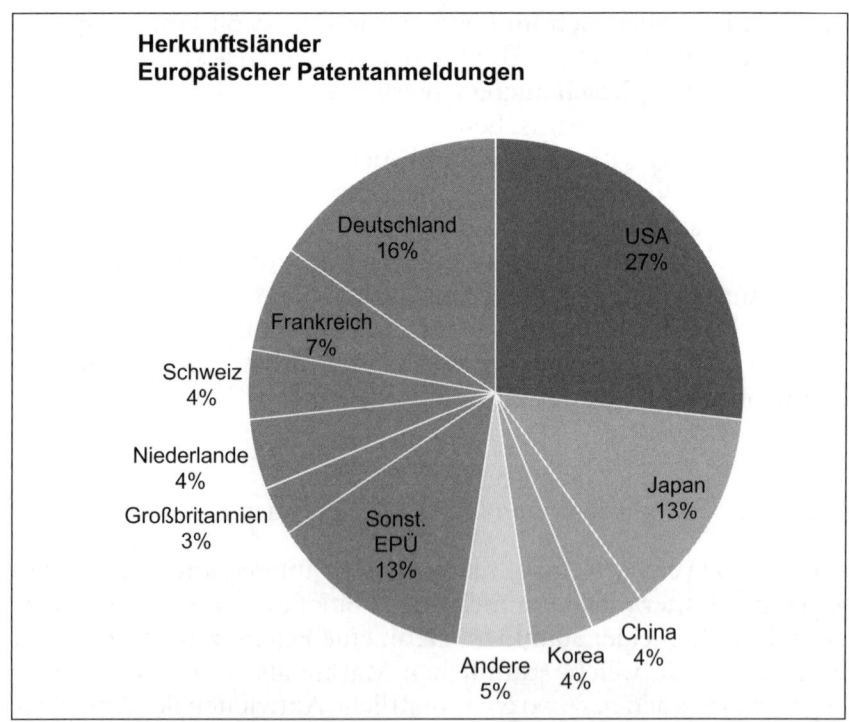

Abbildung 2: Herkunftsländer Europäischer Patentanmeldungen im Jahre 2015 (Datenquelle: EPA Jahresbericht 2015. Gezählt wurden EP direkt und Euro-PCT Anmeldungen.)

1.1 Die Patentlandschaft heute

nämlich bei fast unveränderten EP-Gesamtanmeldezahlen einen weit überproportionalen Anstieg der Anmeldezahlen bei Anmeldern aus Asien bzw. China und Korea (vgl. Abbildung 3). Die durchschnittliche Steigerungsrate der letzten Jahre für europäische Patentanmeldungen von aus Korea stammenden Anmeldern lag bei 7,5 %, die durchschnittliche Steigerungsrate von aus China stammenden Anmeldern sogar bei sagenhaften 23,8 %!

Man kann somit leicht extrapolieren, dass sich die länderspezifische Zusammensetzung der Patentanmelderschaft in Europa schon in den nächsten zehn Jahren dramatisch verändert haben wird. Noch muten z. B. die chinesischen Anmeldezahlen wie eine Randerscheinung an – doch bald schon wird diese Nation die europäische Anmeldelandschaft zumindest mitdominieren – und damit auch den europäischen Markt. Asiatische Firmen werden hier in Europa also starke Marktanteile hinzugewinnen.

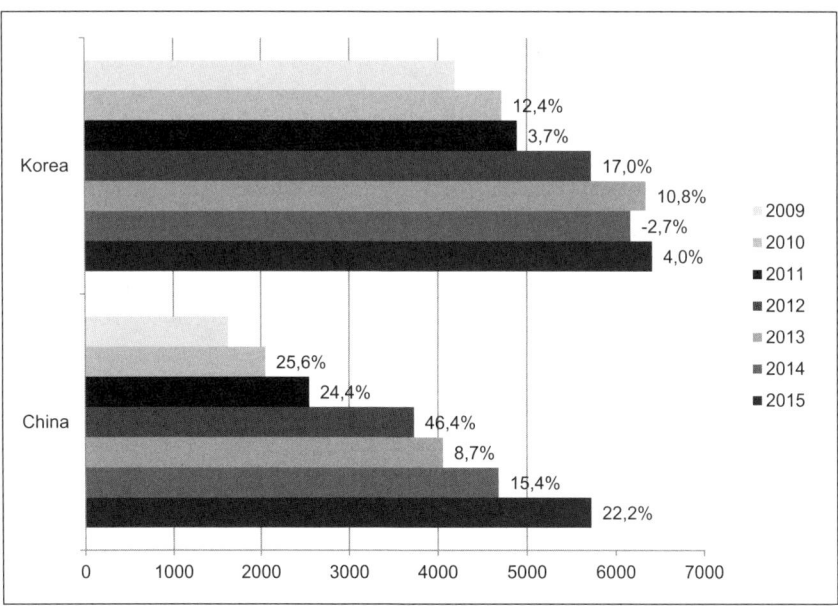

Abbildung 3: Patentboom aus Asien auf dem europäischen Markt: Steigerungsraten der aus China und Korea stammenden Patentanmeldungen beim Europäischen Patentamt (Quelle: EPA Jahresberichte, nur EP direkt und Euro-PCT)

Das Potenzial dafür ist da: Die Patentanmeldezahlen sind eng an das aktuelle Wirtschaftswachstum einzelner Länder und Regionen gekoppelt. Die besten Wachstumsprognosen für die nächsten Jahre hat dabei wiederum Asien mit einer geschätzten Steigerung des Bruttoinlandsproduktes von im Schnitt knapp 6 % pro Jahr.[2] Für Europa bzw. die EU wird demgegenüber nur ein geringes Wachstum um knapp 2 % prognostiziert.[3]

Wer also bei dem Gedanken an Asien immer noch nur an billige, technische Nachahmungen denkt, der liegt damit völlig falsch! Auch in Asien und insbesondere in China wird heute zielgerichtet entwickelt und geforscht, und zwar auf international hohem Niveau. Die dabei gewonnenen Ergebnisse werden erfolgreich umgesetzt und auf den Markt gebracht – und oft durch Patente und Gebrauchsmuster geschützt. Daheim in Asien – und zunehmend auch bei uns.

1.2 Die Herausforderung für den Mittelstand/KMU[4]

Vor allem große Unternehmen haben die Zeichen der Zeit durchaus erkannt und melden sehr systematisch und erfolgreich Patente im In- und Ausland an.

Soweit – so gut. Doch was ist mit dem Mittelstand bzw. den kleinen und mittleren Unternehmen (KMU), dem viel gepriesenen Rückgrat der heimischen Wirtschaft? Welchen Gebrauch machen sie von gewerblichen Schutzrechten? Welchen ganz konkreten Nutzen ziehen sie aus ihnen? Wo gibt es mehr Potenzial? Und wie müssen sich KMU schutzrechtlich aufstellen, um der sich verschärfenden Wettbewerbssituation Rechnung zu tragen?

Hohe wirtschaftliche Bedeutung von KMU

Die Wichtigkeit und wirtschaftliche Bedeutung der KMU im deutschsprachigen Raum ist immens. KMU tragen hier ganz wesentlich zu Beschäftigung und Wachstum bei. Im Jahr 2012 zählten gemäß der

---

[2] Quelle: EUROSTAT; Prognose BIP China +6,5 % in 2016 und +6,2 % in 2017 und BIP Korea +2,6 % in 2016 und +2,8 % in 2017.
[3] Quelle: EUROSTAT; Prognose BIP EU28 1,8 % in 2016 und 1,9 % in 2017; Deutschland +1,6 % in 2016 und +1,6 % in 2017; Österreich +1,5 % in 2016 und 1,6 % in 2017; Schweiz +1,2 % in 2016 und +1,5 % in 2017.
[4] KMU: „Kleine und mittlere Unternehmen". In Österreich wird häufiger der Begriff „KMB" d. h. „Kleine und mittlere Betriebe" verwendet. Im englischen Sprachraum wird der Begriff SME („small and medium-sized enterprises") benutzt. In diesem Buch wird zur Vereinfachung durchgängig der Begriff KMU verwendet, der in Deutschland und der Schweiz geläufig ist.

1.2 Die Herausforderung für den Mittelstand/KMU

KMU-Definition der EU-Kommission[5] 99,5 % der Unternehmen in **Deutschland** zu den kleinen und mittleren Unternehmen. Auf diese entfielen 34,1 % aller steuerbaren Umsätze aus Lieferungen und Leistungen und 54,0 % aller sozialversicherungspflichtig Beschäftigten.[6] In **Österreich** zählen ca. 99.3 % der Unternehmen zu den KMU, dort arbeiten ca. 2/3 aller Beschäftigten und erwirtschaften dort ca. 65.8 % der Umsatzerlöse.[7] Bei ähnlichen Betriebs-/Arbeitnehmerverhältnissen wie in Deutschland haben KMU in Österreich also den im Vergleich doppelten Anteil an der Wirtschaftskraft. In Deutschland ist die Bedeutung von Großunternehmen entsprechend höher. In der **Schweiz** gehören ebenfalls mehr als 99 % der Unternehmen zu den KMU und stellen zwei Drittel der Arbeitsplätze.[8]

All diese Zahlen machen die ganz fundamentale wirtschaftliche Bedeutung von KMU sehr deutlich. Entsprechend ihrer immens hohen wirtschaftlichen Bedeutung wird KMU deshalb auch ganz unumstritten eine hohe Innovationskraft bescheinigt. Häufig werden KMU als Motor des technischen Fortschritts und des wirtschaftlichen Wachstums bezeichnet.

Innovationen stehen auch wirtschaftspolitisch sehr hoch im Kurs. Sie werden als zuverlässiger Garant für fortgesetzten wirtschaftlichen Erfolg angesehen. Die Bundesrepublik Deutschland beispielsweise wirbt sogar für den Wirtschaftsstandort mit dem Slogan: „Deutschland – Land der Ideen."[9]

Die allermeisten Unternehmen sehen sich selbst ebenfalls als innovative Unternehmen und stellen sich nach außen auch als solche dar. Innovationsfähigkeit wird dabei als sehr positive und erstrebenswerte Eigenschaft verstanden und häufig assoziativ gleichgesetzt mit wirtschaftlichem Erfolg und ausgezeichnetem Image. Dabei wird unter dem Begriff Innovation praktisch alles zusammengefasst, was mit der Fähigkeit zur Schaffung von etwas Neuem oder Verbesserten aller Art einhergeht. Eine wie ich finde sehr treffende und umfas-

Innovation

---

[5] Die Definition KMU ist nicht einheitlich. Definition der EU-Kommission: max. 249 Beschäftigte, max. 50 Mio. € Umsatz oder max. 43 Mio. € Bilanzsumme sowie wirtschaftliche Unabhängigkeit.
[6] Quelle: Institut für Mittelstandsforschung IfM, Bonn 2012 basierend auf Daten von EUROSTAT.
[7] Quelle: Wirtschaftskammer Österreich WKO bzw. EUROSTAT.
[8] Quelle: KMU-Portal des Staatssekretariats für Wirtschaft SECO, www.kmu.admin.ch
[9] Gemeinsame Initiative der Bundesregierung der Bundesrepublik Deutschland und des Bundesverbandes der Deutschen Industrie (BDI); www.land-der-ideen.de

sende Definition des Begriffes Innovation stammt von der OECD. Sie lautet:

„Innovation setzt sich aus allen wissenschaftlichen, technischen, kommerziellen und finanziellen Elementen zusammen, die für die erfolgreiche Entwicklung und Vermarktung neuer und verbesserter hergestellter Produkte, die kommerzielle Verwendung neuer oder verbesserter Prozesse oder Maschinen oder die Einführung eines neuen Ansatzes für eine soziale Leistung notwendig sind. F&E[10] ist nur eines dieser Elemente."[11]

KMU weit unter ihren Möglichkeiten

Innovationen sind also nicht gleichzusetzen mit technischen Erfindungen. Innovation umfasst mehr. Gleichwohl sind technische Erfindungen typische Ergebnisse eines Innovationsprozesses. Deshalb wäre eigentlich zu erwarten, dass sich die attestierte hohe Innovationskraft von KMU auch in entsprechend hohen Patentanmeldezahlen von KMU niederschlägt. Das ist jedoch überraschenderweise *überhaupt nicht* der Fall.

Die Realität ist stattdessen ziemlich ernüchternd: KMU melden aktuell nur noch ca. ¼ aller Patente in Europa an. Eine Trendwende ist dabei leider überhaupt nicht in Sicht. Stattdessen ist eine dauerhafte Konzentration der Patentanmeldezahlen zugunsten großer Patentanmelder zu beobachten (vgl. Abbildung 4).[12]

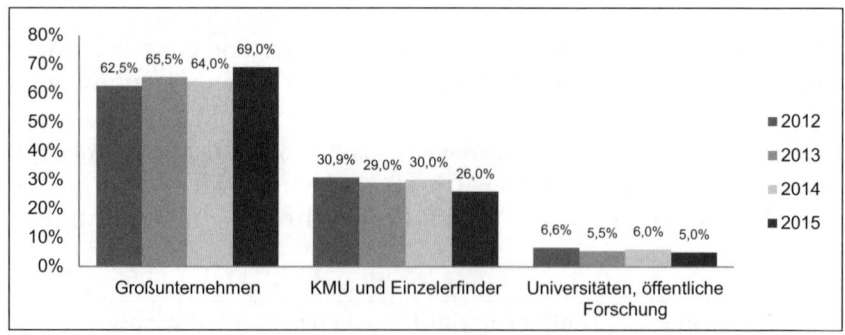

Abbildung 4: Europäische Patentanmeldezahlen aufgeschlüsselt nach Anmeldertyp/Unternehmensart (Quelle: EPA Jahresberichte)

---

[10] Abkürzung für Forschung und Entwicklung.
[11] OECD: „The Measurement of Scientific and Technical Activities", Paris, 1981.
[12] Vgl. Jahresberichte des DPMA und des EPA 2013, 2014, 2015.

KMU bleiben somit überraschend weit hinter ihren Möglichkeiten zurück und sichern ihre Wettbewerbsvorteile nicht ausreichend durch Patente ab. Sie generieren zwar viele hervorragende Ideen, schützten diese dann aber oftmals nicht durch Patente vor einer Kopie durch den Wettbewerb. Den wirtschaftlichen Erfolg haben dann häufig andere. Hier existiert eindeutig Potenzial, das genutzt werden *muss*, sofern wir uns im internationalen Wettbewerb – und sei es „nur" auf dem heimischen Markt – behaupten wollen.

1.3 Die Lösung: Powerpatente für den Mittelstand

Das Problem an sich ist bekannt. Von staatlicher und institutioneller Seite wird auch bereits seit einigen Jahren aktiv gegengesteuert. Es gibt diverse staatliche Initiativen zur Förderung von Innovation, einige davon speziell ausgerichtet auf die Bedürfnisse von industriellen KMU. Im Grunde basiert die Förderung auf zwei Säulen. Die eine Säule fördert Forschungs- und Entwicklungsvorhaben, die Innovationen zielgerichtet hervorbringen. Die zweite Säule bietet Unterstützung bei Patentierungsmaßnahmen. Der Schutz von Innovationen genießt dabei einen hohen Stellenwert.

Doch diese Maßnahmen allein reichen anscheinend noch nicht aus bzw. zeigen noch nicht den gewünschten Effekt bzw. Erfolg. Die Patentanmeldezahlen von KMU sind nach wie vor zu niedrig, die erforderliche Trendumkehr bei weitem noch nicht geschafft. Woran könnte das liegen?

Es existieren wissenschaftliche Studien[13, 14] zum Thema Innovationsverhalten und Intellectual Property bei KMU. Aus diesen Studien lassen sich mehrere Gründe ableiten, warum KMU zu wenig Patente anmelden bzw. häufig regelrecht davor zurückschrecken.

Informationsdefizite ausgleichen

Aus besagten Studien weiß man, dass ein auffallend hoher Anteil der befragten KMU Fragen zu Patenten und deren Impact mit „Weiß ich

---

[13] „Patente in mittelständischen Unternehmen", Empirische Studie des Instituts für Innovationsforschung, Technologiemanagement und Entrepreneurship (Inno-tec), 2009.

[14] „Die volkswirtschaftliche Bedeutung geistigen Eigentums und dessen Schutzes mit Fokus auf den Mittelstand"; Studie im Auftrag des Bundesministeriums für Wirtschaft und Technologie, Prof. Dr. Knut Blind et al., 2009.

nicht" oder „Kann ich nicht einschätzen" beantwortet. Dies deutet unmittelbar auf Informationsdefizite hin. Im Übrigen deckt sich diese These auch mit meiner persönlichen Erfahrung, und zwar bei der Erstberatung von Entscheidern aus KMU. Bei diesen Erstberatungsgesprächen ist die Vermittlung von Basis-Informationen zum Thema Patente, Marken & Co ein ganz wichtiger Aspekt. Ohne konkreten Bezug oder Anlass wird das Thema Patentschutz eben auch von Top-Entscheidern häufig nur sehr peripher wahrgenommen und hinsichtlich seiner wirtschaftlichen Bedeutung – ja Brisanz – gefährlich unterschätzt.

Patentanwälte sind in Sachen Intellectual Property übrigens die am häufigsten gewählte Anlaufstelle von KMU, weniger oft sind es Rechtsanwälte. Das macht auch Sinn, denn Patentanwälte vereinen juristisches Know-how *und* technische Qualifikationen in Form eines natur- oder ingenieurswissenschaftlichen Universitätsstudiums.

Wichtige Anlaufstellen sind des Weiteren die nationalen Patentämter und das Europäische Patentamt sowie Patentinformationszentren. Diese haben spezielle Unterstützungsangebote für KMU, zum Beispiel spezielle Informationsseiten im Internet oder auch gezielte personelle Unterstützung beispielsweise bei Patentrecherchen. Eine deutlich geringere Rolle als Ansprechpartner in Sachen IP spielen anscheinend die Industrie- und Handelskammern sowie Branchenverbände, aber auch dort gibt es Angebote für KMU. Von Dienstleisterseite her wird also schon eine ganze Menge getan, um Informationen zum Thema Gewerbliche Schutzrechte speziell auch für KMU bereitzustellen.

Es müssen also weitere Gründe dafür existieren, dass KMU Patentschutz alles andere als optimal nutzen. Hinweise darauf finden sich ebenfalls in den oben schon erwähnten Studien.

Zu hoch eingeschätzte Kosten von Patenten

Da sind zum einen die von den KMU als zu hoch eingeschätzten Kosten von Patentanmeldungen. Dieses Argument kann ich persönlich so pauschal nicht nachvollziehen. So hoch sind die Kosten für eine erste nationale Patentanmeldung nämlich gar nicht. Zumal man ja auch immer eine Kosten-Nutzen-Rechnung aufstellen muss, um eine angemessene Bewertung abgeben zu können. Die entscheidende Frage ist also nicht: *Ist es teuer?* Sondern vielmehr: *Lohnt es sich?* Und es existieren wie schon angesprochen diverse Fördermöglichkeiten,

1.3 Die Lösung: Powerpatente für den Mittelstand

die in vielen Fällen bis zu 50 % der mit einer Patentanmeldung verbundenen Kosten abfedern können.

Europäische oder internationale Patentanmeldungen sind naturgemäß teurer als rein nationale Anmeldungen. Aber gerade für KMU bieten nationale Patente schon einen wichtigen Schutz – und zwar auf dem für sie immer noch wichtigsten Markt, dem Heimatmarkt. Im Übrigen resultierten in der Vergangenheit verhältnismäßig hohe Kosten Europäischer Patente aus den erforderlichen Übersetzungen bei der Validierung der Schutzrechte in den ausgesuchten Mitgliedstaaten des Europäischen Patentübereinkommens. Diese Kosten sind aber durch das Londoner Übereinkommen bereits drastisch gesunken. In vielen Staaten ist die vormals notwendige Übersetzung des kompletten Anmeldetextes in die Landessprache bereits entfallen.

Die Hürde zum Patent erfolgreich nehmen

Viele KMU zweifeln anscheinend auch zu oft an der Patentwürdigkeit ihrer technischen Erfindungen und schätzen diese falsch ein. Sie glauben, die für ein Patent erforderliche Hürde hinsichtlich Neuheit und/oder Erfindungshöhe nicht erfolgreich nehmen zu können. Seien Sie bitte bei der eigenen Bewertung Ihrer Erfindung in Sachen Patentwürdigkeit nicht zu bescheiden! Es ist ein weit verbreiteter Irrtum, dass eine patentwürdige Erfindung stets etwas ganz Besonderes oder gar Bahnbrechendes ist. Das ist so nicht richtig. Man muss nicht gleich ein Einstein sein, um für eine Erfindung ein Patent zu bekommen (obwohl gerade Albert Einstein an mehr als 50 Erfindungen beteiligt war und zahlreiche Patente angemeldet hat!). Der patentrechtliche Maßstab ist niedriger. Aber eben auch nicht so niedrig, dass die Erfindung für jeden Fachmann offensichtlich ist. Ich komme an anderer Stelle ausführlich darauf zurück.

Erfolgschancen sind abschätzbar

Noch etwas ist im Zusammenhang mit der Patentwürdigkeit von Erfindungen sehr wichtig: Eine Patenterteilung durch das Patentamt erfolgt nicht nach Gefühl und Wellenschlag. Stattdessen folgt eine Patentprüfung ziemlich festen Regeln. Diese haben sich in den letzten Jahrzehnten durch die Rechtsprechung herausgebildet (Case Law!) und werden von den Patentprüfern angewandt. Das macht eine Patenterteilung oder Zurückweisung in vielen Fällen vorhersehbar bzw. die Erfolgschancen für eine Patenterteilung im Vorfeld einer Anmeldung bis zu einem gewissen Punkt abschätzbar.

Mehr als die Hälfte der befragten KMU gaben auch an, dass sie nur ein geringes Vertrauen in den Schutz von Erfindungen durch das Patentsystem hätten. Diese Aussage hat mich ehrlich erstaunt. Denn das Patentsystem funktioniert gerade hier im deutschsprachigen Raum ganz ausgezeichnet. Es funktioniert sogar so gut, dass bei Patentverletzungsstreitigkeiten, bei denen häufig eine Wahlmöglichkeit hinsichtlich des Gerichtsstandes existiert, ausländische Kläger mit Vorliebe zum Beispiel nach Düsseldorf gehen. Über 60 % der Patentverletzungskläger dort kommen aus dem Ausland! Sie schätzen die sehr hohe Expertise der dortigen Richter, die im Team entscheiden und qualitativ sehr hochwertige Urteile fällen. Hochwertig bedeutet hier, dass die Rechtsprechung anerkannten Linien folgt und somit für den Kläger verhältnismäßig gut einschätzbar ist, zu wessen Gunsten eine Gerichtsentscheidung wahrscheinlich ausgehen wird. Das ist das Gegenteil von Zufall oder Willkür.

Geringer Aufwand für einen großen Nutzen

Ein weiterer Grund, der von KMU gegen eine Patentanmeldung angeführt wird, ist die Befürchtung, dass eine Patentanmeldung einen hohen innerbetrieblichen Aufwand nach sich zieht. Diese Befürchtung bewahrheitet sich nur dann, wenn ein Unternehmen die Patentanmeldung ohne Unterstützung durch hierfür speziell qualifizierte Expert(inn)en angeht. Dann kostet das Verfassen einer Patentanmeldung wirklich irrsinnig viel Zeit und das Ergebnis ist dennoch alles andere als gut. Wenn Sie aber mit einer Patentanwältin oder einem Patentanwalt zusammenarbeiten, kostet Sie das zeitlich ziemlich genau eine Besprechung und dann noch einmal einen inhaltlichen Abgleich nach der Ausarbeitung des ersten Anmeldeentwurfes durch den Patentanwalt. Die Unterlagen, die Ihre Erfindung beschreiben, haben Sie vermutlich ohnehin bereits für interne Dokumentations- und Präsentationszwecke erstellt. Alles andere leitet der Patentanwalt dann für Sie in die Wege. Er übernimmt die vollständige Kommunikation mit dem Amt, kümmert sich um Fristen und Anträge und zahlt Gebühren ein. Insofern sehe ich mich in meiner Rolle als Patentanwältin als eine Art externe Stabsstelle für KMU. Ich denke mit und erledige die patentanwaltliche Arbeit für Sie. Wenn es etwas zu bedenken oder zu entscheiden gibt, gehe ich aktiv auf Sie zu. Ganz einfach.

1.3 Die Lösung: Powerpatente für den Mittelstand

Geheimhaltung oder rechtlich garantierter Schutz vor Nachbau?

Viele KMU stört es auch, dass die Patentanmeldung 18 Monate nach dem Anmeldetag offengelegt wird. Sie würden ihre Erfindung lieber geheim halten. Dieser Gedanke erscheint auf den ersten Blick plausibel. Auf den zweiten Blick ist diese Überlegung aber nicht sehr überzeugend. Sicher, es gibt Fälle, in denen eine Geheimhaltung der Erfindung angeraten ist. Aber in vielen Fällen ist sie das eben auch nicht, besonders dann nicht, wenn die Erfindung in ein handelbares Produkt mündet. Dieses kann dann nämlich vom Wettbewerber erworben, in seine Bestandteile zerlegt und in seiner Funktionsweise analysiert werden (Stichwort Nachbau bzw. Reverse Engineering). Und dieses Vorgehen ist nicht nur üblich, sondern auch erlaubt. Außerdem ist es nicht so, dass jeder Kniff einer Erfindung in einer Patentanmeldung auch in allen Einzelheiten beschrieben werden muss. Zwar muss ein Fachmann nach dem Studium einer Patentschrift grundsätzlich in der Lage sein, die Erfindung zu verstehen und auszuführen. Dieses Erfordernis umfasst aber nicht das gesamte Know-how, das in einer Erfindung steckt.

Zudem ist es gar nicht so einfach, eine Erfindung über einen sehr langen Zeitraum wirklich geheim zu halten. Bedenken Sie zum Beispiel die normale Mitarbeiterfluktuation in einem Unternehmen. Diese Mitarbeiter kennen die Produkte. Und zwar oft sehr gut, denn sie haben sie selbst mit entwickelt. Wettbewerbsklauseln in Arbeitsverträgen wirken dagegen auch nicht ewig. Sinnvoller und sicherer ist da oftmals der zwar zeitlich begrenzte, aber dafür patentrechtlich garantierte Schutz vor Nachbau.

Nach der Bedeutung verschiedener Schutzmechanismen befragt, wurde als weitaus wichtigster Mechanismus der zeitliche Vorsprung vor dem Wettbewerber genannt. Das ist im Grunde einleuchtend, denn der zeitliche Vorsprung verschafft ein zeitlich begrenztes *de facto* Monopol für den Ersthersteller eines neuen Produktes. Aber überlegen wir einmal, wie lange dieses *de facto* Monopol erhalten werden kann, sofern nicht ständig neue Verbesserungen nachgeschoben werden. Wie lange dauert es typischerweise, bis ein Wettbewerber eine neue Idee der Konkurrenz aufgreifen und ebenfalls umsetzen kann? Oft wird das sehr schnell binnen Jahresfrist möglich sein – oder jedenfalls deutlich innerhalb der Zeitspanne des typischen Produktlebenszyklus. Und der Wettbewerber, der nur nachbaut, spart sich dabei auch noch einen Großteil der Entwicklungskosten – Sie haben ihm ja schon vorgemacht, wie es geht! Hand aufs Herz: da hat es seinen Reiz, den Nachbau gezielt verbieten zu können, oder? Und zwar nicht nur für ein bis zwei Jahre, sondern deutlich länger – wenn nötig bis zu 20 Jahre. So lang nämlich ist die maximale Laufzeit eines Patentes.

1.4 Die Vorteile von Powerpatenten

Sie sehen: Patentschutz ist für Unternehmen immens wichtig, gleich welcher Unternehmensgröße. Und Patente werden immer wichtiger aufgrund des wachsenden Wettbewerbsdrucks im Zuge der fortschreitenden Globalisierung. Patente haben wirklich Power! Deshalb spreche ich hier gern auch einmal von sogenannten Powerpatenten – schlichtweg um Sie wachzurütteln!

Lassen Sie es mich noch einmal auf den Punkt bringen, was Powerpatente wirtschaftlich alles zu bieten haben.

Monopol auf Zeit steigert Umsätze

Patente sichern Ihnen ein zeitlich begrenztes Monopol für Ihre technische Erfindung und steigern dadurch Ihre Umsätze. Die Erfindung selbst kann ein Produkt mit bestimmten Alleinstellungsmerkmalen oder auch ein besonders effizientes Arbeits- oder Herstellungsverfahren sein. Gegen Ihren Willen darf kein Wettbewerber Ihre Erfindung in irgendeiner Weise wirtschaftlich nutzen. Er darf sie also nicht herstellen. Doch beim Herstellen hört die Monopolstellung noch nicht auf; verboten ist bereits das bloße Anbieten der Erfindung, das Inverkehrbringen und der Import in den patentrechtlich geschützten Raum. Schon der unerlaubte Besitz der Erfindung zu diesen Zwecken ist untersagt. Und getreu dem Motto „Wehret den Anfängen!" stehen auch typische Vorbereitungshandlungen im Vorfeld einer Patentverletzung unter Strafe (sog. Mittelbare Patentverletzung). Dabei ist ganz wichtig: Ihr Monopolrecht ist gerichtlich durchsetzbar, notfalls auch sehr schnell durch eine Einstweilige Verfügung.

Zusätzliche Einnahmequelle durch Lizenzen

Natürlich steht es Ihnen frei, die Nutzung Ihrer Erfindungen auch anderen zu erlauben. Aber das machen Sie natürlich nicht ohne Gegenleistung. Die gezielte Auslizenzierung von Patenten stellt eine wichtige zusätzliche Einnahmequelle für Unternehmen dar. Dabei

1.4 Die Vorteile von Powerpatenten

können Sie die Konditionen im Wesentlichen frei vereinbaren – in finanzieller und organisatorischer Hinsicht. Unter anderem sind Gebiet, Umfang und Dauer der Lizenz weitgehend individuell verhandelbar.

Vielleicht sind Sie auch selbst einmal in der Situation, dass ein Wettbewerber über ein für Sie wichtiges Patent verfügt und Ihre unternehmerischen Aktivitäten damit erheblich blockieren kann. Dann ist es gut, über potenziell auch für den Wettbewerb interessante Schutzrechte zu verfügen. Derartige Konfliktsituationen lassen sich dann nämlich oft einvernehmlich durch wechselseitige Lizenzierungen (sog. Kreuzlizenzen) lösen. Das Patent ist in dieser Funktion dann eine eigene attraktive Währung bzw. ein strategisches Tauschmittel.

Trends und Geschäftsmöglichkeiten frühzeitig erkennen[15]

Sämtliche Patentanmeldungen weltweit werden 18 Monate nach ihrer Anmeldung veröffentlicht. Diese gigantische Menge an Patentdokumenten stellt eine einzigartige Wissensdatenbank dar. Verschiedenen Schätzungen zufolge ist weit über 90 % des technischen Wissens in Patentdokumenten hinterlegt und somit im Prinzip für jedermann frei zugänglich. Patentinformation ist deshalb eine enorme Informationsquelle für Ihr Unternehmen.

Mit marktüblichen Analysetools können Sie aus Patentinformation für Ihr Unternehmen technologisch interessante Trends ablesen. Sie können diese Trends bewerten und frühzeitig darauf reagieren. Neue Geschäftsmöglichkeiten lassen sich so frühzeitig erkennen und gegebenenfalls rechtzeitig umsetzen. Und natürlich können Sie ganz allgemein Ihre unternehmerischen Entscheidungen insgesamt untermauern.

Strategische Wettbewerbsüberwachung

Durch Patentinformation finden Sie mühelos heraus, auf welchen Märkten Ihre Konkurrenz aktiv ist oder zukünftig aktiv werden wird. Und natürlich können Sie die Stoßrichtung der Forschungs- und Entwicklungsanstrengungen Ihrer Wettbewerber frühzeitig erkennen, sich darauf einstellen und entsprechend strategisch reagieren. Und ist wirklich einmal eine störende Patentanmeldung dabei, so

---

[15] Vgl. „Patentinformation für Unternehmen" auf der EPA Webpage unter www.epo.org

können Sie bei frühzeitiger Kenntnis all Ihre Chancen wahren, um rechtlich gegen das Patent vorzugehen bzw. um bereits im Vorfeld eine Patenterteilung zu verhindern.

Reduzierung von Entwicklungszeit und Kosten

Der ganz überwiegende Teil an technischen Informationen, die Sie aus Patentdokumenten gewinnen können, ist nicht patentrechtlich geschützt. Das bedeutet, dass Sie diese freien Informationen direkt für Ihr Unternehmen technisch nutzbar machen können. Anders ausgedrückt: Die Verwertung von Patentinformation trägt ganz entscheidend dazu bei, dass Sie Doppelforschung und Doppelentwicklung – also völlig überflüssige Arbeiten – vermeiden können. Die Entwicklungs- und Forschungszeiten werden dadurch wesentlich verkürzt und die Kosten signifikant gesenkt. Schätzungen des Europäischen Patentamtes zufolge belaufen sich die überflüssigen Kosten durch doppelte F&E allein in Europa auf den enormen Kostenfaktor von 20 Milliarden Euro jährlich.

Steigerung des Unternehmenswertes

Gewerbliche Schutzrechte sichern Alleinstellungsmerkmale und somit Wettbewerbsvorteile. Dies schlägt sich auch beim Unternehmenswert nieder, der sich aus materiellen und immateriellen Werten zusammensetzt. Es ist möglich, den wirtschaftlichen Wert von Patenten im Rahmen einer Patentbewertung zu bestimmen. Dieser geht dann in den Unternehmenswert entsprechend mit ein. Patente sind also direkt wertsteigernd.

Verbesserte Investorenfindung und Finanzierung

Mit Patenten demonstrieren Sie auch nach außen, dass Sie ein innovatives Unternehmen sind. Investoren legen sehr großen Wert darauf, nur in solche Unternehmen zu investieren, die eigene Erfindungen rechtlich absichern und ansonsten wirtschaftliche Risiken, die durch Patentverletzung entstehen können, minimieren. Alles andere wäre für sie der Kauf der Katze im Sack.

Gefragt sind also eigene Patente und die schutzrechtliche Überwachung der direkten Wettbewerber als Bestandteil der Wettbewerbsanalyse. Jeder Investor möchte möglichst sicher sein, dass er das investierte Geld auch mit Gewinn zurückbekommt. Die Chancen dafür sind umso höher, je besser die Marktchancen des Unternehmens stehen. Und diese steigen ganz erheblich, wenn man sicher sein kann, dass ein zeitlich begrenztes Monopol für ein Produkt existiert.

Ganz ähnlich werden Patente auch im Rahmen von Unternehmensfinanzierungen durch Bankkredite gesehen. Sie dienen dann als Sicherheiten zur Absicherung des Kredites.

Imagesteigerung und erfolgreiche Mitarbeiteranwerbung

Patente machen eine Tatsache ganz deutlich: In diesem Unternehmen wird nicht nur davon *geredet*, innovativ zu sein. Dieses Unternehmen ist *wirklich* innovativ. Geprüft und verbrieft durch die Erteilung von Patenten. Patente sprechen für eine sehr professionelle Unternehmensorganisation und transportieren das Image des Technologieführers nach außen. In solch einem Unternehmen arbeiten schlaue Köpfe gern! Der wegen des Fachkräftemangels ohnehin schon scharfe Konkurrenzkampf um die bestausgebildetsten Mitarbeiter kann so leichter zugunsten des eigenen Unternehmens entschieden werden.

Und: Kommunizierte und nachprüfbare technische Kompetenz schafft Vertrauen in die hergestellten Produkte. Diese werden quasi automatisch als qualitativ hochwertiger eingestuft. Patente verbessern also ganz nachhaltig das Image eines Unternehmens in den Augen seiner Kunden. Sie beeinflussen deshalb das mögliche Pricing, das Kaufverhalten des Kunden und dieses wiederum den erzielbaren Umsatz und Gewinn.

Risiken minimieren – Haftung vermeiden

Gewerbliche Schutzrechte und insbesondere Patente stecken weltweit einen rechtlichen Rahmen dessen ab, was dem Wettbewerber technisch erlaubt und was ihm verboten ist. Dabei ist es auch völlig egal, wie man persönlich zu der Thematik Patentschutz steht: Tatsache ist, dass er beachtet werden muss. Ansonsten drohen einem Patentverletzer umfangreiche Strafmaßnahmen bis hin zum wirtschaftlichen Aus für ein Unternehmen. Die Geschäftsleitung und zunehmend auch Manager der zweiten Führungsebene stehen bei Verletzungsklagen persönlich mit im Fokus und sehen sich mit Haftungsfragen konfrontiert.

Sie als Entscheider tragen also eine ganz besondere Verantwortung: Sie stehen jeden Tag vor der faszinierenden Aufgabe, alles dafür zu tun, Ihr Unternehmen ganz nach vorn zu bringen und Schaden von ihm abzuwenden. Nutzen Sie deshalb die Chancen, die Patente Ihnen bieten!

Wissen, worum es geht: Schutzrechtsbasics

2

2.1 Schutzrechtsarten im Überblick

Gute Ideen sind glücklicherweise gar nicht so selten. Um das festzustellen, braucht man sich im Grunde bloß einmal wachen Blickes umzusehen. Die meisten Dinge, mit denen wir uns tagtäglich umgeben, starteten in ihr Dasein als gute Idee. Sie gehen also auf eine gute Idee zurück. Die Idee selbst entstand dabei quasi aus dem Nichts oder zielgerichteter als Ergebnis eines inkrementellen schöpferischen Prozesses. Dann folgte irgendwann die Umsetzung der Idee in ein erstes Produkt oder Konzept. Dieses wurde dann gegebenenfalls verbessert und verfeinert sprich perfektioniert. Manche dieser guten Ideen sind seit Menschengedenken praktisch Allgemeingut. Denken wir zum Beispiel an Sitzmöbel. Andere Ideen öffneten die Tür zur Technik wie beispielsweise die Nutzbarmachung der Elektrizität. Wieder andere Ideen waren vor wenigen Jahrzehnten noch purer Sciencefiction und haben sich erst vor kurzem sozusagen manifestiert wie zum Beispiel der Computer oder gar das iPad.

All diese Ideen bringen tiefgreifende Veränderungen für unser aller Leben mit sich. Und in einer Welt mit einem den Globus umspannenden Wirtschaftssystem ist es da ein sehr nachvollziehbarer Wunsch, aus Ideen auch wirtschaftliche Vorteile zu schlagen. Zumal manche Ideen erst mit einem erheblichen Einsatz an Energie, Herzblut, Zeit und Kapital zur Umsetzung bzw. Marktreife gebracht werden können! Da ist es nur fair, wenn dieser immense Einsatz auch belohnt wird.

Genau dieser Deal, dieses Belohnungsprinzip, liegt dem schutzrechtlichen System unserer Zeit deshalb auch elementar zugrunde: Wer gute Ideen hat, soll bei der Umsetzung dieser Ideen auch einen angemessenen Vorteil genießen. Deshalb ist es gesetzlich möglich, bestimmte Ideen für einen begrenzten Zeitraum zu schützen, sprich zu monopolisieren. Ein gewerbliches Schutzrecht generiert also ein Monopol auf Zeit. Die Limitierung des Monopols auf einen endlichen Zeitraum ist dabei besonders bei technischen Erfindungen sehr wichtig. Nur diese zeitliche Begrenzung sorgt dafür, dass kein Entwicklungsstillstand eintritt und wir als Privatleute oder professionelle Kunden auch am Fortschritt wahrhaft partizipieren können. Und es soll ja schon gar nicht so sein, dass andere in der Umsetzung ihrer eigenen, vielleicht sogar noch besseren Ideen dauerhaft gehemmt werden.

Ein gewerbliches Schutzrecht generiert ein zeitlich befristetes Monopol

Der Wettbewerb darf durch das zeitlich befristete Monopol nicht abgewürgt werden. Und das wird er auch nicht. Ganz im Gegenteil. Das schutzrechtliche System ist genialer Weise so eingerichtet, dass es den Wettbewerb sogar noch weiter befeuert!

Wer nämlich seine Ideen schützen lässt, muss die Idee auch dokumentieren und der Öffentlichkeit zur Verfügung stellen. Dazu gibt es praktisch keine Ausnahme.[16] Die Idee ist dann also bekannt und kann die weiteren Ideen der Konkurrenz durchaus befruchten. Sie liefert Input und den einen oder anderen wichtigen Denkanstoß, der seinerseits wieder zu schützenswerten Ideen führt. Dabei liefert die Offenlegung der Idee wohlgemerkt im Allgemeinen nicht mehr Informationen, als man auch bei einem Reverse Engineering eines Produktes bekäme.

Das Schutzrechtssystem kombiniert also in geradezu verblüffender Weise zwei an sich gegensätzliche Prinzipien: Es verbindet den Gedanken des Monopols mit dem des verschärften Wettbewerbs. Das Monopol wird durch die zeitliche Befristung im Zaum gehalten und als Belohnungsinstrument eingesetzt.

 Die Vielfalt von Ideen

Es gibt von ihrem Typus her ganz unterschiedliche Ideen, deren Schutz man sich vorstellen oder wünschen kann. Da gibt es zum einen die vielfältigen technischen Erfindungen, die auf der Anwendung physikalischer, chemischer oder biologischer Erkenntnisse beruhen. Auf der anderen Seite gibt es die eher schöpferisch kreativen Ideen aus den Bereichen Marketing und Werbung oder die künstlerisch kulturellen Schöpfungen von Designern, Künstlern und Autoren. Das sind nur einige Beispiele – die ganze Bandbreite von Ideen umfasst noch viel mehr, auch rein wirtschaftliche Ideen (Geschäftsmethoden). Und die Vielfalt der Ideenlandschaft wächst ständig: Denken wir zum Beispiel an die viel diskutierte Frage nach dem Schutz von Computerprogrammen. Diese Frage hat sich vor der Erfindung des Computers schlichtweg nicht gestellt!

Mehrere Schutzrechtsarten mit spezifischen Zugangsvoraussetzungen

Die oben grob skizzierten Ideentypen sind mit unterschiedlichem Einsatz und finanziellem Aufwand geschaffen worden und werden wirtschaftlich auch auf verschiedene Weise umgesetzt und ausgenutzt. Es wäre deshalb ganz sicher nicht adäquat, alle Ideentypen über einen Kamm zu scheren und nach denselben Regeln zu schützen. Sinnvoll ist vielmehr ein System, dass verschiedenen Charakteristika von Ideen angemessen Rechnung trägt. Und genau so ist

---

[16] Eine Ausnahme bilden lediglich Erfindungen, die der nationalen Sicherheit dienen, beispielsweise Waffentechnologie (Geheimpatente).

2.1 Schutzrechtsarten im Überblick

die Schutzrechtslandschaft rechtlich auch ausgestaltet. Es existieren mehrere Schutzrechtsarten, die jeweils spezifische Zugangsvoraussetzungen für das angestrebte zeitlich limitierte Monopol voraussetzen. Die wahrscheinlich wichtigste Schutzrechtsart davon kennen Sie schon, nämlich das Patent. Andere wichtige Schutzrechtsarten sind zum Beispiel das Gebrauchsmuster, die Marke, das Design und das Urheberrecht. Es wird also nicht, wie leider häufig zu hören und zu lesen ist, alles „patentiert". Stattdessen werden verschiedene Ideentypen auch durch unterschiedliche Schutzrechtsarten geschützt.

Das Patent ist dabei das klassische Schutzrecht für technische Erfindungen. Der Begriff der Technik ist in diesem Kontext sehr weit gefasst und umfasst nicht nur die „harte" Technik der Physik, Chemie und Ingenieurswissenschaften, sondern auch die „weiche" Technik der Biologie bzw. auch Biotechnologie. Patente schützen also zum Beispiel Maschinen und vielfältige technische Gerätschaften („Vorrichtungen" im Fachjargon). Konkrete Beispiele sind u. a. Laser, Optiken, Arbeitsmaschinen wie z. B. Fräsmaschinen und Lackiervorrichtungen, komplexe industrielle Anlagen, Förderbänder, Fahrzeuge, Fahrzeugteile, Messinstrumente, medizinische Geräte wie Kernspintomographen und Skalpelle, chemische und pharmazeutische Substanzen, Fernsehgeräte, Waschmaschinen, Fotoapparate, Handys, etc. Und natürlich können auch einzelne Module oder Bauteile vorgenannter Vorrichtungen durch ein Patent geschützt werden, also zum Beispiel das ABS-System für ein Auto oder eine bestimmte Schaltungsanordnung in einem Steuergerät. Neben dem Schutz für technische Vorrichtungen, also für technische Produkte, die mehr oder weniger zum Anfassen geeignet sind, ist Patentschutz auch für Verfahren möglich. In jedem Fall handelt es sich dabei um technische Verfahren, also Verfahren, bei denen entweder ein Produkt hergestellt oder einem Prozess unterzogen wird. Man unterscheidet deshalb auch zwischen Herstellungsverfahren einerseits und Arbeitsverfahren andererseits.

Das Patent

Die Liste der dem Patentschutz zugänglichen Dinge ließe sich sehr einfach um ein Vielfaches verlängern. Es geht mir an dieser Stelle aber lediglich darum, Ihnen ein Gefühl für die Dinge zu geben, die prinzipiell durch ein Patent geschützt werden können. Die tatsächlichen Möglichkeiten sind so vielfältig wie die Welt der Technik selbst.

Das durch ein Patent errichtbare Monopol auf Zeit währt maximal 20 Jahre. Das reicht auch anscheinend zur wirtschaftlichen Verwertung eines Patentes vollkommen aus, denn viele Patentinhaber entscheiden sich, Patentschutz nur für einen kürzeren Zeitraum von ca. 12 bis 13 Jahren aufrecht zu halten.[17] Die gewählte Patentlaufzeit ist dabei auch ein wenig branchenabhängig bzw. hat mit den branchentypischen Produktlebenszyklen zu tun.

Eine spezielle Branche ist in Hinblick auf die Aufrechterhaltungsdauer von Patenten die Pharmaindustrie. Der Pharmabranche hat ein starkes Interesse an möglichst langem Patentschutz. Umgekehrt muss man wohl zugeben, dass keine andere Branche so viel Entwicklungsarbeit und Geld in die Entwicklung von Produkten investiert wie diese. Für die forschenden Pharmaunternehmen ist Patentschutz essentiell – sie würden ihre Forschung einstellen, könnten Generikahersteller ihre Forschungsergebnisse sofort kopieren. Und im Pharmabereich laufen die Uhren auch deshalb ein wenig anders, weil neben dem Patentschutz ja noch diverse klinische Tests und Zulassungsverfahren für Medikamente etc. abgeschlossen sein müssen, bevor das Produkt überhaupt auf den Markt kommen und somit genutzt werden darf. Diese Verfahren müssen Generikahersteller im Übrigen auch nicht noch einmal durchlaufen. Der Gesetzgeber hat deshalb zum Interessenausgleich das sogenannte Ergänzende Schutzzertifikat „erfunden". Dieses verlängert den Patentschutz um die Zeitspanne, die das Zulassungsverfahren in Anspruch genommen hat, allerdings um maximal fünf Jahre.[18]

Das Gebrauchsmuster

Das Gebrauchsmuster als Spielart eines technischen Schutzrechts gibt es in vielen, aber längst nicht in allen Ländern. Es schützt genau wie das Patent technische Erfindungen, hat aber eine kürzere Laufzeit[19] und schützt keine Verfahrenserfindungen. Wozu also braucht man ein Gebrauchsmuster?

Patente werden nach ihrer Anmeldung von den Patentämtern auf ihre Patentfähigkeit hin geprüft. Dabei wird also durch einen Patentprüfer beim Patentamt eingehend untersucht, ob das, was das Patent schützen soll, auch wirklich eine schützenswerte Erfindung darstellt. Das gilt jedenfalls in *den* Ländern, in denen es auch Gebrauchsmusterschutz gibt. Das sind zum Beispiel Deutschland und Österreich, nicht aber die Schweiz oder Frankreich.

Sie ahnen jetzt wahrscheinlich schon, worauf diese Argumentationskette hinausläuft! Und genau so ist es auch: Ein Gebrauchsmuster ist ein ungeprüftes Schutzrecht, das nur einen rein formalen Eintragungsprozess durchläuft. Was ein Gebrauchsmuster also tatsächlich

---

[17] Daten des DPMA für im Jahre 1990 angemeldete und später erteilte Patente.
[18] Das ergänzende Schutzzertifikat gibt es zurzeit auch für Pflanzenschutzmittel.
[19] Deutschland und Österreich: Schutzdauer maximal zehn Jahre.

2.1 Schutzrechtsarten im Überblick

wert ist und ob es hält, was es verspricht, das steht auf einem anderen Blatt. Es liegt aber auf der Hand, dass ein inhaltliches Prüfungsverfahren für ein Patent länger dauert als der formale Eintragungsakt für ein Gebrauchsmuster. Von der Anmeldung bis zur Eintragung eines Gebrauchsmusters vergehen ca. zwei bis vier Monate. Man kann mit einem Gebrauchsmuster deshalb ein Monopol quasi von heute auf morgen aus dem Hut zaubern! Sogar dann, wenn man schon ein Patent angemeldet hat (sog. Abzweigung). Oder dann, wenn von der Erfindung vor der Schutzrechtsanmeldung dummerweise schon etwas nach außen durchgesickert ist, was Patentschutz unmöglich macht.[20] Das Gebrauchsmuster ist deshalb also ein sehr flexibles und schnelles Schutzrecht – *nicht* etwa ein kleines Schutzrecht! Die Rechte aus einem Gebrauchsmuster sind nämlich genauso stark wie die aus einem Patent. Auch das Gebrauchsmuster verleiht also ein Monopol auf Zeit, wenn auch nur für maximal zehn Jahre.

Auch die Anforderungen an die Qualität der geschützten Erfindung, die sog. Erfindungshöhe, sind identisch. Oft hört man auch heute leider immer noch, dass große technische Erfindungen durch Patent, kleine technische Erfindungen durch Gebrauchsmuster geschützt werden können, dass also die Erfindungshöhe für Gebrauchsmuster geringer anzusetzen sei als für Patente. Das ist schlichtweg falsch; die Unterscheidung zwischen großen und kleinen Erfindungen wurde früher zwar gemacht, war aber in der Praxis oft nur sehr schwer zu treffen. Das war so ein bisschen Gefühlssache und nicht wirklich objektiv. Denn wie hoch genau ist hoch genug? In Deutschland ist der BGH[21] deshalb auch vernünftigerweise schon vor einiger Zeit von seiner ursprünglichen Linie abgerückt.[22] Die Erfindungshöhe, also die erfinderische Qualität, die einem Patent oder Gebrauchsmuster zugrunde liegen muss, ist also seitdem für Patente und Gebrauchsmuster gleich hoch. Und das ist gut so, weil es die Chancen für eine Schutzrechtserteilung bzw. die Rechtswirksamkeit eines Schutzrechts besser einschätzbar macht.

Stellen Sie sich jetzt bitte einmal vor, Sie haben eine schöne technische Erfindung gemacht. Sie haben den ersten Prototypen erfolgreich entwickelt, das Kundenfeedback hierzu war überaus positiv, und jetzt möchten Sie die Serienproduktion starten. Neben den technischen und logistischen Vorbereitungen kommen spätestens jetzt auch nicht-technische Überlegungen ins Spiel, die die Vermarktung

Marke und Markenschutz

---

[20] Für Gebrauchsmuster existiert eine 6 monatige Neuheitsschonfrist.
[21] BGH: Bundesgerichtshof in Karlsruhe.
[22] Entscheidung des BGH vom 20.06.2006 – X ZB 27/05 *Demonstrationsschrank*.

und den Vertrieb des neuen Produktes betreffen bzw. mit ankurbeln sollen. Die Marketingexperten überlegen sich deshalb einen tollen Namen für das neue Produkt und kreieren ein schickes Logo. Und natürlich möchten Sie sich diese Idee, sprich den Namen und das Logo, auch gern schützen lassen. Dieser Schutz ist möglich und sehr wichtig. Es handelt sich dabei um Markenschutz.

Dabei entsteht Markenschutz nie losgelöst für sich allein. Markenschutz ist stattdessen immer an Produkte (Waren und Dienstleistungen im Fachjargon) gekoppelt, die der Marke zugeordnet werden.[23] Diese sind bei der Markenanmeldung explizit mit anzugeben und sie spielen bei der Prüfung durch das Amt eine wichtige Rolle: Denn eine Marke muss unter anderem unterscheidungskräftig und nicht (zu) beschreibend für die ihr zugeordneten Produkte sein. Zum Beispiel wäre die Marke „Pulverschnee" sicher nicht für Schneekanonen, wohl aber für Haushaltswaren (Puderzucker) eintragbar. Ob es die angemeldete Marke schon gibt oder ein Dritter diese oder eine ähnliche Bezeichnung bereits verwendet, ist dabei für die Amtsprüfung zunächst ohne Belang.[24]

Der Schutz einer eingetragenen Marke umfasst dann auch auf deutlich mehr als nur Identitätsschutz. Ähnliche Marken bzw. Zeichen, die noch dazu ähnliche Produkte kennzeichnen, fallen ebenfalls mit unter den Schutzbereich (Stichwort Verwechselungsgefahr). Das ist sehr wichtig, denn manchmal schaut ein Kunde beim Kauf eines Produktes ja nicht so ganz genau hin, sondern erfasst die Marke eher nebenbei oder hat nur eine ungenaue Erinnerung an die eigentlich gewünschte Marke. Reiner Identitätsschutz würde also wirksamen Markenschutz problemlos unterlaufen. Dem hat der Gesetzgeber mit der Verwechslungsregelung einen Riegel vorgeschoben.

Markenbotschaft und Markenwert

Eine Marke bietet also ein starkes Monopol zum Schutz von Produktbezeichnungen. Sie dient dazu, die unternehmerische Herkunft von Waren oder Dienstleistungen aller Art zu kennzeichnen und diese unverwechselbar zu machen. Motto: „Produkt X – Eine Marke aus dem Hause ..." Eine Marke ist von großem wirtschaftlichem Wert, denn sie hat die Funktion eines Leuchtturms und bietet Orientierung in der immens großen Angebotsvielfalt gleichartiger Produkte. Sie generiert ein bestimmtes Image und bürgt für Leistung und Qualität. Eine gute Marke transportiert deshalb eine echte Botschaft und

---

[23] Einzige Ausnahme: berühmte Marken wie z. B. Coca-Cola.
[24] Es ist in Europa Sache der Wettbewerber, darauf zu achten, dass ihr Markenschutz auch beachtet wird. Wettbewerber können dann beim Amt zum Beispiel einen Widerspruch gegen Markeneintragungen einlegen.

2.1 Schutzrechtsarten im Überblick

beeinflusst dadurch ganz wesentlich das Kaufverhalten der Kunden und damit wiederum den Umsatz, den ein Unternehmen mit einem Produkt erwirtschaften kann – und letztlich also auch den Wert des Unternehmens selbst. Ein Täschchen von Gucci ist eben deutlich mehr als nur ein Täschchen ... Und Coca-Cola ist auch nicht irgendeine Limonade, sondern eine der wertvollsten Marken der Welt (2015: geschätzter Wert ca. 81 Milliarden US-Dollar). Die zurzeit wertvollsten Marken der Welt sind übrigens Apple und Google mit einem jeweils geschätzten Wert von deutlich mehr als 100 Milliarden US-Dollar.[25]

Eine gute Marke ist also sehr viel wert. Auch nicht so bekannte oder gar berühmte Marken tragen maßgeblich mit zum Unternehmenswert bei. Einzelne Marken haben oft Werte zwischen 50.000 € und 300.000 €. Und der lässt sich durch intensive Benutzung der Marken über die Jahre deutlich steigern. Die Technik in einem Unternehmen mag sich ja innerhalb weniger Jahre weiterentwickeln oder komplett wandeln. Eine Marke aber ist einem solchen Wandel so nicht unterworfen, sondern gleicht einem Fels in der Brandung. Sie bietet dem Kunden dauerhaft Orientierung. Entsprechend besteht in Hinblick auf eine Marke für den Markeninhaber auch das Bedürfnis nach sehr langfristigem, wenn nicht gar dauerhaftem Schutz. Diesem speziellen Bedürfnis hat der Gesetzgeber wiederum Rechnung getragen. Zwar wird Markenschutz durch eine Markeneintragung für zunächst nur zehn Jahre erworben, dieser Schutz kann aber beliebig oft verlängert werden.

> **Marken mit Geschichte**
>
> Formal bzw. rechtlich gibt es Markenschutz in Deutschland ab dem 1. Mai 1875, als ein vom Deutschen Reichstag verabschiedetes Gesetz zum Markenschutz in Kraft trat. Einige dieser frühen Marken existieren noch heute. Wetten, dass Sie sie kennen? Und ihren Wert? Am 20. Mai 1875 zum Beispiel meldet die Meissner Porzellan Manufaktur das heute für Porzellan weltberühmte Zeichen mit den zwei sich überkreuzenden Schwertern an. 140 Jahre später ist das Unternehmen nicht mehr nur auf Porzellan spezialisiert, sondern viel breiter aufgestellt. Wichtig ist nach wie vor aber die Fokussierung auf Luxusgüter. So gehören zu den heutigen Geschäftsfeldern neben Porzellan auch die Bereiche Architektur, Inneneinrichtung, Uhren, Schmuck und Mode. 2014 war die Manufaktur

---

[25] Die Top 100 Werte werden jährlich von den Marktforschungsinstituten Millward Brown sowie von Interbrand ermittelt; vgl. auch die Übersicht „Liste der wertvollsten Marken" auf Wikipedia.

Gewinnerin des sog. Luxery Lifestyle Awards.[26] Die Zeiten haben sich geändert, das Unternehmen hat sich im Laufe dieser Zeit gewandelt – die Marke aber ist geblieben und ein Zeichen von Wert.

Ein anderes prominentes Beispiel aus einem technischen Gebiet ist die Robert Bosch GmbH. Gegründet wurde das Unternehmen im November 1886 in einem Stuttgarter Hinterhof als *Werkstätte für Feinmechanik und Elektrotechnik*. 1901 wurde die erste Bosch-Fabrik eröffnet, in der Magnetzünder für Automobile hergestellt wurden – und die Marke Bosch wurde erstmals registriert. 1918 folgte die Anmeldung des heutigen Bosch-Logos: Ein stilisierter Doppel-T-Anker, der als Kern des Magnetzünders à la Bosch fungierte. Interessanterweise wurde der Doppel-T-Anker als technisches Bauteil ausgerechnet von der Konkurrenz, nämlich von Werner von Siemens, erfunden – doch das nur nebenbei. Heute, mehr als 100 Jahre nach der Unternehmensgründung, ist die Bosch-Gruppe ein international führendes Technologie- und Dienstleistungsunternehmen und erwirtschaftete im Geschäftsjahr 2015 mit rund 375.000 Mitarbeitern einen Umsatz von 70,6 Milliarden Euro.[27] Die Geschäftsaktivitäten umfassen dabei die vier Unternehmensbereiche Mobility Solutions, Industrial Technology, Consumer Goods sowie Energy and Building Technology. Lösungen für den Bereich Automotive gehören also immer noch dazu – genauso wie das Bosch-Logo. Und das wird auch so bleiben. Trotz oder gerade *wegen* des fortschreitenden Wandels der Produktpalette.

Abbildung 5: Aktuelle Logos bzw. Marken der Staatlichen Porzellan-Manufaktur Meissen GmbH und der Robert Bosch GmbH.[28] Die grafischen Elemente beider Marken (gekreuzte Schwerter bzw. Doppel-T-Anker) sind seit rund 100 Jahren markenrechtlich geschützt.[29]

Design-schutz Das Thema Automotive bringt uns bei diesem Schutzrechtsüberblick auch weiter zur nächsten Schutzrechtsart. Denken Sie einmal an Ihr aktuelles Lieblingsauto. Was gefällt Ihnen daran? Und wie würden Sie es charakterisieren? Zunächst wohl durch die Marke. Und natürlich auch durch technische Merkmale wie Leistung, Hubraum,

---

[26] http://luxurylifestyleawards.com
[27] Vgl. www.bosch.com
[28] Registernummern DE 30 2008 077 480 und DE 30 2012 033 232.
[29] Registernummern DE DD2075 und DE 231561.

2.1 Schutzrechtsarten im Überblick

Sonderausstattung etc. Das sagt aber gegenüber einem Nicht-Autofan noch nichts darüber aus, wie Ihr Lieblingsauto tatsächlich aussieht! Ich gebe zu, das Design eines Autos zu beschreiben, ist schon anspruchsvoller. Gleichwohl ist es ein ganz wesentlicher Aspekt, der einem Modell seine Einzigartigkeit verleiht. In der Praxis beschreibt man das Design deshalb auch oft durch die Modell-Angabe. Die aktuellen Modelle sind praktisch jedermann geläufig und wir verbinden damit eine ganz konkrete Vorstellung von der dreidimensionalen Erscheinungsform Ihres Lieblingsautos. Diese Vorstellung reicht vom Kühlergrill über die Frontpartie und das Dach bis zur Heckansicht. Und sie ist sehr charakteristisch für das jeweilige Modell. Diese äußere dreidimensionale Erscheinungsform ist im rechtlichen Sinne ein Design und kann als solches geschützt werden.

Weitere typische Produkte, für die Designschutz wichtig ist, sind zum Beispiel Möbel, Leuchten, Schmuck, Mode, Lautsprecher, Weiße Ware etc., aber auch technische Produkte wie Fernseher, Laptops, Handys und Tablets. Ich bin mir sicher, auch Sie erkennen ein iPhone auf den ersten Blick. Das liegt an der charakteristischen Form bzw. Produktaufmachung. Auch eine spezielle Farbgestaltung kann durch ein Designrecht geschützt werden. Neben dreidimensionalen Formen und Modellen sind auch zweidimensionale Form- und Farbgestaltungen durch Designschutz schützbar (z. B. Stoffmuster und Tapeten). Praktisch alles, was wir anfassen können, hat eine besonders gestaltete Form, ist also ein Design.

Das Design spielt eine wichtige Rolle für die Wettbewerbsfähigkeit von Unternehmen und wirkt als Innovationstreiber. Schätzungen zufolge erreichen Unternehmen mit ausgeprägtem Design-Bewusstsein bessere Leistungen als andere. Je mehr Aufmerksamkeit Unternehmen Designfragen widmen, umso erfolgreicher sind sie. Das Wachstum von Unternehmen, die Wert auf Design legen, ist um 22 % höher als bei anderen Unternehmen. Für jede 100 EUR, die für Design-Leistungen ausgegeben werden, steigt der Umsatz um 225 EUR. Gutes Design ist also mit entscheidend für den Geschäftserfolg.[30]

Design als Innovationstreiber

Der Schutz des Designs bringt somit unmittelbare Wettbewerbsvorteile mit sich. Auch durch Designschutz entsteht ein wichtiges Monopol auf Zeit, nämlich für bis zu 25 Jahre. Ganz wichtig ist dabei, dass der Schutz nicht nur gegen absichtliche Nachahmungen und

---

[30] Angaben auf den Webseiten des Amts der Europäischen Union für Geistiges Eigentum (EUIPO, ehemals HABM); siehe https://euipo.europa.eu/ohimportal/de/design-basics

Fälschungen wirkt. Das wäre in der Tat unzureichend, denn sonst müsste ja im Streitfall die Nachahmungsabsicht und die Kenntnis des geschützten Designs vom Kläger bewiesen werden. Stattdessen wirkt der Designschutz absolut, d. h. auch gegen lediglich zufällig identische oder hinreichend ähnliche Produkte.

Doch Vorsicht: Bei einem Design handelt es sich um ein ungeprüftes Schutzrecht. Wir haben diesen Schutzrechtstyp ja bereits beim Gebrauchsmuster kennengelernt. Das heißt, das Amt prüft vor der Eintragung *nicht*, ob das angemeldete Design auch wirklich neu ist und Eigenart aufweist, ob also die notwendigen Schutzvoraussetzungen für einen Designschutz erfüllt sind. Schon vor einer Designanmeldung, spätestens jedoch, bevor Rechte aus dem Design gegen Dritte geltend gemacht werden, sollte deshalb unbedingt recherchiert werden, ob es so ein (ähnliches) Design nicht vielleicht doch schon vorher gegeben hat. Nur so kann ein böses Erwachen im Streitfall verhindert werden.

Wir haben nun bereits die wichtigsten Gewerblichen Schutzrechte etwas näher kennengelernt. Alle verleihen dabei ein spezielles Monopol auf Zeit. Die Art des Schutzes ist dabei aber je nach Schutzrechtsart verschieden. Die nachfolgende Tabelle fasst deshalb noch einmal die wichtigsten Aspekte zusammen.

	Patent	Gebrauchsmuster	Marke	Design
Gegenstand	Technische Erfindungen: Vorrichtungen und Verfahren	Technische Erfindungen: Vorrichtungen, keine Verfahren	Produktkennzeichnungen: z.B. Worte, Logos, Produktaufmachungen	Form- und Farbgestaltung: 2D und 3D Muster und Modelle
Schutzdauer	Maximal 20 Jahre	Maximal 10 Jahre	10 Jahre, aber beliebig oft verlängerbar	Maximal 25 Jahre
Typ	Geprüftes Schutzrecht	Ungeprüftes Schutzrecht	Geprüftes Schutzrecht	Ungeprüftes Schutzrecht
Anforderungen	Neuheit	Neuheit	Amtsseitig Prüfung auf Markeneignung	Neuheit
	Erfindungshöhe	Erfindunghöhe	(sog. Absolute Schutzhindernisse)	Eigenart
	Gewerbliche Anwendbarkeit	Gewerbliche Anwendbarkeit	keine automatische Ähnlichkeitsprüfung (sog. Relative Schutzhindernisse)	

Abbildung 6: Übersicht über die wichtigsten Schutzrechtsarten: Patent, Gebrauchsmuster, Marke und Design

2.2 Prioritätsprinzip: Schnelligkeit zahlt sich aus

Freiraum für Ideen Ich erlebe täglich, dass neue Ideen natürlich nicht von selbst entstehen. Das Kreieren von Ideen erfordert gemeinhin Zeit und Freiraum. Zeit und Freiraum sind dabei nicht dasselbe, sie stehen aber natürlich in engem Zusammenhang zueinander. Das Hervorbringen von Ideen braucht Zeit, die nicht anderweitig schon wieder fest verplant sein darf. Und es braucht Freiraum, um die ausgetretenen Unternehmenspfade überhaupt verlassen zu dürfen.

2.2 Prioritätsprinzip: Schnelligkeit zahlt sich aus

Jeder Idee haftet also in gewisser Weise ein revolutionärer Kern an, und sei dieser Kern auch noch so klein. Freiraum für neue Ideen entsteht also nur da, wo auch Vertrauen herrscht und eben nicht 100 % Kontrolle über jeden einzelnen Tätigkeitsschritt. Bei allen notwendigen Prozessstrukturen dürfen diese also niemals so engmaschig ausgelegt werden, dass der Freiraum für Kreativität verloren geht.

Umgekehrt entsteht der notwendige Freiraum für Ideen aber auch nur bei guter Organisation: Wer in einem Unternehmen wegen schlechter Organisation immer nur damit beschäftigt ist, das aktuell dringendste Problem zu lösen, wird es nie, aber auch wirklich nie, schaffen, sich mit für die Zukunft wichtigen Dingen zu beschäftigen. Und Ideen sind nun einmal immer in die Zukunft gerichtet.

Wenn die äußeren Parameter für Kreativität und Ideen aber stimmen, dann entstehen diese wunderbarerweise auch mit großer Regelmäßigkeit. Keine Einzelne ist fest vorhersehbar, aber ein passendes Umfeld und gut ausgebildete und engagierte Mitarbeiter sorgen für einen kontinuierlichen Ideenfluss.

Was aber passiert, wenn eine Idee erstmalig entstanden ist? Wie lange dauert es typischerweise, bis auch jemand anders auf diese Idee verfällt? Ich persönlich bin der Auffassung, dass es einen Zeitpunkt gibt, an dem die Zeit für eine bestimmte Idee einfach reif ist. Die Idee lag sozusagen zum Greifen nahe in der Luft. Und das bedeutet, dass auch andere auf diese Idee kommen können bzw. mit großer Wahrscheinlichkeit in naher Zukunft auch darauf kommen werden. Einer der wichtigsten Gründe dafür ist vermutlich die Tatsache, dass neue Ideen primär der Bedürfnis- oder Bedarfsbefriedigung dienen und somit für eine bestimmte Gruppe einen unmittelbaren Vorteil und Nutzen darstellen. Es sind eben oft größere Interessengruppen, die ähnliche oder gar dieselben Bedürfnisse verspüren oder einen entsprechenden Bedarf haben. Da erscheint es nicht esoterisch, sondern nur logisch, dass oft in kurzer zeitlicher Abfolge gleich mehrere kreative Köpfe auf eine hilfreiche Idee bzw. Erfindung kommen.

Konkurrenz bei Ideenfindung

Dass gute Ideen oder regelrechte Durchbrüche oft von mehreren Personen nahezu gleichzeitig erzielt werden, wird auch immer wieder am 10. Dezember eines jeden Jahres eindrucksvoll demonstriert. Der 10. Dezember ist dabei kein magisches Datum, sondern der feste Termin für die alljährliche Verleihung der Nobelpreise in Oslo. Oft ist es dabei so, dass sich mehrere Personen den Preis in einer Kategorie, zum Beispiel für die Physik, teilen. Diese Personen haben normalerweise unabhängig voneinander, doch zeitlich in nur sehr kurzem Abstand Bahnbrechendes gefunden bzw. geleistet. Aus wissenschaftlicher bzw. auf lange Sicht verdienen deshalb ganz sicher mehrere Personen einen Anteil an dem hochgeschätzten Preis. Dabei geht es primär nicht um das Preisgeld, sondern um den Ruhm und die Ehre, die damit in Zusammenhang stehen. Der Ehrenplatz in der Geschichte der Menschheit ist den Preisträgern sicher – und das ist wohl kaum mit Geld aufzuwiegen.

Wettlauf um den Datenspeicher

Ein konkretes Beispiel für einen nahezu zeitgleichen wissenschaftlichen Durchbruch liefert auch die Vergabe des Physik-Nobelpreises im Jahre 2007. Diesen erhielten der Franzose Albert Fert und der Deutsche Peter Grünberg jeweils zu gleichen Teilen, und zwar für ihre Entdeckung des sog. Riesenmagnetowiderstandes im Jahre 1988. Dieser Effekt führte zu einer Revolution bei der Datenspeicherung auf Computerfestplatten. Ohne die Entdeckung des Riesenmagnetowiderstandes wäre die heutige Computertechnologie deshalb wohl bereits in ihren Anfängen stecken geblieben. Dank der Entdeckung von Fert und Grünberg sind auch die heutigen Unmengen von Daten gut zu handhaben. Ihre Entdeckung hat also definitiv die Welt nachhaltig verändert und geprägt.

Für diesen Nobelpreis des Jahres 2007 wie auch für andere Nobelpreisvergaben geradezu typisch ist die enge zeitliche Abfolge, in der die Entdeckung durch die beiden Forscher bzw. ihre Teams jeweils gemacht wurde. Am 31. Mai 1988 reichte das Team um Grünberg bei der renommierten Wissenschaftszeitschrift „Physical Review B" den Artikel über die bahnbrechende Entdeckung ein.[31] Am 24. August 1988, also nicht einmal drei Monate später, ging bei der ebenfalls besonders wichtigen Forschungsergebnissen vorbehaltenen Zeitschrift „Physical Review Letters" der berühmt gewordene Artikel des Teams um Albert Fert ein.[32] Der Review Prozess, also der Bewertungsvorgang, der wissenschaftlichen Veröffentlichungen vorausgeht, um deren Qualität sicherzustellen, war aber dann für die Fert-Gruppe wesentlich schneller abgeschlossen als bei der Grünberg-Gruppe. Die Publizierung des Fert-Artikels erfolgte bereits am 21. November 1988, die des Grünberg-Aufsatzes erst am 1. März des Folgejahres.

Ich mag mir lieber gar nicht recht ausmalen, wie sich das Team um Grünberg herum gefühlt haben muss, als der Artikel eines wissenschaftlichen Konkurrenten plötzlich wie aus dem Nichts noch vor dem eigenen Aufsatz erschien! Es war ein ganz enges Kopf-an-Kopf-Rennen. Und zwar eines, über das sich die Beteiligten so gar nicht im Klaren gewesen sein dürften. Denn man kann ja leider keinen Terminplan für wissenschaftliche Entde-

---

[31] G. Binasch, P. Grünberg, F. Saurenbach, W. Zinn: *Enhanced magnetoresistance in layered magnetic structures with antiferromagnetic interlayer exchange* – Phys. Rev. B 39, 4282 (1989).
[32] M. N. Baibich, J. M. Broto, A. Fert, F. Nguyen Van Dau, F. Petroff, P. Eitenne, G. Creuzet, A. Friederich, J. Chazelas: *Giant Magnetoresistance of (001)Fe/(001)Cr Magnetoic Superlattices* – Phys. Rev. Lett. 61, 2472 (1988).

2.2 Prioritätsprinzip: Schnelligkeit zahlt sich aus

> ckungen aufstellen. Das ist einfach Neuland, das noch niemand betreten hat. Da braucht es Zuversicht, etwas Glück und Ausdauer, Erfahrung, aber auch Offenheit und Unbedarftheit. Viele Forscher haben ihre wichtigsten Entdeckungen deshalb auch in relativ jungen Jahren gemacht, zu Zeiten also, als ihre persönliche Forschungserfahrung noch nicht zu groß war, um den Blick für Neues zu verstellen.

Fest steht in der Forschung nie, ob oder wann ein Durchbruch gelingt. Wenn er dann aber gelingt, gelingt er oft mehrfach. Bei den Nobelpreisen für Physik und auch für Medizin wurde bis dato mehr als die Hälfte aller Preise geteilt, da die zu würdigende Entdeckung von mehreren Personen bzw. Gruppen unabhängig voneinander gemacht wurde. Die Zeit für den Durchbruch war dann also einfach reif.

Wenn es aber schon in der Wissenschaft so ist, dass Durchbrüche unabhängig voneinander mehrfach und fast zeitgleich gelingen, um wie viel wahrscheinlicher ist das dann erst bei wichtigen Erfindungen in der Industrie und Wirtschaft? Dort ist ja – rein von der technischen Seite her betrachtet – längst nicht jede Erfindung so bahnbrechend, dass sie rein gar nicht erwartet werden konnte und überhaupt nicht abzusehen war. Der besondere Kniff liegt da gar nicht so selten eben *nicht* in der technischen Komplexität an sich, sondern in der Kunst der kreativen, besonderen Fragestellung. Diese Fragestellung ist oft der erste und oftmals schon entscheidende Schritt zur Lösung eines technischen Problems. Danach kann in vielen Fällen zielgerichtet auf eine entsprechende Lösung hingearbeitet werden.

Wenn Sie also eine gute Idee haben, die Sie gern für sich bzw. die Firma monopolisieren möchten, dann sollten Sie das besser niemals auf die lange Bank schieben. Nur so werden Sie nicht völlig unnötig von einem Konkurrenten überrascht, der weniger lange gezögert und gezaudert hat. Eberhard von Kuenheim, der langjährige Vorstandsvorsitzenden und spätere Aufsichtsratschef der BMW AG hat es einmal so ausgedrückt: „*Wettbewerb ist mehr und mehr eine Frage richtiger Beherrschbarkeit von Zeit. Nicht die Großen fressen die Kleinen, sondern die Schnellen überholen die Langsamen.*"[33]

Ideen niemals lange harren lassen

Schnelle Patentanmeldung als entscheidendes Kriterium

Schnelligkeit zahlt sich definitiv aus. Das gilt ganz besonders im Patentwesen. Dort ist Geschwindigkeit für eine Patentanmeldung das alles entscheidende Kriterium, wenn eine Erfindung mehrfach

---

[33] Eberhard von Kuenheim (*1928), dt. Topmanager, 1970–93 Vorstandsvorsitzender, 1993–99 Aufsichtsratsvorsitzender der BMW AG.

Schnellster Anmelder erhält das Patent

gemacht wurde: Das Patent für eine Erfindung bekommt nämlich derjenige, der die Erfindung zuerst zum Patent angemeldet hat. Das ist der sogenannte **Prioritätsgrundsatz** des Patentrechts. Der entscheidende **Stichtag** ist also der Tag, an dem die Patentanmeldung fix und fertig professionell ausgearbeitet beim Patentamt eingeht. Dort wird dann auch als Erstes das Eingangsdatum der Patentanmeldung festgestellt, weil das so entscheidend sein kann. Beim Patentamt in München existieren deshalb am Gebäude auch spezielle Nachtbriefkästen mit zwei Fächern, die pünktlich um Mitternacht den Briefkasten von einem Eingangsfach auf das andere Eingangsfach umschalten. Schummeln beim Anmeldetag durch Umgehung des Fax- oder Postweges bei der Einreichung funktioniert also nicht!

Der Grundsatz, dass der schnellste Anmelder einer Erfindung für diese auch das Patent erhält, trägt zur Sicherstellung einer objektiven Patentvergabepraxis bei. Man nennt dieses Prinzip auch **„first-to-file"-Grundsatz** (Erstanmeldungsgrundsatz). Die allermeisten Staaten der Erde wenden diesen Grundsatz auf Patente an. Ließe man es hingegen auf den Zeitpunkt ankommen, an dem die Erfindung fertiggestellt ist, dann wird die Sache viel komplizierter. Existiert die Erfindung nur im Kopfe ihres Erfinders oder auch nur intern im Labormaßstab, dann wäre es nur mit großem Aufwand oder gar nicht möglich, sicher zu entscheiden, wem im Zweifelsfall das Recht auf das Patent zusteht. Trotzdem haben die USA bei ihrer Patentvergabepraxis jahrzehntelang das sog. „first-to-invent"-Prinzip angewendet (Ersterfindungsgrundsatz). Es war dadurch möglich, durch Abgabe von eidesstattlichen Versicherungen den Erfindungszeitpunkt festzulegen bzw. in zeitkritischen Situationen bewusst vorzuverlegen. Mit ihrer letzten großen Patentrechtsreform haben sich aber auch die Vereinigten Staaten als eines der bedeutendsten Patentanmeldeländer von dieser umstrittenen Praxis verabschiedet. Seit 2013[34] wenden auch sie nur noch das objektivere Erstanmeldeprinzip an. Das US-Patentrecht ist dadurch deutlich überschaubarer und international vergleichbarer geworden.

> **! Praxisbeispiel: Ein enges Kopf-an-Kopf Rennen**
>
> Der engste zeitliche Abstand zwischen zwei konkurrierenden Anmeldungen, der mir in meiner patentanwaltlichen Praxis bisher untergekommen ist und der über den Erhalt eines Patentes entschieden hat, waren drei Tage. Es ging um einen verbesserten Kopfhörer mit großem Marktpotenzial. Nur drei Tage kam die Erfindung meines Mandanten zu spät. Die Ursache bzw. Schuld war glücklicherweise nicht auf Anwaltsseite zu

---

[34] Genauer: 16. März 2013.

suchen – dieses Szenario wäre der absolute Alptraum eines guten Patentanwalts. Vielmehr lag das Zuspätkommen daran, dass der Erfinder – ein vielbeschäftigter, erfolgreicher und sympathischer Selbstständiger aus dem Raum Ingolstadt – über mehrere Monate schlichtweg keine Zeit gefunden hatte, um seine Erfindung genauer zu beschreiben bzw. zu besprechen. Er ärgert sich noch heute darüber und hat sich geschworen, dass ihm Derartiges nie wieder passiert.

Peter Grünberg, einer der Entdecker des Riesenmagnetowiderstands, hatte übrigens den Weitblick, die immense wirtschaftliche Tragweite seiner Forschungsarbeit schon damals richtig einzuschätzen. Ohne zu zaudern meldete deshalb sein Arbeitgeber, das Forschungszentrum Jülich, die Erfindung von Peter Grünberg am 16. Juni 1988 beim DPMA zum Patent an, d. h. rechtzeitig vor der ersten wissenschaftlichen Veröffentlichung, in diesem Fall der von Albert Fert, die einen Patentschutz unmöglich gemacht hätte. Die Patenterteilung[35] erfolgte dann auch prompt am 21.12.1989. Sie hat sich für das Forschungszentrum Jülich mehr als nur bezahlt gemacht.

2.3 Local oder Global Player: Nationale und internationale Anmeldemöglichkeiten

Nehmen wir einmal an, eine Erfindung ist gemacht. Sie lässt sich also konzeptionell so vollständig beschreiben, dass auch ein anderer Fachmann sie versteht. Damit ist die Erfindung prinzipiell auch so weit gediehen, dass sie zum Patent angemeldet werden kann. Wenn eine Patentanmeldung geplant ist, sollte diese jetzt auch so schnell wie möglich vorgenommen werden, um sich die Rechte an der Erfindung wirklich rechtzeitig zu sichern.

Doch wie genau sollte man das machen? Oder anders ausgedrückt: Wo sollte man das Patent anmelden? In welchen Ländern wäre Schutz für die Erfindung interessant? Und was sollte man tun, wenn noch nicht klar ist, wie groß die wirtschaftliche Relevanz der Erfindung für ein Unternehmen wirklich ist? Was gibt es für Möglichkeiten, wenn man noch Zeit braucht, um das zu entscheiden? Und was gibt es für Optionen, wenn verschiedene Märkte bzw. Länder für die Verwertung der Erfindung von ganz unterschiedlichem Interesse sind?

Ein Patent anmelden

Die gute Nachricht ist, dass es für nahezu jede der oben angesprochenen Problemstellungen einen recht guten Lösungsansatz gibt.

---

[35] Patentnummer DE 38 20 475 C1.

Man kann Patentschutz sozusagen auf die konkreten Bedürfnisse eines Unternehmens maßschneidern. Es ist vor allem möglich, sich bei dem Erwerb von Patentschutz auf genau die Staaten zu fokussieren, die auch wirklich für das jeweilige Unternehmen wirtschaftlich von Interesse sind. Und dabei brauchen Sie nicht zu befürchten, dass Sie bei einem sehr selektiven Patentanmeldeverhalten gravierende Nachteile gegenüber Großkonzernen hätten – auch Großkonzerne melden längst nicht standardmäßig Patente flächendeckend an!

Eine in diesem Zusammenhang oft geäußerte Befürchtung von Außenstehenden ist die, dass Patentschutz nur dann etwas bringt, wenn man Patente stets gleich weltweit anmeldet. Das ist nicht richtig. Hinter dieser Befürchtung steckt meistens eine falsche Grundannahme. Es ist eben nicht so, dass Patentschutz in einem bestimmten Land standardmäßig dadurch unterlaufen werden könnte, dass in einem anderen Land kein Patentschutz erworben wurde. Und es ist erst recht nicht so, dass ein Wettbewerber dann, wenn der Erstanmelder auf Patentschutz in einem Drittland verzichtet, sich dort standardmäßig den Patentschutz sozusagen einfach unter den Nagel reißen könnte.

> **Praxisbeispiel: Nationales Patent mit großer Wirkung**
>
> Lassen Sie mich das an einem Beispiel ein wenig anschaulicher erklären: Nehmen wir einmal an, ein deutscher Anlagenbauer mit etwa 30 Mitarbeitern und Sitz in Bayern macht eine interessante Erfindung. Er erfindet eine verbesserte Anlage zum Wiederaufbereiten von industriellen Abfällen, die es erlaubt, die darin enthaltenen Substanzen in besonders effizienter, d.h. schneller und reiner Weise zurückzugewinnen. Die Anlage ist vor allem zum Wiederaufbereiten von Hafenschlick besonders gut geeignet.
>
> Da überall auf der Welt zum Erhalt der erforderlichen Tiefe von Wasserstraßen und Häfen permanent gebaggert und gespült wird, fällt dieser permanent in großen Mengen an. Unglücklicherweise ist solch ein Hafenschlick aber durch die Schifffahrt bzw. Schweröle so stark verschmutzt, dass der Schlick nicht einfach ohne Behandlung irgendwo verklappt oder deponiert werden kann. Im Übrigen ist auch das Schweröl im Hafenschlick ein wertvoller Rohstoff. Im skizzierten Beispiel ist der deutsche Anlagenbauer international tätig. Die meisten seiner Kunden sitzen außerhalb Deutschlands in allen wichtigen Häfen der Welt, insbesondere in der Golfregion.
>
> Der deutsche Anlagenbauer ist sich sicher, dass seine Erfindung kommerziell sehr interessant ist und ihm einen wesentlichen Wettbewerbsvorteil vor seinen Wettbewerbern verschafft. Seine Konkurrenten sind dabei überwiegend mittelgroße Firmen – keine Weltkonzerne – mit Sitz in Deutschland. Auch die Konkurrenz liefert ihre Anlagen nicht nur nach Deutschland, sondern weltweit aus.

2.3 Local oder Global Player

Unser Anlagenbauer möchte die von ihm neu konzipierte Anlage nun gerne für sich schützen lassen. Allerdings ist sein aktuelles Budget für Patentanmeldungen nach seiner eigenen Einschätzung eher niedrig, da er gerade erst diverse andere Investitionen getätigt hat.

Welche Optionen für Patentschutz hat unser deutscher Recyclinganlagenbauer nun? Braucht er unbedingt weltweiten Patentschutz, um seine Erfindung abzusichern? Im konkreten Beispielfall ist weltweiter Patentschutz für ihn so nicht unbedingt erforderlich – und das, obwohl er definitiv weltweit liefert! Im Beispielfall liegt das an der Konkurrenzsituation: Seine ernstzunehmenden Wettbewerber sitzen allesamt in Deutschland. Um deren Aktivitäten zu blockieren, braucht er lediglich ein deutsches Schutzrecht. Dieses allein ist völlig ausreichend, um seiner Konkurrenz das Herstellen einer Anlage in Deutschland zu verbieten – selbst dann, wenn diese Anlage für den Export ins Ausland bestimmt ist! Ein deutsches Patent sperrt also in so einem Fall für den Wettbewerb in sehr effizienter Weise den deutschen Markt.

Spinnen wir den obigen Fall noch etwas weiter: Angenommen, ein sehr wichtiger Kunde für unseren Recyclinganlagenhersteller hat seinen Sitz in Hamburg. Der Hamburger Hafen ist der größte Seehafen Deutschlands und, nach den Häfen von Rotterdam und Antwerpen, der drittgrößte in Europa.[36] Da fällt entsprechend viel Hafenschlick zur Aufbereitung an. Ein Wettbewerber unseres Recyclinganlagenherstellers habe seinen Sitz in Schleswig-Holstein, unweit der dänischen Grenze. Auch dieser Wettbewerber hat wichtige Kunden in Hamburg. Kann er diese nun mit einer Anlage beliefern, die über die neuen Merkmale der Anlage unseres bayerischen Anlagenbauers verfügt? Von Schleswig-Holstein aus sicherlich nicht, denn dort sind ihm wegen des deutschen Patentes die Hände gebunden.

Aber wie liegt der Fall, wenn der schleswig-holsteinische Erzrivale eine Niederlassung im nahe gelegenen Dänemark eröffnet und dort eine entsprechende Anlage herstellt? In Dänemark ist ihm das – ohne Patentschutz – ja sicherlich erlaubt. Kann er dann die Anlage zerlegt nach Hamburg an seinen deutschen Kunden ausliefern?

Ich kann Sie beruhigen: auch der Umweg über Dänemark ist keine erlaubte Option. Der deutsche Markt ist durch das deutsche Patent unseres bayerischen Unternehmers lückenlos für ihn abgesichert und für Konkurrenten gesperrt. Die Einfuhr nach Deutschland ist dem deutschen Patentrecht unterworfen und stellt demnach eine verbotene Handlung dar. Im Übrigen wäre nicht nur der Importeur nach Deutschland, sondern auch der Betreiber der importierten Anlage ein Patentverletzer.

---

[36] Quelle: Wikipedia, Stand 2015.

Territorialitätsprinzip

Mit einem rein nationalen Patent lässt sich also schon oft eine ganze Menge gegen den Wettbewerb ausrichten. Umgekehrt gilt natürlich, dass ein Patent nur in den Ländern Schutz erfährt, in denen ein entsprechender Patentschutz auch erworben wurde. Dieser einleuchtende Grundsatz wird im Patentrecht auch mit dem Begriff Territorialitätsprinzip umschrieben.

Betrachten wir noch eine weitere Abwandlung unseres Beispiels. Angenommen, der Erzrivale unseres bayerischen Recyclinganlagenherstellers überwacht regelmäßig dessen Patentanmeldeaktivitäten in Deutschland. Dabei erfährt er auch von der getätigten deutschen Patentanmeldung mit der verbesserten Recyclinganlage. Kann er nun noch schnell Patentschutz in Dänemark für sich sichern?

Nun, das könnte der schleswig-holsteinische Wettbewerber unsers Unternehmers zwar versuchen, aber er wird es nicht tun. Eine solche Anmeldung wäre nämlich herausgeworfenes Geld. Auch in Dänemark gelten für die Rechtswirksamkeit eines Patents dieselben Grundregeln wie in den allermeisten Ländern der Erde. Dazu gehört auch, dass eine zum Patent angemeldete Erfindung neu sein muss. Und neu heißt dabei eben nicht nur neu im jeweiligen Anmeldeland, sondern weltweit neu. Es ist deshalb also nicht möglich, dass sich ein Wettbewerber standardmäßig Patentschutz in all den Ländern sozusagen durch Nachanmeldung „ergaunert", in denen der wahre Erfinder bzw. Erstanmelder kein Patent angemeldet hat – aus welchen Gründen auch immer. Die Länder, in denen kein Patentschutz existiert, sind und bleiben dann für alle Marktteilnehmer frei zugänglich.

Natürlich könnte im geschilderten Beispiel der schleswig-holsteinische Konkurrent unseres bayerischen Unternehmens von seiner Niederlassung in Dänemark aus die Golfregion mit Recyclinganlagen für Hafenschlick versorgen, wenn für die Anlagen nur Patentschutz in Deutschland besteht. Im Umkehrschluss wird sich unser bayerischer Unternehmer also überlegen, ob es für ihn nicht sinnvoll wäre, dieses Szenario zu unterbinden. Tun könnte er dies zum Beispiel durch den Erwerb von Patentschutz in Dänemark – dann wäre der Konkurrent dort hinsichtlich dieser Anlagentechnik komplett ausgeschaltet. Oder er entscheidet sich für Patentschutz in einem oder mehreren Staaten der Golfregion selbst, dann blockiert er in diesem Fall den interessanten dortigen Markt für alle seine Wettbewerber.

2.3 Local oder Global Player

Patentschutz für bestimmte Länder anmelden

Es ist also ohne weiteres möglich und auch üblich, sich Patentschutz ganz zielgerichtet in den Ländern zu sichern, in denen wirtschaftliche Interessen des Patentanmelders abgesichert werden müssen. Welche das im Einzelnen sind, muss von Fall zu Fall entschieden werden. Die ganz zentralen Fragen dabei sind: Wo ist das eigene Unternehmen angesiedelt? In welche Märkte soll verkauft werden? Und in welchen Ländern haben die Hersteller der relevanten Konkurrenz jeweils Niederlassungen? Dann kann entschieden werden, auf welche Weise die eigenen Zielmärkte patentrechtlich abgesichert werden können. Oder aber, ob man aus strategischen Gründen gezielt Wettbewerber auch dort behindert, wo ansonsten keine eigenen Interessen bzw. Kunden existieren. Denken Sie immer daran: Patentschutz ist eine sehr scharfe und legale Waffe im Wettbewerbskampf!

Wir haben bisher gesehen, dass es zur Wirksamkeit von Patentschutz immer darauf ankommt, in welchen Ländern dieser besteht. Das jeweilige Patentrecht richtet sich entsprechend auch immer nach dem Recht des jeweiligen Staates, der in einem hoheitlichen Verwaltungsakt das Patent erteilt hat. Dafür sind die jeweiligen Patenterteilungsbehörden zuständig, im Normalfall also die Patentämter. Manchmal werden diese auch als Patent- und Markenämter bezeichnet, da dort nicht nur Patente erteilt, sondern auch Marken registriert werden. Das Deutsche Patentamt heißt dementsprechend seit einiger Zeit auch korrekter Deutsches Patent- und Markenamt. Die Berufsbezeichnung der Patentanwälte wurde bei dieser Umbenennung leider nicht mit angepasst, was in meinem Alltag manchmal zu Missverständnissen führt. Aber natürlich sind wir deutschen Patentanwälte durch unsere Ausbildung auch von Haus aus Experten für Markenrecht und andere gewerbliche Schutzrechte.

Patentrecht orientiert sich immer am Recht des jeweiligen Landes

Doch zurück zum Thema! Die sich förmlich aufdrängende Frage zum Thema Patentschutz im In- und Ausland ist: Muss ein Unternehmen in jedem Land, in dem es ein Patent beantragen möchte, separat vor dem jeweiligen nationalen Patentamt die Erfindung zum Patent anmelden? Und in jedem Land von Interesse den ganzen Formal- und/oder Prüfungsprozess durchlaufen? Wenn das nicht der Fall ist – wie passt das mit dem Territorialitätsgrundsatz zusammen?

Natürlich kann ein Patentanmelder separat in diversen Einzelstaaten seine Erfindungen zum Patent anmelden. Er kann stattdessen aber auch auf zwischenstaatliche Übereinkünfte zurückgreifen. Das

Die Rolle zwischenstaatlicher Übereinkünfte

erleichtert ihm vieles und spart Kosten. Das für uns Europäer wichtigste dieser Übereinkommen ist das sogenannte **Europäische Patentübereinkommen** (EPÜ). Ich sage bewusst, dass es sich dabei um eine zwischenstaatliche Übereinkunft handelt. Das EPÜ ist keine Gesetzesnorm der EU. Im Gegenteil – das EPÜ hat mit der Europäischen Union so erst einmal rein gar nichts zu tun!

Ganz deutlich wird das bei der Betrachtung der jeweiligen Mitgliedstaaten: Das EPÜ umfasst zurzeit 38 Mitgliedstaaten[37], die Europäische Union hat bislang nur (oder noch?) 28 Mitglieder. Das ist – trotz der beachtlichen relativen Größe der EU – also deutlich weniger als beim EPÜ! Beim EPÜ müssen also neben den EU-Mitgliedstaaten noch einige andere Länder mit von der Partie sein. Keine EU-Mitglieder, aber dennoch Mitglieder des EPÜ sind zum Beispiel die Schweiz und die EFTA-Staaten Island, Liechtenstein und Norwegen. Und schon seit 15 Jahren (!) ist auch die Türkei ein Mitgliedstaat des Europäischen Patentübereinkommens. Im Übrigen sind die europäischen Grenzen spätestens seit dem 1. März 2015 überschritten worden. Seitdem können vom Europäischen Patentamt erteilte Patente ihre Wirkung auch im afrikanischen Marokko entfalten.[38]

Europäisches Patent

Es ist also möglich, mit einer einzigen europäischen Patentanmeldung Schutz für alle EPÜ-Mitgliedsstaaten und sogar noch etwas darüber hinaus zu beantragen. Aber Achtung: Das Ergebnis ist dann jedoch *nicht* automatisch ein einheitliches Europäisches Patent in allen Staaten! Das derzeitige EPÜ stellt derzeit *nur* ein einheitliches Anmelde- und Prüfungsverfahren bereit. Das Ergebnis dieses Prozesses ist dann zwar bei positivem Ausgang schon ein sogenanntes Europäisches Patent. Dieses **EP-Patent** muss dann aber noch, um Schutz zu entfalten, in den für den Patentinhaber interessanten Mitgliedstaaten jeweils validiert werden. Diese Validierung ist im Wesentlichen ein formaler Akt, bei dem noch einige Formerfordernisse erfüllt, teilweise Übersetzungen getätigt und/oder Gebührenzahlungen vorgenommen werden müssen. Allerdings wird es zukünftig – zunächst parallel zum bisherigen Europäischen Patent – auch einen ersten Schritt zu einem echten EU-Patent geben.[39]

---

[37] Eine aktuelle Liste der Mitgliedstaaten, Erstreckungsstaaten und Validierungsstaaten des EPÜ findet sich auf den Seiten des Europäischen Patentamtes unter http://www.epo.org/about-us/organisation/member-states_de.html

[38] Marokko ist ein sog. Validierungsstaat, der gegen Zahlung einer entsprechenden Gebühr Europäische Patente in seinem Staatsgebiet anerkennt und nach marokkanischem Recht schützt.

[39] Siehe nachfolgender Abschnitt 2.4.

2.3 Local oder Global Player

Das derzeitige Europäische Patent ist also bildlich gesprochen immer noch eine Art bunter Schutzrechtsblumenstrauß, der aus einem Bündel nationaler Patente besteht. Das individuelle Bündel selbst, also im übertragenen Sinne die Blumen des Straußes und seine Größe, kann dann sozusagen je nach Geschmack vom Patentinhaber selbst zusammengestellt werden.[40] Unterschiedliche Blumen können dabei sogar unterschiedlich schnell verwelken. Entsprechend kann auch der Patentschutz in unterschiedlichen Ländern verschieden lange aufrechterhalten werden.

Man darf sich durch den Begriff „Europäisches Patent" also nicht irreführen lassen – stattdessen muss man bei jedem einzelnen Europäischen Patent ganz genau hinsehen, um zu erkennen, in welchen Ländern Patentschutz wirklich existiert. Man spricht deshalb auch oft vom sogenannten *Europäischen Bündelpatent*.

Welche Länder werden nun typischerweise von Inhabern Europäischer Patente als Zielländer ausgewählt? Das ist natürlich von Fall zu Fall verschieden, es lassen sich aber trotzdem gewisse Tendenzen ablesen. Im Automotive-Sektor ist beispielsweise über lange Jahre ziemlich konstant ein sehr selektives Validierungsverhalten zu beobachten. Die Audi AG aus Ingolstadt validiert ihre Europäischen Patente zum Beispiel typischerweise in vier bis sechs Staaten. Meistens sind das Deutschland, Frankreich, Großbritannien und Italien, gelegentlich Spanien und Schweden. Das ist auch sehr plausibel, wenn man die aktuelle Wettbewerbssituation der Branche in Betracht zieht: Die Hauptwettbewerber von Audi sitzen nun einmal im eigenen Land (BMW, Daimler-Benz bzw. Mercedes, VW, Porsche, Opel) sowie in Frankreich (PSA Peugeot Citroen, Renault), Großbritannien (Jaguar, Rolls-Royce, Bentley), Italien (Ferrari, Fiat, Alfa Romeo, Lamborghini, Autobianchi, Lancia), Spanien (Seat) und Schweden (Volvo, SAAB).

Zielländer Europäischer Patente

Das Validierungsverhalten des Audi-Wettbewerbers BMW ähnelt dem von Audi, da die Wettbewerbssituationen beider Automobilhersteller prinzipiell vergleichbar sind. Allerdings werden von BMW tendenziell etwas weniger Staaten pro Patent für die Validierung ausgewählt.[41] Das reicht BMW anscheinend aus.

---

[40] Deshalb hat der geplante BREXIT auch keine negativen Folgen für existierende Europäische Patente. Anders sieht es aber hinsichtlich des geplanten EU-Patentes aus (vgl. Kapitel 2.3).
[41] Eigene Recherchen.

Auch die Firmen Bosch und Siemens, die zu den Top-Anmeldern des EPA zählen, validieren in den ganz überwiegenden Fällen nur in einer Handvoll von Vertragsstaaten und nicht flächendeckend.[42]

Deutlich anders stellt sich das Validierungsverhalten bei den forschenden Pharma-Unternehmen dar: Hier kommt es verhältnismäßig häufig vor, dass Anmelder ihre Europäischen Patente großflächig validieren. Bei Novartis und AstraZeneca zum Beispiel scheint eine Vollvalidierung eher der Standardfall zu sein. Aber es gibt auch forschende Pharma-Unternehmen, die eher selektiv validieren, zum Beispiel Sanofi und Pfizer. Und Pharma-Unternehmen stellen ohnehin eine ganz besondere Gruppe von Patentanmeldern dar. Es gibt in dieser Gruppe praktisch keine KMU. Pharmazeutische Forschung ist extrem aufwendig und kostenintensiv, was in diesem Ausmaß durch KMU praktisch nicht zu leisten ist. Entsprechend essentiell ist für diese Anmeldergruppe aber auch möglichst weitreichender Patentschutz.

Lassen Sie mich die bisher betrachteten Patentanmeldewege noch einmal zusammenfassen: Es gibt die nationalen Anmeldemöglichkeiten vor den nationalen Patentämtern. Außerdem gibt es ein einheitliches europäisches Anmelde- und Prüfungsverfahren vor dem Europäischen Patentamt, das aber (noch) nicht zu einem einheitlichen Europäischen Patent, sondern trotz des Namens „Europäisches Patent" nur zu einem Bündel nationaler Patente führt. Einmal rechtskräftig erteilt, führen diese ein voneinander unabhängiges Dasein.

Weltpatente gibt es nicht

Sie haben aber bestimmt schon einmal das Wort „Weltpatent" gehört? Auf diversen Internetseiten kann man lesen, dass die Erfindung durch ein Weltpatent geschützt sei. Glauben Sie, dass das stimmt? Existiert ein Weltpatent? Vor dem Hintergrund der Informationen, die Sie jetzt besitzen? Sie haben recht. Ihre Skepsis ist hier sehr angebracht!

Ein „Weltpatent" gibt es definitiv nicht. Eine *Anmeldung* zum Weltpatent gibt es schon eher, wobei auch das begrifflich ungenau ist. Was nämlich existiert, ist ein einheitliches Patentanmeldeverfahren nach einer weiteren zwischenstaatlichen Übereinkunft, dem sogenannten **Patentzusammenarbeitsvertrag** (PCT)[43]. Und ein Anmeldeverfahren ist eben nur ein Anmeldeverfahren und kein Prüfungsverfahren oder gar ein Schutzrecht mit einer einheitlichen weltweiten Wirkung. Das einheitliche Anmeldeverfahren hat den Effekt, dass ein Patent-

---

[42] Eigene Recherchen.
[43] PCT ist die Abkürzung für „Patent Cooperation Treaty".

2.3 Local oder Global Player

anmelder, der Patentschutz in mehreren Staaten dieser Welt erlangen möchte, nicht von Pontius zu Pilatus bzw. zu jedem einzelnen Patentamt dieser Welt laufen muss, nur um dort seinen Antrag auf Patenterteilung zu hinterlegen, wofür er dann erst einmal einen Patentanmeldetag gutgeschrieben bekommt. Dieser Anmeldetag oder Prioritätstag ist ja immens wichtig, denn er entscheidet darüber, wem für eine Erfindung das Recht auf das Patent gebührt.

Durch den Patentzusammenarbeitsvertrag PCT wird dieser Prozess zur Erlangung eines Anmeldetages wesentlich vereinfacht: Durch das Ausfüllen eines *einzigen* Antrags kann für alle *150* Mitgliedstaaten[44] des PCT ein gültiger nationaler Anmeldetag für ein Patent generiert werden. Zum Vergleich: Die Vereinten Nationen zählen aktuell 193 Mitglieder. Bei 13 weiteren Ländern der Erde ist deren Status bzw. Souveränität umstritten. Grob überschlagen sind beim PCT also etwa drei Viertel aller Staaten der Erde dabei und verfügen über ein hinreichend gut entwickeltes Patentsystem.

Ein gültiger Anmeldetag für 150 Länder

Ob von einem Anmelder dann in allen Mitgliedstaaten des PCT Patentschutz tatsächlich angestrebt und erreicht wird, steht auf einem ganz anderen Blatt. Ich persönlich habe das in Gänze noch nie auch nur ansatzweise erlebt. Aber allein die Tatsache, dass die Möglichkeit hierzu besteht, ist sehr charmant und gibt Patentanmeldern große Flexibilität.

💡 Praxistipp

Kaum ein Unternehmen wird jemals zuerst eine „große" Patentanmeldung nach dem PCT einreichen. Stattdessen starten die allermeisten Anmelder inklusive der Großkonzerne mit einer nationalen oder höchstens regionalen, sprich europäischen Patentanmeldung[45]. Man testet die Erteilungschancen für ein Patent zunächst vorsichtig und kostengünstig. Das Erstanmeldeamt recherchiert dann auf Antrag nach dem relevanten Stand der Technik und erstellt einen entsprechenden Bescheid. Dieser wird zumeist innerhalb von sechs bis neun Monaten nach der Patenterstanmeldung fertiggestellt. Das ist zügig genug, um dann innerhalb der sogenannten Prioritätsfrist (12 Monate) noch eine PCT-Anmeldung (oder andere Auslandsnachanmeldungen) einzureichen. Bei der Beanspruchung der sog. Priorität wird dann fingiert, dass die Nachanmeldung bereits am Tag der ursprünglichen Patentanmeldung eingereicht worden ist. Hat man also erst einmal einen Anmeldetag für die Patenterstanmeldung,

---

[44] Stand September 2016 – vgl. http://www.wipo.int/pct/en/pct_contracting_states.html

[45] Es gibt noch andere regionale Patentverbünde, unter anderem in Asien, Afrika, Südamerika und den Golfstaaten.

kann man sich in aller Ruhe noch 12 Monate lang überlegen, ob man das Patentgesuch sozusagen ausweiten möchte.

Der erste Amtsbescheid wird dabei regelmäßig von einem Fachmann dazu herangezogen, die Erteilungschancen für die jeweilige Patentanmeldung individuell abzuschätzen. Dann lässt sich auch besser beurteilen, ob das Tätigen von Patentanmeldungen im Ausland Sinn macht oder aber besser nicht. Diese Abschätzung sollte aber wirklich nur ein ausgewiesener Fachmann vornehmen: Ein Naturwissenschaftler oder Techniker ist von dem Erstbescheid des Patentamts regelmäßig so wenig begeistert wie von einer Aufforderung seines Finanzamtes zur sofortigen Steuernachzahlung in beträchtlicher Höhe unter Androhung von Beugehaft! Ich persönlich überlasse deshalb meinem Mandanten einen Erstbescheid des Patentamts nie vollkommen unkommentiert. Das wäre nicht nur fahrlässig, es führt auch zu unnötiger Aufregung und es entstünde ein völlig falsches Bild der Realität: 99 % aller Erstbescheide sind in den Augen eines gebildeten Laien ein enttäuschender Verriss der angemeldeten Erfindung. Und dennoch liegen die Erteilungsquoten für Patentanmeldungen je nach Amt dann doch zwischen etwa 45 % und 60 %. Das ist ganz ordentlich und mit der entsprechenden Erfahrung lassen sich durch den Experten auch recht gute Wahrscheinlichkeitsaussagen zur Erteilungswahrscheinlichkeit wie auch zur Dauer des Erteilungsverfahrens treffen.

Ablauf eines PCT-Verfahrens

Nehmen wir einmal an, der erste Amtsbescheid für eine Patentanmeldung war positiv, sodass es jetzt Sinn macht, eine PCT-Nachanmeldung unter Prioritätsbeanspruchung zu tätigen. Wie läuft das PCT-Verfahren nun ab? In groben Zügen lässt sich das Prozedere in zwei Phasen unterteilen: Es beginnt mit der 30 Monate langen internationalen Phase[46], an die sich dann die regionalen oder nationalen Phasen anschließen. Alles, was in den ersten 30 Monaten – gerechnet ab dem Prioritätstag – geschieht, wird allein durch das PCT geregelt. In den regionalen oder nationalen Phasen finden hingegen die Vorschriften der Regionen (z. B. EPÜ) oder die nationalen Vorschriften der Zielländer Anwendung. Das Ergebnis des PCT-Prozesses sind dann entsprechend nationale oder auch regionale Patente.

In der internationalen Phase recherchiert ein zuständiges Patentamt nach der Erfindung und erstellt für den Anmelder einen internationalen Recherchebericht. Für Patentanmelder aus Deutschland, Österreich oder der Schweiz ist dieses Amt das EPA. Die großen Patentämter der Welt sind dadurch als Dienstleister in das PCT-Verfahren mit eingebunden. Nach 18 Monaten ab Prioritätstag wird die

---

[46] 30 Monate sind der Standardfall, es gibt aber bei einigen Staaten auch kürzere oder sogar etwas längere Fristen.

2.3 Local oder Global Player

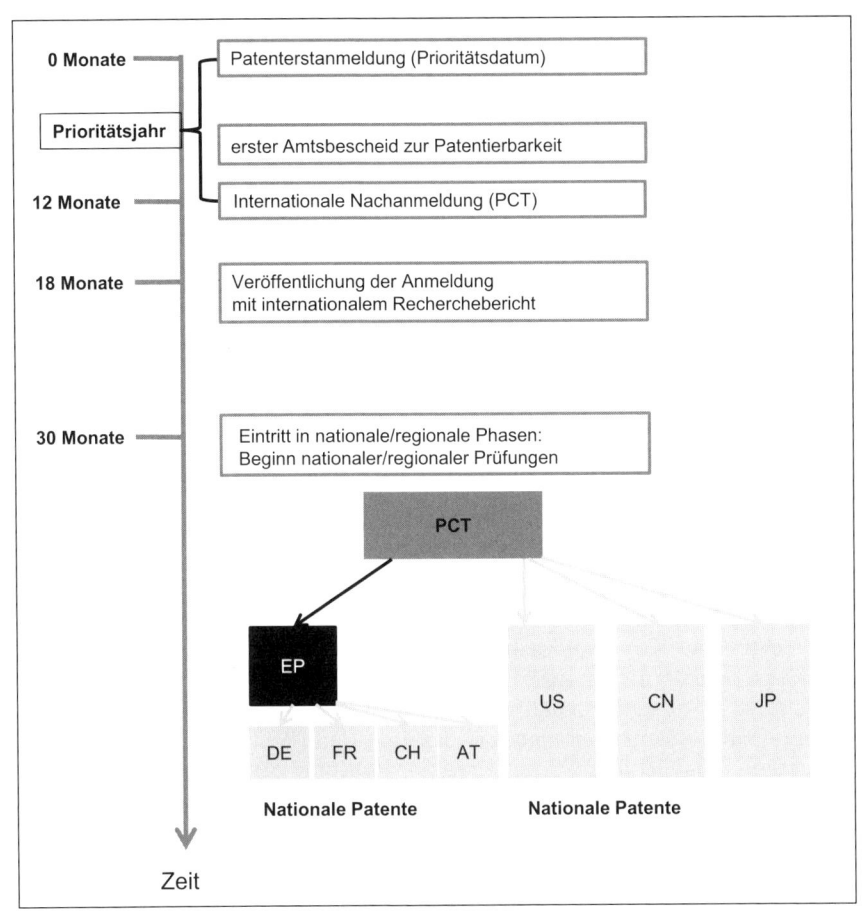

```
0 Monate ────── Patenterstanmeldung (Prioritätsdatum)
Prioritätsjahr
                erster Amtsbescheid zur Patentierbarkeit
12 Monate ──── Internationale Nachanmeldung (PCT)
18 Monate ──── Veröffentlichung der Anmeldung
                mit internationalem Recherchebericht
30 Monate ──── Eintritt in nationale/regionale Phasen:
                Beginn nationaler/regionaler Prüfungen

                           PCT
                    EP        US  CN  JP
                 DE FR CH AT
                 Nationale Patente   Nationale Patente
Zeit
```

Abbildung 7: Zeitliches Schema für eine PCT-Patentanmeldung, die als Prioritätsnachanmeldung einer nationalen Erstanmeldung eingereicht wird. Die Entscheidung, in welchen Ländern zusätzlich Patentschutz angestrebt wird, fällt erst nach 30 Monaten beim Eintritt in die nationalen oder regionalen Phasen.

PCT-Anmeldung veröffentlicht. Dann passiert für weitere 12 Monate erst einmal nichts.[47] Der Anmelder ist hierfür geradezu dankbar, denn er kann diese Zeit effektiv dafür nutzen, um den Marktwert seiner Erfindung besser einzuschätzen und seine Zielmärkte festzulegen. In dieser Schwebephase entstehen ihm auch keine weiteren Kosten.

---

[47] Es gibt theoretisch die Möglichkeit der sog. internationalen vorläufigen Prüfung, die von Anmeldern aus Europa aber praktisch nicht gewählt wird, weil sie keine neuen Erkenntnisse zur Patentfähigkeit bringt und weil deren Ergebnisse für die anderen Patentämter später auch nicht verbindlich sind.

Erst nach 30 Monaten erfolgt die Einleitung der regionalen oder nationalen Phasen. Das ist dann der Zeitpunkt der Entscheidung: Der PCT-Anmelder muss sich jetzt festlegen, in welchen Ländern oder Regionen er Patentschutz anstrebt. In diesen Zielstaaten betreibt er dann ganz normal das Patenterteilungsverfahren, wie es die dortigen nationalen Regeln vorschreiben. Das Ergebnis sind dann wiederum nationale oder regionale Patente, wie zum Beispiel das europäische Bündelpatent.

> **Zusammenfassung**
>
> Die Länder, in denen Sie Patentschutz erzielen möchten, können Sie sich im Prinzip ganz individuell und flexibel zusammenstellen. Wichtig ist erst einmal das Sichern eines ersten Anmeldetages (Prioritätstages) zum Abstecken Ihres Claims. Hierzu reicht Ihnen eine rein nationale und kostengünstige Patentanmeldung vollkommen aus.
>
> Ist für Sie auch Patentschutz im Ausland interessant, so können Sie Auslandsnachanmeldungen noch binnen Jahresfrist unter Prioritätsbeanspruchung tätigen. Während dieser Prioritätsfrist kommt Ihnen auch kein Wettbewerber mehr zuvor. Ihr Zeitrang ist gesichert. Die rechtlichen Erfolgschancen für Patenterteilungen im Ausland können Sie bis dahin auch besser abschätzen, sofern Sie gleich bei Tätigung der Erstanmeldung Prüfungsantrag stellen. Sie erhalten dann rechtzeitig vor Fristablauf eine inhaltliche Stellungnahme des Patentamtes zur angemeldeten Erfindung.
>
> Im Falle einer PCT-Nachanmeldung müssen Sie sich immer noch nicht sofort und endgültig festlegen, wohin Ihre Patentreise letztlich gehen soll. Sie haben Zeit, die Marktsituation für Ihre Erfindung zu evaluieren. Die endgültige Entscheidung über die Länderwahl erfolgt erst nach Ablauf von 30 Monaten ab Erstanmeldung – und ein Großteil der Kosten fällt ebenfalls erst ab diesem späten Zeitpunkt an.

2.4 Zukunftsmusik: Das Europäische Patent mit einheitlicher Wirkung

Bis heute existiert kein EU-Patent, das auf einen Schlag einheitlichen Schutz für alle Länder der EU bieten würde. Gleichwohl hat es schon diverse Anläufe dazu gegeben, den ersten bereits im Jahre 1975. Das sogenannte Übereinkommen über das europäische Patent für den Gemeinsamen Markt, kurz Gemeinschaftspatentübereinkommen (GPÜ) genannt, wurde am 15. Dezember 1975 in Luxemburg un-

2.4 Zukunftsmusik

terzeichnet. Durch das GPÜ sollte ein einheitliches Patent für alle damaligen EG-Staaten geschaffen werden. Doch zu einem Inkrafttreten kam es nie. Auch ein zweiter Anlauf im Jahre 1989 scheiterte.

Ein Hauptgrund dafür war die Sprachenproblematik: In welchen Sprachen sollte ein EG- bzw. EU-Patent eingetragen werden dürfen? Welche Übersetzungen in Landessprachen sind erforderlich? Es liegt auf der Hand, dass vollständige Übersetzungen in verschiedene Sprachen Geld kosten und dass, um das ehrgeizige Einheitsprojekt attraktiv für den Anmelder zu gestalten, deshalb weitestgehend auf Übersetzungen verzichtet werden sollte. Tatsächlich war dieser Punkt ein Hauptanreiz, ein einheitliches Schutzrecht zu schaffen.

Dann aber wird die Sprachenregelung zur Gretchenfrage: Welche Staaten sind tatsächlich bereit, Patente in Fremdsprachen auf ihrem Territorium zu dulden und dann auch noch so zu behandeln wie ihre eigenen in der Landessprache verfassten Patente? Tatsache ist, dass es schon heute in Deutschland in französischer Sprache erteilte und nicht vollständig ins Deutsche übersetze nationale Teile Europäischer Patente gibt – und dass Sie als Unternehmer diese kennen und beachten müssen. Sonst haften Sie entsprechend bei Patentverletzung, und zwar Ihr Unternehmen und auch Sie persönlich als Privatperson, wenn Sie Top-Entscheider sind. Dabei spielt es keine Rolle, ob Sie des Französischen hinreichend mächtig sind oder nicht. Im Zweifelsfall müssen Sie dafür sorgen, dass ein Sprachkundiger (und Technikkundiger!) die Patentschrift für Sie übersetzt. Auf Deutsch (und Englisch) finden Sie in diesen auf Französisch verfassten Europäischen Patenten nur noch die Patentansprüche. Sonst nichts. Entsprechend gibt es in deutscher Sprache abgefasste Europäische Patentschriften, die ihre Wirkung in Frankreich entfalten. Das ist das Ergebnis des sog. Londoner Übereinkommens, das die Kosten für das existierende Europäische Bündelpatent erheblich reduziert hat.

Eigentlich könnte man es deshalb auch bei der bisherigen Regelung, dem Bündelpatent, belassen. Trotzdem wird es zukünftig einen ersten Schritt zu einem echten EU-Patent geben. Dieses sogenannte **Patent mit einheitlicher Wirkung (EU-Patent)** soll zunächst in 26 der 28 EU-Mitgliedstaaten[48] einen einheitlichen schutzrechtlichen Effekt entfalten. Nach einer Übergangszeit sollen keine Übersetzungen des EU-Patents mehr erforderlich sein. Akzeptierte Sprachen sind dann Deutsch, Englisch und Französisch. Der Plan sieht vor, in

EU-Patent

---

[48] Es fehlen derzeit die EU-Länder Spanien und Polen.

anderen Fällen auf Google zurückzugreifen: Der US-amerikanische Konzern entwickelt zusammen mit dem EPA das maschinelle Übersetzungstool *Patent Translate*. Zum Teil funktioniert das bereits, richtig überzeugend ist die Qualität der Übersetzungen aber noch nicht.

EU-Patent und BREXIT Es ist aber auch noch etwas Zeit für Verbesserungen und spätestens seit der Volksabstimmung in Großbritannien bzw. dem Vereinigten Königreich über den BREXIT auch wieder Raum für Spekulationen: Die beiden wichtigsten EU-Verordnungen zum EU-Patent sind zwar schon seit 2013 in Kraft, der notwendige Ratifizierungsprozess in den Mitgliedstaaten ist aber noch nicht abgeschlossen, da die Absegnung der Verordnungen durch die Parlamente und die Hinterlegung der Urkunden bisher nicht in ausreichender Zahl erfolgte.[49] Zwingend ratifizieren müssen außerdem die drei größten europäischen Patentanmeldestaaten und das sind Deutschland, Frankreich und das Vereinigte Königreich. Genau da liegt jetzt natürlich das Problem: Das Vereinigte Königreich wird die Ratifizierung für ein EU-System, an dem es sich ja zukünftig nicht mehr beteiligen will, wohl nicht mehr vornehmen. Und selbst *wenn*, löste das nicht alle durch den BREXIT heraufbeschworenen Patentprobleme: Denn die drei Kammern des sogenannten Einheitliche Patentgerichts für das EU-Patent haben den vertraglich vereinbarten Sitz in Paris, München und – richtig!- London.

Das gesamte Projekt Einheitspatent ist auch in Fachkreisen nach wie vor heiß umstritten. Ein Startzeitpunkt ist deshalb auch noch nicht wirklich abzusehen. Ich möchte an dieser Stelle jedenfalls vor zu optimistischen Erwartungen ausdrücklich warnen. Es kann sogar sein, dass das ehrgeizige Projekt sozusagen auf den letzten Metern durch den BREXIT gestoppt worden ist. Mein persönlicher Tipp für den Startzeitpunkt des neuen Systems in zwangsweise geänderter Konstellation ist deshalb auch frühestens 2020, eher 2022. Zum Vergleich: Die letzte größere Änderung des EPÜs, das sogenannte EPÜ 2000, ist erst mit siebenjähriger Verspätung im Jahre 2007 in Kraft getreten.[50] Und das EPÜ 2000 wurde im Vergleich zum Einheitspatent wesentlich weniger kontrovers diskutiert und war deutlich einfacher umzusetzen.

Unklar war bis vor kurzem auch, mit welchen Kosten das Einheitspatent für den Patentanmelder verbunden sein soll. Es ist politischer Wille, dass das Einheitspatent den Patenschutz deutlich verbilligen

---

[49] 13 Staaten müssen für das Inkrafttreten ratifizieren.
[50] Und eine der wichtigsten Änderungen wurde zwischenzeitlich sogar wieder revidiert – die fixe Frist zur Teilung von Patentanmeldungen.

2.4 Zukunftsmusik

soll. Gleichzeitig gilt es aber, die nationalen Patentämter finanziell nicht wesentlich schlechter zu stellen. An diese werden nämlich die jährlichen nationalen Aufrechterhaltungsgebühren für Patente gezahlt. Beide Ziele gleichzeitig zu verwirklichen, ist aber kaum möglich. Die nun veröffentlichten avisierten Gebühren sind meines Erachtens für KMU eher zu hoch und spielen eher Großkonzernen in die Hände (siehe Kapitel 8.2). Wenn das Einheitspatent jedoch für viele Anmelder zu teuer ist, wird es ganz sicher kaum jemand nutzen.

Vor diesem Hintergrund sind die zukünftigen Entwicklungen im Patentwesen bzw. zum EU-Patent definitiv mit großer Spannung zu erwarten. Es ist jedenfalls ein extrem ehrgeiziges Projekt, das außerdem nur sehr schwer auf die dringenden Belange aller EU-Mitgliedstaaten anzupassen ist. Wesentlich schwieriger jedenfalls als im Bereich der Marken und Designs. Für Marken und Designs existiert bereits seit Jahren ein gut funktionierendes, kostengünstiges und durchweg akzeptiertes einheitliches Schutzrechtssystem innerhalb der EU.[51] Die Umsetzung und Einführung war hier aber auch wesentlich einfacher.

EU-weites Schutzrechtssystem für Marken und Designs

Ich persönlich jedenfalls bezweifle eher, dass das EU-Einheitspatent sofort zum Erfolgsschlager wird. Der Erfolg wird wesentlich von den damit verbundenen Kosten abhängen. Vielleicht kommt es auch sogar zu einem gegenteiligen Effekt, nämlich dass die Anmelder vermehrt wieder bei den nationalen Patentämtern anmelden. Sehr wichtig ist jedenfalls, dass das Einheitspatent nicht einfach das bestehende europäische Bündelpatent (EP-Patent) ersetzt, sondern zunächst parallel dazu eingeführt wird. Dann haben die Patentanmelder selbst die Chance, durch ihr Anmeldeverhalten quasi über das neue System abzustimmen.

---

[51] Die Anmeldung von EU-Marken und EU-Designs erfolgt beim EUIPO in Alicante – und nicht etwa beim Europäischen Patentamt (EPA). Das EPA bearbeitet ausschließlich Patente und ist keine EU-Institution.

Wissen, was geht: Patente und Patentierungsanforderungen

3.1 Neuheit

Sie wissen bereits, dass die Voraussetzungen für eine Patenterteilung die Kriterien Neuheit, erfinderische Tätigkeit und gewerbliche Anwendbarkeit[52] sind. Das klingt zunächst sehr einfach. Doch diese Schlagworte allein versetzen Sie noch nicht automatisch in die Lage, die Patentfähigkeit für eine Erfindung in Ihrem Unternehmen schon einmal grob abzuschätzen bzw. eine wohl schutzfähige Erfindung überhaupt zu erkennen. Deshalb soll dieses Kapitel Ihnen dazu nützliche Hilfestellung geben.

Das erste und in der Praxis auch wichtigste Kriterium ist die Neuheit. Aber was heißt denn nun im patentrechtlichen Sinne neu? Heißt das vielleicht: Ein bisschen neu? Nur teilweise neu? In einem Land neu? Oder gerade erst neu auf dem Markt? Und wer entscheidet darüber, was neu ist?

> **Praxisbeispiel: Neues auf der Messe**
>
> Nehmen wir einmal an, Sie sind in der deutschen Baumaschinen-Branche tätig und geschäftlich unterwegs zu einer Baumaschinen-Messe in Übersee. Interessiert wandern Sie von Messestand zu Messestand, bis Sie vor dem Stand eines deutschen Konkurrenten stehen bleiben.
>
> Dort steht neben einem Schaufelbagger das verkleinerte Modell eines Hochkrans zusammen mit dem Hinweis, dass das Original auf dem Freigelände des Messegeländes zu besichtigen sei. Das Besondere an dem Kran ist seine schnelle Rückbaubarkeit in ein besonders gut transportables Format, das einen sehr einfachen Transport des zusammengelegten Krans auf einem Tieflader erlaubt. Man kann den Mechanismus des Zusammenfaltens bei dem Modell in der Halle sogar ausprobieren. Sie sind davon hellauf begeistert – das ist DIE Lösung! Aber Sie möchten einen solchen Kran nicht etwa kaufen, sondern am liebsten selbst so ein tolles Teil in Ihrem Unternehmen herstellen. Sie greifen deshalb nach dem ausliegenden Messeprospekt des Krans und fragen am Messestand nach, ob für den Kran Patentschutz bestehe oder zumindest ein Patent angemeldet worden sei. Der freundliche Herr am Messestand verneint dies und fertigt eine Messenotiz über Ihren Besuch am Messestand an. Darin notiert er Ihren Namen, Ihr Interesse an dem Kran und seine eigene gut gelaunte Auskunft zur Patentlage.
>
> Wieder zurück an Ihrem Arbeitsplatz in Deutschland sprechen Sie mit den Kran-Konstrukteuren Ihrer Firma. Die Fachleute verstehen sofort das neuartige Prinzip zur Zerlegung des Krans und seine diversen Vorteile. Einer in der Runde, ein besonders kreativer und noch dazu sehr junger Ingenieur, den Sie heimlich „das Brain" nennen, hat sogar noch eine bes-

---

[52] Das Kriterium der gewerblichen Anwendbarkeit stellt im Grunde nie ein Problem dar und wird deshalb in diesem Praxisbuch auch nicht weiter diskutiert.

sere Idee: Da scheint nämlich ein Detail beim Faltmechanismus noch nicht optimal gestaltet worden zu sein. Das kann man doch etwas abgewandelt noch viel besser machen, sodass der Faltmechanismus auch bei noch größeren Kränen elegant zum Einsatz kommen könnte! Die alten Hasen in der Runde lauschen angestrengt und konzentriert, dann nicken sie zustimmend und schmunzeln: Warum sind wir anderen nur nicht auch darauf gekommen? Aber das ist wohl keine Schande, der Wettbewerber hat es ja auch nicht gesehen, sonst hätte er es wohl auch gleich so gemacht.

Man ist sich in der Geschäftsleitung schnell einig, dass für diese noch weiter verbesserte Kran-Lösung ein Patent her muss. Und so wird alsbald ein neuartig zerlegbarer Kran auf Ihre Firma zum Patent angemeldet. Alles läuft wie geschmiert, und schon nach kurzem Prüfungsverfahren wird für die Erfindung ein deutsches Patent erteilt.

Ihr Wettbewerber aber ist über Ihr Patent alles andere als erfreut und regt sich ganz fürchterlich darüber auf. Neben einem wütenden Gegenbesuch auf der nächsten Messe legt er auch noch einen Einspruch gegen Ihr Patent beim Patentamt ein. Er behauptet unter anderem, dass der Kran Ihres Patentes nicht neu sei. Und im Übrigen seien Sie zur Patentanmeldung ja noch nicht einmal befugt gewesen. Im Klartext: diese Patenterteilung ist eine Riesensauerei! Ihnen ist etwas mulmig zumute – hat Ihr Wettbewerber mit seinen Behauptungen etwa Recht?

Ein einziger technischer Unterschied reicht aus

Der **Stichtag**, auf den es auch hier ankommt, ist der **Anmeldetag bzw. Prioritätstag** der Patentanmeldung. War zu diesem Zeitpunkt der angemeldete nochmals weiter verbesserte Falt-Kran aus unserem Beispielfall neu? Die erste Baumaschinenmesse war ja zu diesem Zeitpunkt schon vorbei. Das könnte bedeuten, dass Ihre Kranlösung nicht mehr neu war. Aber Sie haben ja nicht den *ursprünglichen* Faltmechanismus zum Patent angemeldet, sondern die von Ihrem Konstrukteur gemachte *Verbesserung*! Und die war in einem Punkt technisch anders. Auch wenn sonst alles andere identisch war. Und etwas anders als alles andere auf der Welt heißt patentrechtlich betrachtet eben bereits *neu*. Schon ein einziger technischer Unterschied reicht zum Überspringen der Neuheitshürde aus.

Wenn Sie Mathematik mögen, können Sie sich das Ganze auch wie bei der Mengenlehre vorstellen (vgl. Abbildung 8): In die eine Menge A (dunkel) kommen alle technischen Merkmale des bekannten Gegenstandes (Stand der Technik), in die andere Menge B (hell) kommen alle technischen Merkmale des zu bewertenden Gegenstandes bzw. der Erfindung. Normalerweise sind das Positivmerkmale wie zum Beispiel „Motor, Hilfsmotor, Antriebswelle" etc. Es können seltener aber auch Negativmerkmale sein wie zum Beispiel „kein Hilfsmotor mehr erforderlich". Nach dieser Mengenaufteilung vergleichen Sie die Mengen A und B. Liegt B vollständig in A, dann ist B nicht neu gegenüber A. Alle Merkmale von B waren auch schon

3.1 Neuheit

A: Stand der Technik:	B: Erfindung:	Erfindung neu?
a, b	c, d, e	ja
a, b	c / d, e	ja
a, b	c, d, e	nein

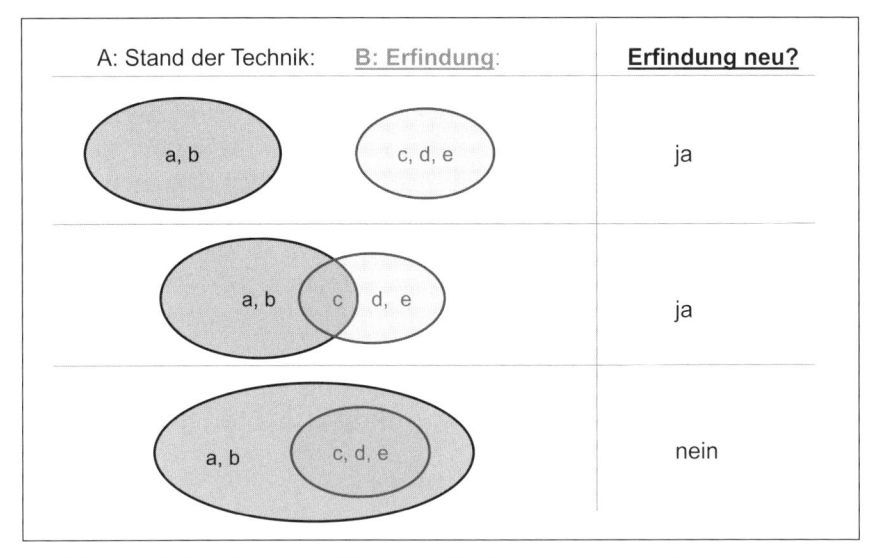

Abbildung 8: Neuheitstest für eine Erfindung veranschaulicht anhand der mathematischen Mengenlehre

aus A bekannt. Hat B aber *nur eine Schnittmenge* mit A oder sind die Mengen A und B *disjunkt*, dann ist B neu gegenüber A.

Wandeln wir unseren Baumaschinen-Fall noch einmal etwas ab: Angenommen, Sie hätten nicht nur den von Ihrem Konstrukteur verbesserten Faltmechanismus zum Patent angemeldet, sondern auch die ursprüngliche Lösung Ihres Wettbewerbers. Wäre die dann auch noch neu gewesen? Ihre Intuition ist hier ganz richtig – das wäre nicht der Fall. Stattdessen wäre Ihr Patent mit diesem Schutzgegenstand zu widerrufen und Ihr Wettbewerber hätte mit seinem Einspruch aufgrund mangelnder Neuheit Erfolg gehabt.

Wichtig zu wissen ist bei dieser Abwandlung des Szenarios auch Folgendes: Ihr Patent wäre zwar wegen mangelnder Neuheit zu widerrufen, jedoch nicht etwa wegen unbefugter Patentanmeldung! Ihr Wettbewerber hat auf der Messe aus freien Stücken die Informationen über den Faltmechanismus des Krans verbreitet. Sie sind also nicht etwa unbefugt an die Infos herangekommen oder haben sie gar gestohlen. Deshalb können Sie mit diesen Infos im Prinzip auch verfahren, wie Sie möchten. Ohne Patentschutz darf deshalb auch eine Maschine millimetergetreu nachgebaut werden.

Manchmal ist auch gar nicht so glasklar, was genau im Vorfeld einer Patentanmeldung schon vorbekannt war und was nicht – oder die subjektive Wahrnehmung ist einfach eine andere. Da vermischen sich schon einmal fremder Input und eigenes technisches Vorwissen und lassen sich vielleicht hinterher nicht mehr so genau voneinander trennen. So etwas kommt vor.

Patentanmeldung mit Beweiskraft

Im geschilderten Bespielfall ist der Messebesuch und der auf der Messe gezeigte Ausstellungsgegenstand gut dokumentiert worden. Insofern ist auch im Nachhinein gut nachweisbar bzw. beweisbar, wer wann was wusste, erfahren hat oder ausgestellt hat. Es gibt aber andere Situationen, in denen der Hergang *nicht* so klar rekonstruierbar ist. Ob eine Patenterteilung dann zu Recht erfolgt ist oder nicht, kann dann auch einmal wesentlich von der Beweislage abhängen – unabhängig davon, was wirklich passiert ist. Im Umkehrschluss dokumentiert eine eigene Patentanmeldung eindeutig, was Ihnen selbst am Anmeldetag bekannt war und hat bei Streitigkeiten eine entsprechende Beweiskraft.

> **Fortsetzung Praxisbeispiel**
>
> Lassen Sie uns zum Thema Neuheit noch eine interessante Fortsetzung des Faltkran-Szenarios betrachten: Der freundliche junge Mann vom Messestand der Konkurrenz macht nach beendeter Messe seine Messenachbereitung. Dabei stößt er auch auf seine Notiz mit Ihrem Messebesuch und der Frage nach Patentschutz. Er wird nachdenklich und konsultiert seinen Chef, den Vertriebsleiter. Dieser hört sich das Ganze an und beraumt eine Besprechung mit dem Leiter Technik an. Nach der so positiven Resonanz auf der Messe ist dieser nun auch der Meinung, dass Patentschutz für den Falt-Kran doch eine interessante Option darstellt. Nach Rücksprache mit der Unternehmensleitung wird ein Termin beim Patentanwalt vereinbart. Was wird dieser wohl zu dem Ansinnen, jetzt doch noch ein Patent für den Kran anzumelden, sagen? Die Antwort des Patentanwaltes ist dann auch eine gepresst klingende Gegenfrage: Wann genau war denn diese Baufachmesse? Vor weniger als sechs Monaten?

Erst anmelden, dann publik machen

Patentschutz ist für den Aussteller im Nachgang der Messe nicht mehr möglich – und zwar auch dann nicht, wenn er selbst es war, der dort seine Idee präsentiert hat.[53] Da gilt im Patentrecht wirklich gleiches Recht für alle. Wenn Sie also ein Patent anmelden möchten, dann müssen Sie das tun, bevor irgendetwas von der Erfindung nach außen dringt! Außen ist dabei außerhalb Ihrer Firma. Internes, gut gehütetes Firmenwissen ist unschädlich. Lag die Messe im Beispiel weniger als sechs Monate zurück, so lässt sich die Situation nur noch dadurch halbwegs retten, dass für die Erfindung ein Gebrauchsmuster angemeldet wird. Für Gebrauchsmuster existiert eine sechsmonatige Neuheitsschonfrist, in der eigene Vorveröffentlichungen der

---

[53] Einzige existierende Ausnahme: Spezielle Erfindungsausstellungen mit entsprechenden amtlichen Bescheinigungen.

3.1 Neuheit

Erfindung unberücksichtigt bleiben. Aber Gebrauchsmusterschutz gibt es nur für Vorrichtungspatente, nicht für Verfahrenserfindungen – und auch nicht in jedem Land.[54] Nach sechs Monaten schutzrechtlicher Untätigkeit ist dann aber auch beim Gebrauchsmusterschutz wirklich alles zu spät.

Auf welche Weise bzw. durch welches Medium die Erfindung im Vorfeld einer Patentanmeldung bekannt wird, ist für die rechtliche Beurteilung völlig unerheblich, so lange es sich dabei nicht um Erfindungsdiebstahl handelt. Eine schädliche Vorveröffentlichung kann zum Beispiel ein verteilter Prospekt sein, ein Vortrag auf einer Arbeitstagung, ein Gespräch im Businessclub, ein miniaturisiertes Modell, ein Prototyp in einer Werkshalle, der bei einem Kundenbesuch von einem interessierten Kunden ohne Auflagen besichtigt wird, ein nicht als vertraulich eingestuftes Gespräch mit einem Zulieferer, eine einzige verkaufte Vorrichtung, das Einstellen von Infos auf der Firmenwebpage (sehr beliebt!) oder eine im Flugzeug dummerweise in der Tasche des Vordersitzes vergessene Konstruktionszeichnung – selbst dann, wenn die Stewardess, der Sie Ihre Visitenkarte gegeben haben und die die Zeichnung findet und Ihnen per Einschreiben hinterhersendet, *nicht* versteht, was auf dem Papier technisch beschrieben worden ist! Entscheidend ist rechtlich, dass für Dritte die *Möglichkeit* bestand, von der Erfindung Kenntnis zu erlangen. Und die wesentlichen Punkte der Erfindung waren auf der Zeichnung nun einmal dargestellt.

Arten schädlicher Vorveröffentlichungen

Glauben Sie mir: Es gibt kaum eine Fallkonstellation, die es so noch *nicht* gegeben hat. Das wahre Leben schreibt die wundersamsten Anekdoten. Wenn das Amt eine Recherche für eine Patentanmeldung durchführt, greift es normalerweise auf ältere Patentanmeldungen und auf Fachbücher, Fachzeitschriften, Lexika etc. zurück. Das ist also ganz überwiegend schriftlicher Stand der Technik und außerdem der pragmatische Ansatz, der auch oft völlig ausreicht. Aber zum Stand der Technik gehört eben noch weitaus mehr. Und das wird dann oft im Rechtsstreit bedeutsam, wenn um wirtschaftlich sehr bedeutsame Patente erbittert gerungen wird.

Der im Patentrecht verwendete Neuheitsbegriff ist sehr weit gefasst. Im Fachjargon nennen wir das einen objektiv absoluten Neuheitsbegriff. Alles, was vor dem Stichtag bzw. Prioritätstag irgendwo auf der Welt in irgendeiner Weise an die Öffentlichkeit gedrungen ist,

---

[54] Gebrauchsmuster gibt es z. B. in Deutschland und Österreich, nicht aber in der Schweiz.

gehört zum Stand der Technik. Und der ist zur Neuheitsbeurteilung einer Erfindung ohne Wenn und Aber heranzuziehen.

> **Praxistipp**
>
> Seien Sie selbst im Umgang mit Ihren Erfindungen sensibel, kritisch und vorsichtig. Halten Sie sie bestmöglich geheim, bis die Patentanmeldung eingereicht und Ihr Claim abgesteckt worden ist. Instruieren Sie auch Ihre Mitarbeiter entsprechend – gerade begeisterte Techniker tauschen sich gern mal unbedarft nach Feierabend und auf Tagungen miteinander aus! Bei konsequenter Geheimhaltung sind Sie in jedem Fall auf der sicheren Seite und zerstören nicht durch Unachtsamkeit Ihren Wettbewerbsvorteil, den ein Patent Ihnen geboten hätte.
>
> Wenn Sie vor der Einreichung beim Amt mit jemandem über die Erfindung sprechen müssen oder gar Unterlagen austauschen – und das kann ja zur Klärung der Umsetzbarkeit und zur wirtschaftlichen Bewertung der Idee durchaus notwendig und sinnvoll sein – dann schützt Sie wirksam im Falle eines Falles nur eine gute Geheimhaltungsvereinbarung.[55] Lassen Sie sich von Ihrem Kommunikationspartner außerhalb der Firma unbedingt im Vorfeld eines Austausches von relevanter Information eine entsprechende Vereinbarung unterschreiben. Das ist nicht etwa unangebrachtes Misstrauen gegenüber Ihrem Geschäftspartner, sondern gute betriebliche Praxis!

3.2 Erfinderische Tätigkeit

Nachdem ich Ihnen einen Eindruck davon gegeben habe, wie die Neuheitsbewertung für eine Erfindung abläuft, möchte ich Ihnen nun das zweite wichtige Kriterium für ein Patent etwas näher vorstellen: die erfinderische Tätigkeit.

Neuheit allein reicht nicht aus Zunächst einmal bedeutet dieses zweite Kriterium folgendes: Neuheit alleine reicht nicht aus! Die Neuheit ist der erste ganz wichtige Schritt – wenn Neuheit fraglich ist, braucht man im Grunde einer Patentierung gar nicht weiter nachzugehen. Bei der Neuheit gibt es auch nicht viel Diskussionsspielraum. Wenn auch nur ein technisches Merkmal einer Erfindung anders ist als bei jeder älteren Realisierung, dann ist Neuheit schon gegeben. Anders liegt der Fall bei der Beurteilung der erfinderischen Tätigkeit. Da wird oft sehr intensiv diskutiert und die Erfindung von allen Seiten her beleuchtet. Der zugrundeliegende Grundgedanke ist der, dass nicht für jede – womöglich sogar platte – Selbstverständlichkeit ein Patent erteilt

---

[55] Siehe auch Kapitel 7.2.

3.2 Erfinderische Tätigkeit

werden soll. Die patentierte Erfindung muss schon eine gewisse Qualität – genannt Erfindungshöhe – aufweisen.

> **Praxisbeispiel: Erfinderische Tätigkeit auf dem Prüfstand**
>
> Betrachten wir ein Beispiel, das uns allen geläufig sein dürfte, und zwar einen MFP („Multi Functional Peripheral"). Hinter dieser kryptischen Bezeichnung verbirgt sich ein multifunktionales Computerperipheriegerät fürs Büro. Ursprünglich wurden an Computer vor allem simple Drucker angeschlossen. Doch schon bald hatten diese Drucker Zusatzfunktionen als Kopierer und Scanner und wurden damit zu einem multifunktionalen Peripheriegerät. Mit einem solchen MFP können Sie also wahlweise drucken, kopieren oder scannen. Heutzutage gibt es auch schon MFPs, die mit Faxfunktion ausgestattet sind.
>
> Tun wir einmal so, als gäbe es noch keinen MFP mit einer derartigen Faxfunktion. Der MFP mit Faxfunktion in unserem Beispielsfall ist also der weltweit erste. Dieser MFP mit Faxfunktion ist deshalb neu. Doch basiert er auch auf einer erfinderischen Tätigkeit?

Nehmen wir dazu einmal an, Sie sind Entwicklungsleiter eines weltweit tätigen Büromaschinenherstellers. Unter anderem sind Sie auch verantwortlich für die technische Weiterentwicklung der existierenden MFPs. Diese verfügen über Druck-, Scan- und Kopierfunktion. In diversen Teams arbeiten Ihre Entwicklungsingenieure an individuellen Verbesserungen der Einzelfunktionen, also an einer Verbesserung der Druckfunktion (mehr Seiten pro Minute, weniger Papierstau), der Scanfunktion (bessere Auflösung, Rauschunterdrückung, schnelleres Scannen) und der Kopierfunktion (Sortierung, Lochen, Heften etc.). Diverse Entwicklungsingenieure arbeiten in aktuellen Projekten, einige sind aber auch sozusagen im Freiflug unterwegs. Einer davon ist D. Fachmann. Fachmann ist ein guter und sorgfältig arbeitender Mann, der sich auf dem Gebiet der existierenden MFPs insgesamt sehr gut auskennt, wenn er auch nicht der Kreativste ist. Einfälle aus dem Nichts hat er noch nie gehabt. Dafür aber recherchiert er exzellent. Er kennt die firmeneigenen Produkte genauso wie die der Konkurrenz. Sie als Entwicklungsleiter setzten deshalb auch echtes Vertrauen in den Mann – seine in der Vergangenheit gemachten Vorschläge waren immer sinnvoll und ließen sich stets ohne große Schwierigkeiten technisch zeitnah umsetzen.

Fiktiver Durchschnittsfachmann zur Bewertung der Erfindungshöhe

Wenn der Mitarbeiter D. Fachmann im beschriebenen Szenario damit betraut wird, einen MFP weiter zu verbessern – mit welchen Ergebnissen würden Sie dann realistischerweise rechnen? Käme dabei sehr wahrscheinlich ein *bis dato* noch völlig unbekannter MFP mit revolutionärer Faxfunktion heraus? Wohl kaum. Das ist bei den

Eigenschaften und der Vorgehensweise von D. Fachmann mehr als unwahrscheinlich. Stattdessen würde Fachmann wohl die aktuell bekannten technischen Probleme bei MFPs aufgreifen und systematisch anhand seines Fachwissens einer Lösung zuführen. Die Pioniertat einer MFP-Erfindung mit integrierter Faxfunktion könnten Sie von D. Fachmann trotz all seiner positiven Eigenschaften dennoch nicht erwarten.

Ein Fachmann, der in der oben beschriebenen Weise wie D. Fachmann seine Arbeit verrichtet, hat im Patenrecht einen speziellen Namen. Er heißt **Durchschnittsfachmann**. Er ist eine fiktive Person, die für jede Erfindungsbewertung konstruiert wird. Und genau auf diese fiktive Person kommt es bei der Bewertung der erfinderischen Tätigkeit für eine Erfindung im Folgenden jeweils an. Die Gretchenfrage lautet dann: Was genau würde dieser Durchschnittsfachmann tun? Was würde er an existierenden Ideen und technischen Lösungen aufgreifen und straight-forward weiter verbessern und entwickeln? Was käme *unter diesen Umständen* dabei heraus? Klar ist nur *per definitionem*: der Durchschnittsfachmann macht keine Erfindungen!

Auf den Kontext kommt es an

Dabei sind die Überlegungen, die vom Patentamt zum Durchschnittsfachmann angestellt werden, alles andere als bloße Spekulationen! Die Argumente, was der Durchschnittsfachmann denn nun tun oder eben nicht tun würde, müssen vom Amt belegt werden. Normalerweise geschieht dies durch die Zitierung von entsprechenden Passagen aus der vorbekannten Patentliteratur. Allein die Tatsache, dass ein Merkmal der Erfindung, sozusagen deren Kniff, in der Literatur schon einmal in anderem Zusammenhang erwähnt wurde, reicht dabei *nicht* aus, um die Erfindungsqualität zunichte zu machen. Es geht nicht um die Mosaik-artige Zusammensetzung von Einzelerkenntnissen bzw. Dokumenten. Stattdessen kommt es sinnvoller Weise ganz entscheidend auf den Zusammenhang eines Zitates an.

In unserem MFP Praxisbeispiel existieren bereits diverse MFPs, aber alle ohne Faxfunktion. Diese werden auch in der einschlägigen Patentliteratur beschrieben. Faxgeräte an sich sind natürlich auch bereits bekannt. Gleiches gilt für Kombinationen aus Faxgeräten und Telefonen, die in den 1990er-Jahren weit verbreitet waren.

Jetzt zur Erfindungshöhe: Beruht der MFP mit integriertem Fax vor diesem Hintergrund auf einer erfinderischen Tätigkeit? Faxgeräte und auch Faxgeräte, die mit einem Telefon, also einem anderen Gerät, kombiniert worden sind, gibt es ja bereits. Das könnte bedeuten, dass auch der MFP mit integriertem Fax nicht erfinderisch ist. Da

3.2 Erfinderische Tätigkeit

bräuchte man ja vielleicht bloß die vom Telefon bekannte Integration der Faxfunktion auf MFPs übertragen. Oftmals lautet so oder so ähnlich auch die letztlich stichhaltige juristische Argumentation. Jedenfalls dann, wenn sich technische Überlegungen von einem Fachgebiet problemlos auf ein anderes Fachgebiet übertragen lassen! Ein Beispiel wären etwa Erkenntnisse zur Antriebsverbesserung von Radbaggern in schwerem Gelände, die analog auch auf Antriebe von Traktoren anwendbar sind. Radbagger und Traktoren haben vermutlich ausreichend technische Gemeinsamkeiten und sind auch beide in verhältnismäßig unwegsamem Gelände unterwegs, sodass eine Übertragung der gefundenen Verbesserung des Antriebs von Radbaggern auf Traktoren technisch widerspruchsfrei möglich und deshalb auch für den Durchschnittfachmann umsetzbar sein sollte.

So aber ganz sicher nicht unmittelbar vergleichbar sind Telefone einerseits und die bereits existierenden MFPs unseres Szenarios andererseits. Ein pauschaler Verweis auf Telefone mit integrierter Faxfunktion ist deshalb ganz sicher kein K.o.-Kriterium für einen MFP mit integrierter Faxfunktion. Zu prüfen ist stattdessen, was auf dem ganz konkreten Fachgebiet der MFPs bis dato über erweiterte MFP Funktionalitäten ausgesagt wird. Angenommen, in der Patentliteratur findet sich folgender Hinweis: „Die Weiterentwicklung von MFPs wird diese sicherlich immer stärker in die gesamte Büroinfrastruktur integrieren. Wünschenswert erscheint grundsätzlich auch eine Faxfunktion. Diese lässt sich aber nach eingehenden Untersuchungen technisch leider nicht umsetzen, und zwar aus folgendem Grund: ..."

Wenn ein Durchschnittsfachmann das liest – was würde wohl er tun? Eben! Der Durchschnittsfachmann würde erst einmal davon ausgehen, dass das, was dort geschrieben steht, auch richtig ist. Er würde es deshalb konsequenterweise unterlassen, einen MFP mit integrierter Faxfunktion zu entwickeln, weil dabei ja sowieso nur etwas Unbrauchbares herauskäme. Wenn dann also jemand in der realen Welt (nicht der fiktive Durchschnittsfachmann!) – den Unkenrufen in der Literatur zum Trotz – einen brauchbaren entsprechenden MFP mit integrierter Faxfunktion entwickelt, dann ist das sicher eine echte Erfindung, die die erforderliche erfinderische Tätigkeit aufweist!

Zugegeben: Der MFP mit integrierter Faxfunktion ist schon eine ziemlich schöne, sprich größere Erfindung. Viele Erfindungen sind viel „kleiner", nehmen aber trotzdem problemlos die Hürde der Erfindungshöhe.

> **Fortsetzung Praxisbeispiel**
>
> Erweitern wir deshalb ruhig noch einmal unser MFP Szenario: Bekannte Lösungen und damit Stand der Technik seien MFPs mit wahlweise einem oder mehreren Papiervorratsbehältern, aber in unserem Beispiel mit nur einem einzigen Auswurffach für frisch bedrucktes Papier. Ausgeworfen wird dann also entweder ein Fax oder eine bestimmte Anzahl von Kopien in immer demselben Fach. Die abgewandelte Erfindung in unserem Beispiel betrifft nun das Problem, dass bei einem MFP die eingehenden Faxe nicht mehr auf einen Blick erkannt werden können. Geht zum Beispiel ein Fax ein, während ein Mitarbeiter eine größere Menge von Kopien vornimmt, dann kann es leicht einmal passieren, dass das Fax in dem Stapel der Kopien einfach untergeht. Das kann – je nach Inhalt des Faxes – absolut ärgerlich sein! Zur Lösung dieses Problems wird nun erfindungsgemäß vorgeschlagen, beim MFP doch wieder mehrere Auswurfschächte vorzusehen, und zwar eines nur für Faxe. So einen MFP gibt es bisher nicht, in unserem Szenario ist der verbesserter MFP deshalb neu. Ist er auch erfinderisch?
>
> Im Stand der Technik wird das Problem der Identifizierbarkeit von Faxen auch schon diskutiert. Bekannt ist eine Lösung, die dem Fax einen bestimmten Papiervorratsschacht zuweist, der mit farbigem Papier bestückt werden kann. Das farbige Faxpapier im frisch bedruckten Papierstapel fällt dann besser auf. Ein expliziter Hinweis auf unsere erfindungsgemäße Lösung findet sich nicht. Zwar gibt es auch Kopierer und MFPs mit mehreren Ausgabefächern wegen der Sortierfunktion bei Mehrfachkopien und Mehrfachausdrucken, doch auch dort wird Ausgabeschacht seitig nicht nach der technischen Funktionalität unterschieden. Auch hier landet ein Fax in einem Ausgabefach, in dem auch Kopien oder Druckaufträge ausgegeben werden.
>
> Mehr noch: Unsere Lösung mit den mehreren Ausgabefächern ist technisch auch auf kleinstem Raum besser realisierbar als die Lösung mit dem farbigen Papier. Bedenken Sie, dass ein MFP oft schon diverse Papiereinzugsschächte mit verschiedener Belegung hat: einen für Normalpapier, einen für Briefpapier erste Seite, einen für Briefpapier zweite Seite, einen individuellen Bypass. Jeder Papiereinzugsschacht braucht einiges an Platz, so auch der separate Faxpapierschacht. Wenn man aber nun ein kleines Tischgerät realisieren möchte, ist die Variante mit dem Extraeinzugsschacht ziemlich sperrig. Nicht so jedoch unsere Erfindungsvariante mit dem Extra-Ausgabefach für Faxe: Ausgabefächer lassen sich im Allgemeinen flacher gestalten als Papiervorratsschächte. Papier wird nämlich lieber selten und dann in großen Mengen nachgelegt, aber entnommen wird häufiger auch der einzelne Ausdruck oder das einzelne Fax. Unser erfindungsgemäßer MPF mit dem speziellen Ausgabefach für Faxe ist also nicht nur neu, sondern auch erfinderisch!

Die Argumentation zur erfinderischen Tätigkeit ist wesentlich komplexer als die zur Neuheit. Sie sollten sich in der Praxis deshalb auch gar nicht exorbitant lange mit einer Vorababschätzung der Erfindungshöhe aufhalten. Positiv ausgedrückt: Bei der Argumentation

3.2 Erfinderische Tätigkeit

zur erfinderischen Tätigkeit gibt es praktisch immer Spielraum – d. h. also auch Raum zu Ihren Gunsten!

Wenn Sie eine neue technische Idee haben, sollten Sie sich vielmehr fragen, welche technischen Vorteile Ihre Idee ganz konkret bietet. Wenn Sie diese Vorteile explizit benennen können und wenn Sie klar beschreiben können, in welchen Besonderheiten (technischen Merkmalen) sich diese manifestieren, dann sind das ganz starke Indizien für das Vorliegen von erfinderischer Tätigkeit! Ein guter Patentanwalt wird deshalb versuchen, die technischen Vorteile Ihrer Erfindung in aller Ausführlichkeit aus Ihnen heraus zu kitzeln. Er kann Sie dann besser beraten und die Erteilungschancen für ein Patent abschätzen – und überdies eine Patentanmeldung auf den Punkt so ausformulieren, dass die Chancen für eine Patenterteilung am größten sind. Das lässt sich auf diese Weise nämlich ganz gut mit beeinflussen.

Technische Vorteile sind Indizien für Erfindungshöhe

In unserem ersten MFP-Beispiel lag der Vorteil in der Erweiterung der Gesamtfunktionalität und in der Reduzierung der erforderlichen Gesamtzahl von Computer-Peripheriegeräten in einer Büroumgebung. Kernmerkmal war die Integration der Faxfunktionalität. Im zweiten Beispiel war der Vorteil die bessere Erkennbarkeit/Identifikation von Faxen bei gleichzeitig raumsparender Konstruktionsweise eines MFPs.

💡 Praxistipp

Denken Sie bei möglichen Vorteilen von Erfindungen gern auch an olympische Disziplinen: Schneller, höher, weiter. Schnellere Bearbeitung, höhere Präzision, weiteres Anwendungsfeld. Aber auch Effekte wie geringerer Rohstoffverbrauch, weniger Schadstoffe, weniger erforderliche Sicherheitsvorkehrungen, höhere Prozesssicherheit, Miniaturisierung etc. sind typische Vorteile. Auch im Vereinfachen eines komplexen Prozesses oder einer komplexen Vorrichtung etc. kann ein Beweisanzeichen für erfinderische Tätigkeit zu sehen sein. Technische Vorteile können also auf vielerlei Weisen zum Ausdruck kommen.

Eine mögliche Kostenreduktion kommt einem als möglicher Vorteil zwar auch schnell in den Sinn, sie ist aber kein technischer Vorteil im engeren Sinne. Bei genauerer Betrachtung ist es dann aber trotzdem oft so, dass die Kostenreduktion aus technischen Vorteilen *resultiert* (z. B. kürzere Bearbeitungszeit und höherer Output pro Stunde führt zu einer Kostenreduktion). Insofern lohnt es sich auch bei Kostenvorteilen einer Idee, einmal genauer hinzusehen, ob sich dahinter nicht doch ein anderes, stichhaltiges Beweisanzeichen für erfinderische Tätigkeit verbirgt.

Fest steht auch: Zwischen ca. 45 % und 60 % aller Patentanmeldungen durchlaufen erfolgreich den Prüfungsprozess, die damit geschützten Ideen sind also neu und basieren auf erfinderischer Tätigkeit. Durch eine gute Anmeldestrategie lassen sich Ihre individuellen Erteilungschancen auch noch steigern. Und vergessen Sie nicht: Zahlreiche Patentanmeldungen scheitern nur deshalb, weil jemand anders mit der Schutzrechtsanmeldung schneller war oder die Patentanmeldung unprofessionell verfasst worden ist! Die Idee an sich war eigentlich super.

Seien Sie also hinsichtlich der Schutzfähigkeit Ihrer Erfindung ruhig selbstbewusst und optimistisch! Suchen Sie sich den fachlich passenden Patentanwalt – und seien Sie vor allen Dingen schnell!

3.3 Verfahrensablauf: Von der Anmeldung bis zum Patent

In den beiden vorigen Kapiteln haben wir uns eingehender mit der Neuheit und der erfinderischen Tätigkeit befasst, also den materiellrechtlichen Voraussetzungen für Patentschutz. In diesem Kapitel möchte ich Ihnen nun erzählen, wie so eine Patentierung von der Verfahrensseite her abläuft. Auf welche Prozesse müssen Sie sich einstellen? Was sind die wichtigen Schritte?

Anmeldungsausarbeitung: Wichtige Weichenstellung für das Verfahren

Der erste Schritt auf dem Weg zum Patent ist die Ausarbeitung der Patentanmeldung durch den Patentanwalt. Zur Anmeldungsausarbeitung benötigt Ihr Anwalt die bestmöglichen Informationen. Je mehr Informationen Sie bereitstellen und je besser diese aufbereitet sind, desto besser, schneller und damit auch kostengünstiger kann er oder sie die Anmeldung ausarbeiten.

Besser bedeutet bei der Anmeldungsausarbeitung eine professionelle Ausarbeitung mit größtmöglichem Schutzumfang, mit strategischen Fall-back Positionen und ohne Schlupflöcher für die Konkurrenz. Mit der Anmeldungsausarbeitung stecken Sie also den kompletten Claim für Ihr technisches Monopol ab. Ganz wichtig ist dabei, dass man später den Anmeldeunterlagen nichts mehr hinzufügen darf. Alles, was im späteren Verfahren verwendet werden kann, muss bereits in den ursprünglichen Anmeldeunterlagen **offenbart** gewesen sein. Sie können überhaupt nicht mehr nachbessern! Dabei ist es völlig egal, um was für Details es dabei geht, ob um Alternativlösungen der Erfindung oder ergänzende Erklärungen. Nichts geht mehr. Mit Einreichung der Anmeldung ist das Terrain, auf dem sich das Verfahren bewegen wird, restlos fix. Deshalb ist alles, was in der Ausarbeitungsphase der Anmeldung übersehen, vergessen oder gar vernachlässigt wird, für die Zukunft ein gefährlicher Bumerang.

Juristisches Schriftstück mit einer eigenen Sprache

Halten Sie sich dabei bitte auch folgendes vor Augen: So eine Patentanmeldung mag zwar wie ein technisches Schriftstück aussehen, es ist aber keines im klassischen Sinne! Es ist ein juristisches Schrift-

3.3 Verfahrensablauf: Von der Anmeldung bis zum Patent

stück mit einer eigenen Sprache, die die Erfindung genau definiert. Diverse Formulierungen darin haben aus juristischer Sicht eine ganz genaue Bedeutung.

> **Praxisbeispiel: Der feine Unterschied**
>
> Das folgende Beispiel verdeutlicht die Wichtigkeit von juristischen Feinheiten in der Formulierung: Es macht zum Beispiel einen ganz entscheidenden Unterschied, ob im Patentanspruch einer Anmeldung steht:
>
> **Fall 1.** Optische Anordnung mit einem Laser, einem Umlenkspiegel und einem Schirm. *Oder aber:*
>
> **Fall 2.** Optische Anordnung, die aus einem Laser, einem Umlenkspiegel und einem Schirm besteht.
>
> Das klingt zunächst mal fast identisch und oberflächlich betrachtet könnte man deshalb glauben, die Formulierung sei doch in diesen Nuancen völlig egal. Das ist sie aber definitiv *nicht*!
>
> Nehmen wir dazu einmal an, ein Produkt der Konkurrenz ist so aufgebaut: Laser, Strahlteiler, Umlenkspiegel, Schirm. Es hat also ein zusätzliches Merkmal, nämlich den Strahlteiler. Ist das nun eine patentverletzende optische Anordnung? Im ersten Fall ja, im zweiten Fall nein! Denn im ersten Fall ist die Aufzählung, die die Erfindung und damit den Schutzumfang definiert, nicht abschließend. Da können also bei einem Konkurrenzprodukt ruhig noch andere Merkmale hinzukommen, ohne dass man Ihr Patent dadurch umgehen kann. Im zweiten Fall ist die Aufzählung zur Definition der optischen Anordnung abschließend. Sie besteht aus genau festgelegten Elementen. Und deshalb ist die Anordnung der Konkurrenz im Fall 2 kein patentverletzendes Produkt. Im Ernstfall wäre das extrem ärgerlich …

Von sprachlichen Feinheiten gibt es im Patentrecht so einige. Ich möchte diese hier natürlich nicht im Detail vor Ihnen ausbreiten – aber ich möchte Sie dafür sensibilisieren. Die Ausarbeitung einer guten Patentanmeldung ist eine wahre Kunst, die einiges an Knowhow, Übung, Kreativität, Geschick und knallharter Arbeit erfordert. Wundern Sie sich also bitte nicht, was denn der Patentanwalt mit Ihrer Erfindung bei der Anmeldungsausarbeitung Schreckliches angestellt hat! Der Patentanwalt hat Ihre Erfindung nicht überflüssig entstellt oder gar nicht richtig verstanden – er hat die Erfindung schlicht in die juristische Sprache übersetzt und sie in die juristische Form gegossen.

Wenn Sie trotz dieser juristischen Fremdsprache Ihre Erfindung noch gut wiedererkennen, ist der Anmeldungsentwurf wahrlich geglückt. Ich habe vor einiger Zeit einmal mit einem älteren, sehr erfahrenen Erfinder zusammengearbeitet. Der Mann hatte während seiner Karriere bei einem bekannten Klebefilmhersteller schon etliche Erfindungen gemacht. Für diese hatte dann jewels ein Patentanwalt die Patentanmeldung ausgearbeitet. Unser beider Zusammenarbeit war erstmalig. Schon bei unserem ersten Gespräch am Telefon bemerkte ich die weitreichenden Vorbehalte des Mannes gegen Patentanmeldungen. Sie widerstrebten ihm in der Praxis anscheinend zutiefst. Und dann auch noch die Zusammenarbeit mit einem damals so jungen Hüpfer wie mir, eine echte Zumutung für so einen alten Hasen! Ich gewann den Eindruck, dass dem Erfinder bei all seiner erfinderischen Erfahrung nicht so ganz klar war, worauf es bei der Anmeldungsausarbeitung denn ganz wesentlich ankommt. Ich habe ihm viel erklärt und vor allem ganz genau zugehört, bis ich alles Wichtige über die Erfindung verstanden hatte. Dann war ich auch ruckzuck mit der Anmeldungsausarbeitung fertig. Bei der Besprechung des Entwurfes sagte er dann zu mir: „Wissen Sie, das ist das erste Mal, dass ich *wirklich* verstanden habe, worum es bei diesen ganzen Patenten geht!" Der Erfinder war regelrecht glücklich. Und ich war es auch!

Einreichung der Patentanmeldung

Doch zurück zur Patentanmeldungsausarbeitung: Nachdem nun alle Seiten mit dem Anmeldungsentwurf zufrieden sind, erfolgt die **Einreichung** der Anmeldung beim jeweils zuständigen Patentamt. Der Eingangstag beim Amt markiert dann das wichtigste Datum für eine Patentanmeldung überhaupt, nämlich ihren **Zeitrang** bzw. ihre **Priorität**. Wir hatten uns das ja schon ausführlicher angeschaut.[56] Alles, was vorher eingereicht oder öffentlich geworden ist, ist älter als die Erfindung und deshalb grundsätzlich relevant zur Beurteilung derselben. Alles, was später kommt, kommt wirklich zu spät.

Das Amt startet nun zunächst einen internen Prozess. Nach dem Vermerk des Anmeldetages bekommt die Anmeldung ein Aktenzeichen zugewiesen und sie wird zunächst einmal kurz formal beurteilt. Außerdem wird die Anmeldung klassifiziert. Diese Klassifizierung ordnet die Anmeldung technisch einem bestimmten Gebiet zu. Je nach Gebiet ist dann auch eine bestimmte Abteilung bzw. ein ganz bestimmter Patentprüfer für die weitere Bearbeitung der Patentanmeldung zuständig. Bei technisch verwandten Anmeldungen aus ein und derselben Firma ist es deshalb oft so, dass man den zuständigen Prüfer und das, worauf er besonderen Wert legt, schon aus anderen Fällen kennt. Im Patentwesen trifft man sich also garantiert zweimal im Leben. Das kann ein Segen sein oder auch ein Fluch, das kommt ganz darauf an. Man sollte deshalb immer sehen, dass man miteinander längerfristig zurechtkommt. Und meistens klappt das auch ganz gut.

---

[56] Siehe Kapitel 2.2.

3.3 Verfahrensablauf: Von der Anmeldung bis zum Patent   69

Wenn Sie daran interessiert sind, möglichst zügig ein Patent für Ihre **Prüfungs-**
Erfindung zu erhalten, dann müssen Sie auch frühzeitig den **Prü-** **verfahren**
fungsantrag für Ihre Patentanmeldung stellen bzw. stellen lassen.
Am besten wird der Prüfungsantrag dann gleich bei Einreichung der
Anmeldung gestellt.[57] Aber theoretisch hat das Zeit – in Deutschland und Österreich sogar sieben Jahre. Allerdings geht dann auch Richtung Patent nichts weiter voran.

Nach Stellung des Prüfungsantrags recherchiert der zuständige Prüfer im Stand der Technik und bildet sich eine erste Meinung zur Patentfähigkeit der angemeldeten Erfindung. Er beurteilt also, ob die Erfindung in der durch die Patentansprüche definierten Form neu ist und auf einer erfinderischen Tätigkeit beruht. Das fasst er dann alles in einem Bericht zusammen, den das Amt an den Anmelder bzw. seinen Patentanwalt übersendet. Dieses Amtsschreiben ist der sog. erste **Prüfungsbescheid**. Normalerweise liegt er nach etwa 8 bis 10 Monaten rechtzeitig vor Ablauf des Prioritätsjahres vor. Ich sagte es an anderer Stelle bereits: Bei 99 % aller Patentanmeldungen enthält dieser Beanstandungen und endet mit der Standardformel: „Bei dieser Sachlage kann eine Patenterteilung nicht in Aussicht gestellt werden." Aber auch hier gilt erneut: Das ganze Schriftstück ist in einer Insider-Fachsprache verfasst, die Ihr Patentanwalt natürlich kennt. Manchmal gibt der Prüfer auch schon direkt oder indirekt Hinweise dazu, was er statt des ursprünglichen Patentbegehrens für erteilungsfähig hält. In jedem Fall muss ein Schutzrechtsexperte den Erstbescheid und die darin aufgelisteten Druckschriften sorgfältig analysieren. Dann kann entschieden werden, ob es Sinn macht, das Prüfungsverfahren fortzusetzen oder gar Auslandsnachanmeldungen einzureichen.

Normalerweise werden nach Erhalt des ersten Prüfungsbescheids **Änderun-**
Anspruchsänderungen erforderlich. Es werden also zusätzliche **gen am**
Merkmale zur Erfindungsdefinition hinzugefügt, um sich vom Stand **Patent-**
der Technik abzugrenzen. Dabei bedeutet das *Hinzufügen* von Merk- **begehren**
malen in Patentansprüchen eine *Verkleinerung* des Schutzumfangs.
Dieses teilweise Nachgeben ist aber nichts Besonderes, denn Ihr
Patentanwalt ist als guter Verhandler natürlich mit einer Maximalforderung in das Prüfungsverfahren eingestiegen. Wichtig ist dabei
aber, dass alles, was man zur Limitierung des Patentbegehrens ver-

---

[57] Vor dem EPA läuft das Verfahren etwas anders ab: Es erfolgt zunächst zwingend die Recherche mit einer inhaltlichen Ersteinschätzung des Prüfers zur Patentwürdigkeit, erst danach auf Antrag und bei zusätzlicher Gebühr die eigentliche Prüfung. Im Ergebnis sind die Verfahren vor dem EPA und DPMA aber äquivalent.

wenden darf, schon von Anfang an in der Patentanmeldung enthalten gewesen sein muss – und zwar ganz klar und eindeutig. Ist die Anmeldung vorausschauend verfasst und mit Rückzugslinien versehen worden, ist das auch überhaupt kein Problem. Sonst allerdings kann dieses sogenannte *Offenbarungserfordernis* ein K.o.-Kriterium für eine Patenterteilung sein. Von Laien verfasste Patentanmeldungen scheitern dann auch regelmäßig an diesem wichtigen Punkt. Die Idee an sich braucht gar nicht schlecht gewesen zu sein. Aber die Umsetzung in die Patentanmeldung war's. Leider.

Offenlegung der Patentanmeldung

Wenn die Patentanmeldung weiterverfolgt wird („lebt"), dann wird die Patentanmeldung 18 Monate nach dem Anmelde- bzw. Prioritätstag offengelegt.[58] Das heißt, dass eine Druckschrift mit Ihrer Patentanmeldung vom Amt erstellt und veröffentlicht wird. Diese Druckschriften sind online abrufbar. Neben den Informationen über die Erfindung selbst kann man daran auch ablesen, wer als Anmelder fungiert, wer Erfinder ist[59], ob Prüfungsantrag gestellt wurde und was das Amt an Stand der Technik gegebenenfalls schon recherchiert hat. Die Stellungnahme des Prüfers aus dem Prüfungserstbescheid wird in der Druckschrift nicht mit veröffentlicht, kann aber über die Online-Akteneinsicht beim Amt problemlos in Erfahrung gebracht werden. Nach 18 Monaten ist nämlich auch die Akteneinsicht offen, vorher ist der Inhalt der Amtsakten geheim. 18 Monate lang bleibt also die Konkurrenz im Ungewissen darüber, was schutzrechtstechnisch zukünftig auf sie zukommen kann. Dann aber weiß sie, worauf sie sich einzustellen hat.

Mit der Veröffentlichung der Patentanmeldung setzen Sie also für die Konkurrenz ein Zeichen: Achtung, hier kommt demnächst ein Patent! Stellt Euch schon einmal darauf ein! Ich sage das hier nicht nur so etwas flapsig dahin, sondern darin steckt ein wichtiger wahrer Kern: Mit der Veröffentlichung der Patentanmeldung entsteht nämlich für Sie als Anmelder schon mal ein sogenannter **vorläufiger Schutz**: Sie können einem Konkurrenten zwar jetzt noch nicht verbieten, die offenbarte Erfindung ebenfalls zu benutzen, denn Sie haben ja noch kein erteiltes Patent. Aber Sie erwerben durch die Veröffentlichung schon einmal Entschädigungsansprüche, falls jemand dennoch die Erfindung benutzt – natürlich immer unter der Voraussetzung, dass später dann auch ein Patent tatsächlich in entsprechendem Umfang erteilt wird.

---

[58] Die Veröffentlichung erfolgt für alle anhängigen d.h. lebenden Patentanmeldungen, unabhängig davon, ob Prüfungsantrag gestellt wurde oder nicht.

[59] Antrag auf Nichtnennung möglich.

3.3 Verfahrensablauf: Von der Anmeldung bis zum Patent

Wenn das Prüfungsverfahren sofort bei Einreichung der Patentanmeldung gestartet wird, dann dauert so ein Prüfungsverfahren vor dem Amt etwa zwischen zwei und vier Jahren. Wem das zu langsam ist, der kann schon einmal ein Gebrauchsmuster aus der Patentanmeldung abzweigen. Dadurch verfügt man dann blitzschnell innerhalb von ca. 2 Monaten über ein vollwertiges Schutzrecht, wenn auch über ein ungeprüftes. Das DPMA ist mit einer Bearbeitungszeit von durchschnittlich zwei bis 2½ Jahren für Patentprüfungsverfahren etwas zügiger als das EPA mit etwa vier Jahren. Die Zahlen schwanken etwas und sind vom zahlenmäßigen Aufkommen der Patentanmeldungen pro Fachgebiet und damit der Zahl der Anmeldungen pro Patentprüfer oder Prüfungsabteilung abhängig. Typischerweise ist das Prüfungsverfahren nach zwei bis vier Prüfungsbescheiden abgeschlossen. Strittige Fälle werden in mündlichen Verhandlungen entschieden. Dann erfolgt die Zurückweisung oder Patenterteilung.

Verfahrensdauer

Eine Zurückweisung ist mit der **Beschwerde** anfechtbar. Bei der Beschwerde erfolgt eine Überprüfung der Patentzurückweisung durch unabhängige Entscheider einer anderen Instanz. Bei deutschen Patentanmeldungen sind dafür Beschwerdesenate des Bundespatentgerichtes zuständig. In Verfahren vor dem EPA sind es die Beschwerdekammern des EPA. In beiden Fällen entscheidet dann nicht eine Einzelperson, sondern ein Team. Dies sichert eine gute und einheitliche Praxis bei der Patenterteilung.

Wird für die Erfindung ein Patent erteilt, so wird natürlich jetzt auch diese **Patentschrift** als Druckschrift veröffentlicht. Die Patentansprüche in dieser erteilten Fassung der Erfindung definieren nun den tatsächlichen Schutzumfang des Schutzrechts. Sie müssen also bei einem Patentdokument immer genau hinsehen: Ist das schon ein erteiltes Patent oder handelt es sich dabei noch um eine noch nicht erteilte Anmeldung? Was es ist, steht auf dem Dokument auch tatsächlich drauf. Man muss es aber eben wissen, sonst erkennt man den Unterschied nicht und zieht falsche Schlüsse.

Nur Patentanmeldung oder schon erteiltes Patent?

Nach Veröffentlichung der Patentschrift beginnt dann die Uhr für die Wettbewerber zu ticken: Innerhalb von neun Monaten[60, 61] kann jedermann einen **Einspruch** gegen das Patent einlegen. So ein Einspruch ist dabei verhältnismäßig selten und betrifft nur etwa 1 % der erteilten Patente. Normalerweise kann man dann also auch schon nach der Patenterteilung eine Flasche Sekt öffnen. Es sei denn, es

---

[60] Genauer: nach Veröffentlichung des Hinweises auf die Patenterteilung.
[61] Österreich: vier Monate; Schweiz: neun Monate.

ist absehbar, dass das Patent einen Wettbewerber massiv stören und beeinträchtigen wird, sodass dieser sich quasi gezwungen sieht, alles zu versuchen, um das Patent zu vernichten. Der Einspruch bietet ihm dabei eine zweitnahe, zentrale und verhältnismäßig günstige Möglichkeit, Patente anzugreifen. Später kann man ein Patent nur noch durch eine risikoreichere Nichtigkeitsklage vor Gericht zu Fall bringen.[62]

Normalerweise ist dann aber mit der erfolgreichen Patenterteilung das Ziel erreicht: Sie verfügen über ein starkes Monopol auf Zeit, das Sie durch Jahresgebührenzahlung für bis zu 20 Jahre[63] aufrechterhalten und wirtschaftlich verwerten können.

3.4 Patentierungsverbote und Kontroversen: Medizinpatente, Softwarepatente, Businesspatente und Co.

Hin und wieder schaffen es Patentthemen hierzulande in die Schlagzeilen. Schlaglichtartig beleuchtet werden dann einzelne Reizthemen wie der „Patentkrieg"[64] der Telekommunikationsriesen, der angebliche Patentmissbrauch der Pharmakonzerne oder die Erteilung von sog. Skandalpatenten. Sie können bestimmt nachvollziehen, dass mich diese Form der Publicity nicht wirklich beglückt – und dass sie auch ganz sicher nicht dazu beiträgt, das in der breiten Öffentlichkeit insgesamt doch gefühlt eher negative Image von Patenten zu verbessern. Über Patente wird in den Medien meiner Beobachtung nach ganz anders berichtet als über Innovationen. Der Begriff Innovation ist definitiv positiv belegt und wird als wichtig und für die Wirtschaftskraft essentiell begriffen. Ganz anders ist das bei Patenten, so als ließe sich das Eine problemlos vom Anderen trennen. Dabei gehören diese Themen eng zusammen – technische Innovationen ohne Patente sind genauso schutzlos wie wirtschaftlich nutzlos.

Bei Patentthemen in den Medien kochen häufig die Emotionen regelrecht hoch – doch was ist eigentlich dran an den großen Reizthemen Medizinpatente, Softwarepatente, Businesspatente und Co? Welche

---

[62] Vgl. das folgende Kapitel 5.3.
[63] Gerechnet ab Anmeldetag.
[64] In der Telekommunikationsbranche geht es dabei gar nicht immer um Patente, sondern oft auch um das Design. Ein Missverständnis resultiert daraus, dass die US-Bezeichnung für Design Schutzrechte „Design Patents" lautet – das sind also keine Patente nach unserem europäischen Verständnis.

3.4 Patentierungsverbote und Kontroversen

Patentierungsausschlüsse gibt es? Wo genau verlaufen die Grenzen des Patentschutzes und warum liegen sie genau da?

In diesem Abschnitt möchte ich Ihnen ganz unaufgeregt ein paar wichtige Informationen zu kontrovers diskutierten Aspekten des Patentrechts geben. Und Anlass zur Kontroverse gibt es ja und die Diskussion ist auch wichtig! Vor allem aber möchte ich Sie auch in diesem Punkt sensibilisieren: Nehmen Sie in Hinblick auf Patente in den Medien nicht gleich alles für bare Münze, was da so berichtet wird. Die Materie ist zugegebenermaßen komplex – und die Welt ist schnelllebig, Schlagzeilen werden mit hoher Taktzahl generiert und nichts ist älter als die Zeitung von gestern.

Ein handfester Skandal verkauft sich in den Medien nun einmal um ein Vielfaches besser als das normale Alltagsgeschehen: „*Europäisches Patentamt macht in 99 % der Fälle einen richtig guten Job!*" So etwas lockt niemanden hinter dem Ofen hervor. Spannender für die Öffentlichkeit ist da schon die andere Betrachtungsweise: „*Jedes 100. Patent fehlerhaft erteilt?*"

Den Job in den Patentämtern machen natürlich Menschen. Und gerade Patentprüfer sind sehr verantwortungsbewusst und geben sich alle Mühe, ihn richtig zu machen. Trotzdem ist es nur allzu menschlich, dass da auch mal ein Fehler passieren kann. Gerade in Grenzbereichen des Patentrechts wird das durchaus einmal vorkommen. Oder es existiert auf unbekanntem rechtlichen Terrain auch noch mehr Diskussionsbedarf – dann ist so ein Einspruchs- oder Beschwerdeverfahren zur Überprüfung des Patents eine erstklassige Gelegenheit, um alle Argumente zu hören und die Linie der Rechtsprechung zu überprüfen oder neu zu ziehen.

Eines muss man sich dabei aber ganz klar vor Augen führen: Das Patentamt ist nur bedingt eine moralische Instanz. Konkret heißt das, dass das Patentamt keine Gesetze *macht*. Es wendet Gesetzte *an* und legt existierende Vorschriften aus. Das ist primär ein juristischer Vorgang und keine gesellschaftspolitische Abstimmung. Zur Abstimmung schreiten wir stattdessen alle paar Jahre zur Wahlurne ins Wahllokal.

Das Patentamt macht keine Gesetze

Natürlich ist das Patentamt deshalb nicht etwa umgekehrt ein Raum ohne Moral! Es gibt genug Werte und Vorstellungen, die in unserer Gesellschaft absolut konsensfähig sind. Und diese haben dann auch Eingang in die gesetzlichen Vorschriften gefunden und sind zu beachten. Eine wichtige *Generalklausel* im EPÜ besagt deshalb, dass für solche Erfindungen keine Patente erteilt werden, deren gewerbliche

Verwertung gegen die öffentliche Ordnung oder die guten Sitten verstoßen würde.

Verwertung von Patenten kann verboten sein

Spannend wird es dann aber bei folgendem Nachsatz in der zitierten Generalklausel: ein Verstoß gegen die öffentliche Ordnung oder die guten Sitten kann *nicht allein* aus der Tatsache hergeleitet werden, dass die Verwertung in allen oder in einigen Vertragsstaaten *durch Gesetz oder Verwaltungsvorschrift verboten* ist. Das heißt im Klartext: Es kann heiß umstrittene Patente geben, die zu Recht erteilt wurden, aber die in Bezug auf andere Gesetze dennoch problematisch sind. Das wird sogar ganz bewusst in Kauf genommen! Ein Patent zu besitzen bedeutet auch deswegen nie automatisch, dass der Patentinhaber mit seinem patentierten Gegenstand quasi Narrenfreiheit genießt und er mit seinem Schutzrecht einfach machen kann, was er will! Er darf sich trotz Patent natürlich nicht über geltendes Recht hinwegsetzen. Stattdessen muss er sich auch bei existierendem Patentschutz immer noch zu 100 % an alle anderen einschlägigen gesetzlichen Vorschriften halten.

Etwas überspitzt ausgedrückt: Ein Patent auf eine Handfeuerwaffe gibt einem natürlich noch lange nicht das Recht, damit jemanden zu erschießen! Das Beispiel ist sicher recht extrem gewählt, macht aber sehr schön deutlich, dass man Patentschutz einerseits und andere gesetzliche Vorschriften andererseits getrennt betrachten muss. Und man muss das Patentrecht auch nicht mit Regelungen überfrachten, die darin *per se* so nicht notwendig sind. Das macht den Gesetzestext nicht besser, sondern nur unübersichtlicher.

Nationale Unterschiede in Detailfragen

Die gesetzlichen Vorschriften zu Streitthemen können sich dann auch von Land zu Land unterscheiden. Denken wir nur an das Thema der umstrittenen Stammzellenforschung. In manchen Ländern ist sie erlaubt, in anderen verboten, dann wieder unter bestimmten Umständen teilweise erlaubt, etc. Hierzu eine endgültige Regelung zu finden, ist ganz sicher nicht die Aufgabe des Europäischen Patentamtes, sondern die der einzelnen Mitgliedstaaten der Europäischen Patentübereinkunft und teilweise die der Europäischen Union. Man muss in Grenzbereichen also in der Lage sein zu trennen, was tatsächlich den Patentschutz an sich und was andere Vorschriften betrifft.

3.4 Patentierungsverbote und Kontroversen

> **ℹ Nationale Unterschiede bei Patentierungsverboten: Beispiel Embryonenschutz**
>
> In der nationalen Patentgesetzgebung gibt es zu Patentierungsausschlüssen einige Unterschiede im Wortlaut. In Deutschland gibt es beispielsweise explizit *keine Patente für die Verwendung von menschlichen Embryonen zu industriellen oder kommerziellen Zwecken*. Und es gibt im Patentgesetz einen expliziten Verweis auf das Embryonenschutzgesetz. Aber auch wenn es diesen Verweis nicht gäbe, wäre das Embryonenschutzgesetz natürlich voll zu beachten! In der Schweiz lautet der entsprechende Passus etwas anders: Es werden keine Patente erteilt für die *Verwendung menschlicher Embryonen zu nicht medizinischen Zwecken*, der Schweizer Text hat also einen etwas anderen Zusatz. Im Österreichischen Patentgesetz heißt es dagegen schlicht: Es werden keine Patente erteilt für die *Verwendung von menschlichen Embryonen*, also ganz ohne ergänzenden Zusatz. Man sieht hieran sehr schön, dass Patentschutz im Bereich der Embryonenforschung länderübergreifend überaus kritisch gesehen wird. Und das ist meiner Meinung nach auch immens wichtig und richtig! In keinem Fall darf es so sein, dass ein Embryo und damit ein potenzieller Mensch schutzlos und ohne jedes Recht ist. Das ist der ganz wichtige länderübergreifende gesellschaftliche Konsens – aber es mag dennoch Unterschiede in Detailfragen geben.
>
> Bleiben wir noch einmal bei dem Beispiel Embryonenschutz bzw. bei dem Gesetzestext: Ist eine *nicht-medizinische* Verwendung von Embryonen immer genau dasselbe wie eine *industrielle oder kommerzielle* Verwendung? Ist medizinisch also immer nicht-kommerziell oder nicht-industriell? Ist also in Deutschland und der Schweiz trotz der vorhandenen Unterschiede im exakten Gesetzeswortlaut genau dasselbe patenfähig oder auch vom Patentschutz ausgenommen? Genau diese Frage lässt sich in absoluter Allgemeinheit so eben nicht hundertprozentig sicher beantworten!
>
> Betrachten wir zur Verdeutlichung der Komplexität die Begriffe „kommerziell" und „medizinisch" nochmals in einem anderen Kontext: Sind Schönheits-OPs immer *medizinisch*? Oder immer *kommerziell*? Oder immer das genaue Gegenteil von medizinisch und kommerziell? Da wird völlig klar, dass es auf den Einzelfall und dessen genauere Betrachtung im Gesamtkontext ankommt. Eine wiederherstellende OP eines Unfallopfers ist da wohl ganz anders zu bewerten als Versuche der chirurgischen Identitätsveränderung mittels diversen Implantaten verschiedener Größe in unterschiedlichsten Körperteilen.

Was ich gerne herausheben möchte, ist Folgendes: Die Rechtsprechung zu Patenten, die Grenzbereiche wie die Embryonenforschung, Genforschung oder Biotechnologie etc. betreffen, ist wirklich eine sehr schwierige Sache. Es kommt bei einer etwaigen Patenterteilung ganz entscheidend auf den genauen Wortlaut eines Patentbegehrens und auf den Kontext des Einzelfalles an. Pauschale Aussagen sind extrem schwierig bzw. so gar nicht möglich oder sinnvoll.

Patentierungsausschlüsse im Bereich der Medizin

Patentierungsausschlüsse für medizinische Verfahren

Schauen wir jetzt noch einmal auf den medizinischen Sektor selbst: Auch hier gibt es wichtige Patentierungsausschlüsse. Der dahinter stehende Grundgedanke ist der, dass ein Arzt bei der Behandlung seines Patienten nicht durch Patente behindert werden soll. Es darf nämlich keinesfalls passieren, dass zum Beispiel ein Arzt die dringend angebrachte Massage des Herzmuskelgewebes seines Patienten nur deshalb nicht durchführen darf, weil da irgend so ein Patent existiert, das er sonst verletzen würde! Das ist eine geradezu verstörende Vorstellung, finden Sie nicht? Genau deshalb gibt es völlig zu Recht den Patentierungsausschluss für medizinische Verfahren, genauer gesagt für chirurgische, therapeutische und Diagnostizierverfahren.[65]

Kein Patentierungsverbot für medizinische Vorrichtungen und Geräte

Aber Achtung: Das Patentierungsverbot betrifft nur die Verfahren! Es gibt kein Patentierungsverbot für medizinische Vorrichtungen oder Geräte. Ein Hersteller von zahnärztlichen Behandlungsinstrumenten, Blutdruckmessgeräten oder Computertomographen kann also sein Produkt natürlich durch ein Patent schützen lassen. Das ist hier im medizinischen Bereich genau wie in anderen Bereichen der Technik. Die Hersteller von Medizintechnik betreiben oft intensive und aufwendige Entwicklungsarbeit, deren Resultat Schutz verdient. Und diese Art des Patentschutzes auf die Vorrichtungen behindert keinen Arzt und ist für keinen Patienten von Nachteil. Ist die Vorrichtung durch den Arzt oder die Klinik erst einmal erworben worden, dann kann sie der Mediziner vor Ort patentrechtlich ungehindert zur Behandlung seiner Patienten einsetzen.

Patentierungsausschlüsse im Bereich der Wissenschaft

Natürlich gibt es auch Grenzbereiche des Patentrechts, die weniger mit Moral- und Glaubensvorstellungen verknüpft sind, sondern schlicht mit der Frage, wann ein Monopol auf Zeit grundsätzlich gerechtfertigt ist und wann es unangebracht erscheint. Patentschutz soll den technischen Fortschritt ja schließlich nicht behindern, sondern aktive und aufwendige technische Weiterentwicklungen belohnen.

---

[65] Die Definition dieser Verfahren ergibt sich aus der sehr umfangreichen Rechtsprechung zu diesem Fachgebiet.

3.4 Patentierungsverbote und Kontroversen

Vor diesem Hintergrund gibt es schon seit langem einen expliziten Katalog von Patentierungsausschlüssen. Zu diesem Verbotskatalog zählen unter anderem Entdeckungen, wissenschaftliche Theorien und mathematische Methoden. Er soll zur notwendigen Freiheit der Wissenschaft mit beitragen. Der Patentierungsausschluss von Entdeckungen etc. bedeutet hingegen nicht, dass das Resultat einer Forschungsarbeit nicht auch zusätzlich eine durch Patent schützbare Erfindung sein kann. Wir hatten die Parallelität von Entdeckung einerseits (nicht dem Patentschutz zugänglich) und von Erfindung andererseits (Patentschutz möglich) auch schon in einem vorangehenden Kapitel beim Grünberg-Patent gestreift.[66]

> **Praxisbeispiel: Entdeckung versus Erfindung**
>
> Lassen Sie mich den Unterschied zwischen Entdeckung und Erfindung am besten an einem weiteren Beispiel erklären: Betrachten wir die Entdeckung der Supraleitung, die im Jahre 1911 von dem Tieftemperaturphysiker Heike Kamerlingh Onnes erstmals beobachtet und beschrieben wurde. Zur Supraleitung sind bestimmte Materialien fähig (Supraleiter), deren elektrischer Widerstand bei Unterschreiten der sogenannten Sprungtemperatur sprunghaft auf null abfällt. Die Supraleitung basiert dabei letztlich auf einem bestimmten Quantenzustand der Materie.
>
> Das Auffinden des Phänomens Supraleitung ist eine klassische Entdeckung. Natürlich wäre diese neu und auch erfinderisch, Patentschutz gäbe es dafür aber trotzdem nicht, und zwar wegen des Patentierungsausschlusses für Entdeckungen. Supraleitung an sich kann also nicht durch Patentschutz monopolisiert werden.
>
> Anders ist die Sachlage aber dann, wenn sich jemand in der *Folge* der Entdeckung überlegt, was man damit technisch sinnvoll alles realisieren kann: Im Bereich der Supraleitung sind das zum Beispiel supraleitende Magneten. In Spulen aus supraleitendem Material können elektrische Ströme verlustfrei zirkulieren und extrem starke Magnetfelder erzeugen, die zum Beispiel in Kernspintomographen benötigt werden. Das ist eine konkrete technische Anwendung. Patentschutz für einen supraleitenden Magneten wäre deshalb grundsätzlich möglich und nicht durch den Patentierungsausschluss blockiert.

Patentierungsausschlüsse im Bereich Wirtschaft

Ein weiterer wichtiger Patentierungsausschluss existiert in Europa für Geschäftsmethoden. Im Juristendeutsch sind das „Pläne, Regeln und Verfahren für geschäftliche Tätigkeiten". Rein auf wirtschaftlichen Überlegungen basierende Ideen sollen nicht durch Patentschutz monopolisierbar sein. Ein Verfahren zur Neukundenakquise

Geschäftsmethoden

---

[66] Vgl. Kapitel 2.2.

beispielsweise wäre also so nicht durch ein Patent schützbar. Das ist auch gerechtfertigt, denn dadurch würde ganz eindeutig Wettbewerb unterbunden, ohne dass dem belohnenswerte technische Anstrengungen vorausgegangen wären. Das Gleichgewicht zwischen erbrachtem Einsatz und Belohnung wäre schlichtweg nicht gewahrt.

Software-patente Immer wieder für Schlagzeilen sorgen auch die sogenannten Softwarepatente. Korrekter wäre hierfür allerdings die Bezeichnung „computerimplementierte Erfindungen". Zu diesem patentrechtlichen Spezialgebiet hat sich über lange Jahre eine gut nachvollziehbare Praxis der Patentämter herausgebildet. Die Frage nach Patentschutz wird dabei in mehreren Schritten beantwortet. Die erste Frage, die sich stellt, ist die nach der sogenannten Technizität. Grundsätzlich kommt Patentschutz nur dann in Frage, wenn die Erfindung technische Merkmale aufweist. Diese Hürde ist nicht besonders hoch, denn auch ein Computer selbst ist definitiv ein technischer Gegenstand. Viel spannender und entscheidender sind dann aber die weiteren Patentierungsanforderungen der Neuheit und der erfinderischen Tätigkeit, die natürlich auch bei computerimplementierten Erfindungen immer erfüllt sein müssen. Eine Chance, diese Hürden erfolgreich zu nehmen, besteht nur dann, wenn die Erfindung eine technische Fragestellung anhand von technischen Überlegungen bzw. Mitteln löst.

> **Praxisbeispiel: Technisches Softwarepatent**
>
> Stellen Sie sich zum Beispiel eine Maschine in einer Fertigungshalle vor. Diese produziert Spritzgussteile und wird so gesteuert, dass sie weniger Ausschuss als herkömmliche Maschinen produziert. Dazu werden immer wieder bestimmte Messungen mit Sensoren der Maschine im Rahmen der Fertigung vorgenommen, die Daten werden ausgewertet, mit Vorgaben verglichen und dann werden die Betriebsparameter der Maschine geschickt optimiert. Das Verfahren zum Betreiben der Maschine beruht auf eingehenden technischen Überlegungen und Erkenntnissen, erfüllt also das Kriterium der Technizität, noch dazu nehmen wir an, dass es neu ist und auf einer erfinderischen Tätigkeit basiert. Das Verfahren zum Betreiben der Maschine ist deshalb sicherlich durch ein Patent schützbar.
>
> Doch was passiert jetzt, wenn die Maschine automatisiert durch einen Computer gesteuert wird? Ändert das vielleicht irgendetwas an der Schutzwürdigkeit der Idee zum Betreiben der Maschine? Nein, denn die Idee bleibt ja dieselbe! Also ist in unserem Beispiel auch ein Datenträger mit einem Programmcode zum Ausführen des Verfahrens zum Betreiben der Maschine dem Patentschutz zugänglich. In welcher Sprache der Programmcode programmiert ist, ist dabei völlig irrelevant. Wichtig ist ja auch nicht die Aneinanderreihung von Codezeilen, sondern der Schutz für die übergeordnete technische Idee.

3.4 Patentierungsverbote und Kontroversen

Der Akt der Programmierung an sich wird patentrechtlich als eine Art Übersetzungsprozess der technischen Idee in eine formale Darstellung angesehen. Wenn das der Programmierung zugrunde liegende Konzept erst einmal steht, ist die Programmierung im Grunde genommen verhältnismäßig einfach. Der Programmierakt als solcher wird dabei nicht als schützenswerte technische Leistung angesehen. Wobei wir natürlich alle wissen, dass eine gute Programmierung von Software in der Praxis durchaus nicht so einfach ist! Aber das ist keine Frage des Prinzips, sondern nur der konkreten Umsetzung.

Es gibt deshalb keinen Patentschutz für einen ganz bestimmten Programmcode. Wenn also etwas programmiert wird, dann unterliegt der Code selbst grundsätzlich nur dem Urheberrecht. Das Urheberrecht bietet da sehr viel weniger Schutz als ein Patent. Eine Neuprogrammierung desselben Produktes in einer anderen Programmiersprache fällt schon nicht mehr unter den Urheberrechtsschutz. Deshalb hätten einige Interessengruppen ja auch gern weitergehenden Patentschutz auf konkrete Softwarecodes. Aber Software gibt es eben nicht nur für technische Zwecke, sondern sehr oft auch für primär nicht-technische Anwendungsbereiche wie Unternehmenscontrolling, Logistik, Customer Relationship Management, Webpagedesign, Bank- und Zahlungsverkehr. Für diese Anwendungsbereiche aber ist Patentschutz für Software eher nicht angemessen. Außerdem wäre eine gerechte Grenzziehung zwischen einem patentwürdigen Programmieraufwand einerseits und einer bloßen Standardprogrammierung andererseits in der Praxis wohl kaum möglich. Deshalb sind Programmierer zukünftig auch weiterhin auf den Urheberrechtsschutz bzw. in der Praxis auf eine sichere Verschlüsselung ihres Quellcodes angewiesen.

Urheberrecht

Patentierungsverbote nach dem EPÜ
komprimierte Liste (Art. 52 und 53 EPÜ)

- Entdeckungen, wissenschaftliche Theorien und mathematische Methoden
- Ästhetische Formenschöpfungen
- Pläne, Regeln und Verfahren für gedankliche Tätigkeiten, für Spiele oder für geschäftliche Tätigkeiten sowie für Programme für Datenverarbeitungsanlagen
- Wiedergabe von Information
- **Verstoß gegen die öffentliche Ordnung oder die guten Sitten (Generalklausel)**
- Pflanzensorten oder Tierrassen sowie im wesentlichen biologische Verfahren zur Züchtung von Pflanzen und Tieren
- Therapieverfahren, chirurgische Verfahren, Diagnostizierverfahren

Zusätzliche explizite Patentierungsverbote in Deutschland
die sich aus der Generalklausel ergeben (Auszug aus §§ 1a und 2 PatG)

- Der menschliche Körper in den einzelnen Phasen seiner Entstehung und Entwicklung, einschließlich der Keimzellen, sowie die bloße Entdeckung eines seiner Bestandteile, einschließlich der Sequenz oder Teilsequenz eines Gens.
  <u>Kein Verbot</u>: Ein isolierter Bestandteil des menschlichen Körpers oder ein auf andere Weise durch ein technisches Verfahren gewonnener Bestandteil, einschließlich der Sequenz oder Teilsequenz eines Gens, selbst wenn dieser Bestandteil mit dem Aufbau eines natürlichen Bestandteils identisch ist. Funktionsbeschreibung der Sequenz oder Teilsequenz zwingend erforderlich und mit Schutz limitierender Wirkung.
- Verfahren zum Klonen von menschlichen Lebewesen
- Verfahren zur Veränderung der genetischen Identität der Keimbahn des menschlichen Lebewesens
- Die Verwendung von Embryonen zu industriellen oder kommerziellen Zwecken
- Verfahren zur Veränderung der genetischen Identität von Tieren, die geeignet sind, Leiden dieser Tiere ohne wesentlichen medizinischen Nutzen für den Menschen oder das Tier zu verursachen, sowie mit Hilfe solcher Verfahren erzeugten Tiere.

Abbildung 9: Patentierungsverbote in Europa und zusätzliche Patentierungsverbote in Deutschland

4

Wissen, wie es auch geht: Alternative Vorgehensweisen

4.1 Kurzüberblick

In vielen Fällen ist Patentschutz das Mittel der Wahl, wenn es darum geht, eine Erfindung zu schützen. Aber es gibt auch Fälle, in denen andere Schutzvarianten Sinn machen können. Es gilt deshalb, für jeden konkreten Einzelfall die vorhandenen Optionen zu prüfen und sorgfältig gegeneinander abzuwägen. Dabei steht Ihnen ein Patentanwalt auch gern zur Seite. Er oder sie wird Sie entsprechend beraten und gegebenenfalls auch einmal von einer Patentanmeldung abraten – Patentanwälte sind nämlich sehr an einer langfristigen und vertrauensvollen Zusammenarbeit mit ihren Mandanten interessiert. Einzelaufträge sind für unsere Berufsgruppe eher die Ausnahme und deshalb hängt auch unsere berufliche Seligkeit sicher nicht vom Erhalt eines Auftrags zur Ausarbeitung einer einzelnen Patentanmeldung ab. Das fördert ohne Zweifel Objektivität und ist ein echtes Plus für die Beratungsqualität!

Es gibt schutzrechtliche und nicht-schutzrechtliche Alternativen zum Patent. Zu den schutzrechtlichen Alternativen zählt grundsätzlich das *Gebrauchsmuster*, das wie auch das Patent Schutz für technische Ideen bietet. In selteneren Fällen kommen auch andere Schutzrechtsarten wie zum Beispiel das Design oder gar Halbleiterschutz in Frage. **Alternativen zum Patent**

Zu den nicht-schutzrechtlichen Alternativen zählen hingegen die *Geheimhaltung* der Erfindung sowie auch die *Defensivpublikation*. Bei der Geheimhaltung handelt es sich um einen *de facto* Schutz, der solange funktioniert, wie die Geheimhaltung aufrechterhalten werden kann oder bis ein Wettbewerber ebenfalls auf die an sich geheime Idee verfällt. Bei der Defensivpublikation hingegen wird kein eigener Schutz angestrebt, aber es soll effizient verhindert werden, dass ein Wettbewerber den Schutz für sich beanspruchen kann.

Für welche Vorgehensvariante man sich entscheiden sollte, ist stark vom Typ der Erfindung und auch vom konkreten Wettbewerbsumfeld eines Unternehmens abhängig. In den folgenden Abschnitten möchte ich Ihnen einen ersten Eindruck davon vermitteln, was die wesentlichen Argumente und Aspekte für die Wahl einer alternativen Vorgehensweise zur Patentanmeldung sein können. Viele davon basieren auf Fakten, was eine Entscheidung für eine bestimmte Alternative leichter macht. Manche Gesichtspunkte können aber nur spekulativ erörtert werden, was die Prognose für den Erfolg möglicher Alternativen erschwert. Die Faustregel lautet deshalb: In Zweifelsfällen ist es immer besser, ein Patent anzumelden.

4.2 Gebrauchsmusterschutz

Das Gebrauchsmuster als Spielart für Erfindungsschutz hatten wir bereits kurz an anderer Stelle kennengelernt.[67] Wie auch das Patent schützt es technische Erfindungen. Es gibt aber drei ganz wichtige Unterschiede zwischen den beiden Schutzrechtsarten Patent einerseits und Gebrauchsmuster andererseits, und zwar hinsichtlich des Erfindungstyps, hinsichtlich der maximalen Schutzdauer und hinsichtlich der Bestandskraft bzw. Sicherheit des generierten Schutzes.

Alternative nur bei Vorrichtungserfindungen
Das Patent ist ein sehr umfassendes technisches Schutzrecht. Es schützt in technischer Hinsicht das, was getan wird, und auch das, womit es getan wird. Im juristischen Jargon kann ein Patent also sowohl Verfahren als auch Vorrichtungen schützen. Gebrauchsmusterschutz hingegen ist auf Vorrichtungen, also Gegenstände jeder Art, beschränkt. Das ist eine ganz wichtige Einschränkung. Gebrauchsmusterschutz als Alternative zum Patent kommt deshalb nur dann überhaupt in Betracht, wenn der Typ der Erfindung eine Vorrichtung ist.

Zunächst muss man sich deshalb im Vorfeld einer Schutzrechtsanmeldung genau überlegen, was eigentlich der Clou der Erfindung ist und was die Erfindung im rechtlichen Sinne ausmacht. Das kann mit der wirtschaftlichen Betrachtungsweise zusammenfallen, muss es aber nicht. Denn selbst wenn das einzigartige fertige Produkt, das Sie zukünftig verkaufen möchten, eine Maschine und damit eine Vorrichtung ist, heißt das noch lange nicht, dass die eigentliche Erfindung auch vom Typ Vorrichtung ist und dass Gebrauchsmusterschutz als Alternative für eine Patentanmeldung eine gute Idee ist.

> **Praxisbeispiel: Erfindungstyp – Vorrichtung oder verkapptes Verfahren?**
>
> Stellen Sie sich vor, Ihr Unternehmen verkauft Fräsmaschinen. Mittels rotierender Schneidwerkzeuge trägt eine Fräsmaschine Material von einem Werkstück zerspanend ab, um es in die gewünschte Form zu bringen. Das Ergebnis sind dann oft sehr komplexe dreidimensionale Körper wie zum Beispiel Motorblöcke etc. Die Steuerung einer Fräsmaschine erfolgt heutzutage bei fortschrittlichen Modellen natürlich automatisch (sog. numerische Steuerung) anhand von CAD/CAM.
>
> Nehmen wir nun zunächst an, dass sich die neuartige Fräsmaschine von schon am Markt existierenden Produkten durch eine verbesserte Anordnung der Schneidwerkzeuge unterscheidet. Ihre neue Maschine ist also

---

[67] Siehe Kapitel 2.1.

4.2 Gebrauchsmusterschutz

tatsächlich gegenständlich anders als alles, was es vorher auf dem Markt gab. Dann ist die Sache in diesem Szenario zumindest grundsätzlich klar: Ihre Erfindung ist vom Typ Vorrichtung und zumindest im Prinzip kommt auch Gebrauchsmusterschutz als Alternative zum Patent in Frage.

Anders liegt der Fall aber dann, wenn der eigentliche Kniff der Erfindung in einer verbesserten Steuerung der Fräsmaschine liegt: Die Abfolge der Prozessschritte zum Herstellen eines 3D-Produktes mithilfe der Maschine unterscheidet sich von gängigen Vorgehensweisen und dadurch können mit der neuen Fräsmaschine innerhalb kürzerer Zeit mehr Produkte hergestellt werden. Der Fräsvorgang der Maschine wurde also optimiert. Der eigentliche Witz liegt hier also im Betreiben der Maschine, d. h. im Prozessablauf. Juristisch betrachtet handelt es sich bei dieser Erfindung deshalb um eine Verfahrenserfindung. Ein wirklich adäquater Schutz für die Erfindung ist deshalb durch ein Gebrauchsmuster, das ja keine Verfahren schützt, nicht möglich.

Natürlich wird man im Rahmen einer Patentanmeldung zusätzlich auch immer versuchen, den Schutz nicht nur auf das Verfahren zum Steuern der Fräsmaschine, sondern auch auf die Fräsmaschine an sich zu richten. Aber dieser Schutz für die Vorrichtung an sich ist in dem beschriebenen Beispiel eben nur flankierend und ergänzend und nicht mit Power auf den Punkt. Und wenn schon Schutz durch ein Schutzrecht, dann aber bitte richtig! Alles andere ist viel zu leicht durch legale Schutzrechtsumgehung auszuhebeln!

Kürzere Schutzdauer

Der zweite wichtige Unterschied zwischen einem Patent und einem Gebrauchsmuster besteht in der maximalen Schutzdauer. Patentschutz kann für maximal 20 Jahre, Gebrauchsmusterschutz nur für maximal zehn Jahre bestehen. Um also zu prüfen, ob Gebrauchsmusterschutz überhaupt eine Option ist, sollte man auch die avisierte Länge des Produktlebenszyklus bzw. des Technologielebenszyklus in Betracht ziehen. Der durch ein Schutzrecht abgesicherte Zeitraum sollte mindestens vom Zeitpunkt der Markteinführung eines Produktes bis zum Ende der Marktsättigungsphase betragen. Nach deren Ende werden mit dem Produkt keine Gewinne mehr erwirtschaftet und der Sinn eines Schutzrechts erübrigt sich dann oft ebenso.

In der Tendenz verkürzen sich heutzutage zumindest Produktlebenszyklen in einigen Branchen teilweise dramatisch. Man braucht sich dazu nur einmal die immer kürzer werdenden Zyklen in der Automobilbranche vor Augen zu führen: Lag der Produktlebenszyklus von Fahrzeugen in den 1970er-Jahren noch bei etwa acht Jahren, waren es in den 90ern bereits nur noch etwa drei Jahre. Das erste Facelift kommt heutzutage noch einmal deutlich früher. Oder denken wir an die diversen Mobilgeräte wie Handys, Tabletts oder auch Laptops. Doch Vorsicht: Das bedeutet nicht automatisch, dass die bei Gebrauchsmustern deutlich kürzere maximale Schutzdauer praktisch kein Problem mehr darstellt! Denn häufig betreffen Erfindungen mehr als nur ein einzelnes Produkt und übertreffen dessen Produktlebensdauer, weil sie auch in dessen Nachfolgeprodukten zum Einsatz kommen.

Der Charakter der Erfindung macht dann oft den Unterschied aus: Ist die Erfindung von ihrer Natur her eher eine Neuerung für ein ganz bestimmtes Produkt oder eine produktübergreifende, wegweisende Verbesserung? Im ersten Fall könnte Gebrauchsmusterschutz durchaus zeitlich ausreichen, im zweiten Fall würde man sich nach zehn Jahren aber vermutlich ganz schrecklich ärgern, weil ein sicheres Monopol zu früh aufgegeben werden muss.

Ungeprüftes Schutzrecht

Der dritte und aus juristischer Sicht wohl bedeutendste Unterschied zwischen einem Patent und einem Gebrauchsmuster betrifft aber die Bestandskraft bzw. Sicherheit des generierten Schutzes. Das Patent ist ja oft – wenn auch nicht in jedem Land – ein auf Herz und Nieren geprüftes Schutzrecht. Das Patentamt hat schon sehr genau geprüft, ob die Patentierungsvoraussetzungen der Neuheit, erfinderischen Tätigkeit und der gewerblichen Anwendbarkeit auch wirklich erfüllt sind. Mit anderen Worten: Es wurde schon sehr genau hingeschaut, ob das Patent auch hält, was es verspricht.

Genau das ist bei einem Gebrauchsmuster aber eben nicht der Fall: Es handelt sich dabei nur um ein ungeprüftes Schutzrecht. Ohne eigene eingehende Recherche oder einen Rechercheantrag beim Patentamt und eine darauf basierende Analyse eines Schutzrechtsexperten lässt sich keinesfalls abschätzen, ob ein Gebrauchsmuster im Konfliktfall hält. Und das ist sehr wichtig: Verklagt man nämlich jemanden wegen Gebrauchsmusterverletzung, dann kann der Angegriffene sich vor Gericht mit der Behauptung verteidigen, dass das Gebrauchsmuster ja gar nicht rechtsbeständig sei.[68] Die Neuheit und Erfindungshöhe des Gebrauchsmusters werden also vor Gericht in Zweifel gezogen. Das Verletzungsgericht wird daraufhin überprüfen, was an der Behauptung des angeblichen Schutzrechtsverletzers dran ist und selbst entscheiden, ob das fragliche Gebrauchsmuster die Kriterien der Neuheit und der Erfindungshöhe erfüllt.

Verklagt man einen Wettbewerber hingegen statt aus einem Gebrauchsmuster wegen Patentverletzung, so ist vor Gericht der Einwand der mangelnden Patentfähigkeit des Patentes *nicht* zulässig. Das Patent ist ja bereits ein geprüftes Schutzrecht. Die Verletzungsgerichte beantworten dann also nur die Frage, ob eine Patentverlet-

---

[68] Sog. Einrede der mangelnden Schutzfähigkeit.

4.2 Gebrauchsmusterschutz

zung vorliegt und nicht, ob das Patent zu Recht erteilt wurde. Für solche Fragen zur Rechtsbeständigkeit sind im Patentwesen nicht die Verletzungsgerichte (Landgerichte), sondern ausschließlich die Patentgerichte zuständig.[69]

Ein Gebrauchsmuster verleiht seinem Inhaber dieselben Verbietungsrechte gegenüber Wettbewerbern wie ein Patent auch. Die Folgen einer Schutzrechtsverletzung sind deshalb bei beiden Schutzrechtsarten identisch. Wegen des inhaltlich ungeprüften Charakters des Gebrauchsmusters aber ist eine Klage aus einem Gebrauchsmuster mit mehr Risiko behaftet als eine entsprechende Klage aus einem Patent. Das gilt auch für das Risiko, sich mit Schadensersatzansprüchen des Gegners konfrontiert zu sehen. Beim Einsatz eines Gebrauchsmusters als Waffe im Wettbewerbskampf sollte man sich seiner Sache also schon recht sicher sein!

Identische Verbietungsrechte

> **Praxistipp: Drei Gründe für die Anmeldung eines Gebrauchsmusters**
>
> In der Praxis gibt es aufgrund der beschriebenen Unterschiede zwischen Patenten und Gebrauchsmustern im Wesentlichen drei Fälle, in denen ein Gebrauchsmuster angemeldet wird:
>
> Der erste Hauptgrund für eine Gebrauchsmusteranmeldung ist der **Wunsch nach einem sehr schnellen Schutz**. Von der Anmeldung bis zur Eintragung des Gebrauchsmusters ins Register vergehen etwa zwei bis drei Monate. Dann steht einem mit dem Gebrauchsmuster ein hinsichtlich seines Monopolcharakters vollwertiges Schutzrecht zur Verfügung. Auch in Fällen, in denen sich ein Patentprüfungsverfahren tatsächlich oder gefühlt zu lange hinzieht, ist ein Gebrauchsmuster eine tolle Option: Man kann nämlich durch eine sog. Gebrauchsmusterabzweigung ein Monopol quasi von heute auf morgen aus dem Hut zaubern. Der Zeitrang des abgezweigten Gebrauchsmusters ist derselbe wie der des Patentes. Es wird also so getan, als wäre das Gebrauchsmuster schon am selben Tag wie auch die Patentanmeldung eingereicht worden. Die Patentanmeldung selbst bleibt bei einer Abzweigung weiter bestehen. Man kann somit also zweigleisig fahren: Das Gebrauchsmuster hat man sofort, das Patent dann zusätzlich später.
>
> Der zweite Hauptgrund für eine Gebrauchsmusteranmeldung ist eine **Kostenersparnis**. Dies ist möglich bei Konstellationen, in denen der Anmelder im Grunde nur an europäischen oder internationalen Patentanmeldungen interessiert ist. Gebrauchsmusteranmeldung und dann großes Patent? Wie passt das zusammen? Auch basierend auf einem Gebrauchsmuster kann eine Patentnachanmeldung unter Prioritätsbeanspruchung getätigt werden. Das liegt an der engen Verwandtschaft der beiden technischen Schutzrechte Patent und Gebrauchsmuster miteinander. Einige Schutzrechtsanmelder melden deshalb zunächst ein Gebrauchsmuster

---

[69] Sog. Trennungsprinzip.

in Deutschland an und stellen gleichzeitig sofort beim Patentamt einen Rechercheantrag. Dann warten sie das Rechercheergebnis ab und bewerten die Erfolgschancen von Patentnachanmeldungen. An dem Gebrauchsmuster selbst sind diese Anmelder gar nicht wirklich interessiert. Sie nutzen einfach die kostengünstigste Variante für eine Erfolgsabschätzung der späteren Patentanmeldung – wobei der Kostenunterschied nicht wirklich groß ist.[70]

Der dritte Hauptgrund für eine Gebrauchsmusteranmeldung ist seine **Nutzung als Rettungsanker.** Das betrifft Fälle, in denen eine Patentanmeldung leider nicht mehr möglich ist, weil ärgerlicherweise schon vor einer Schutzrechtsanmeldung etwas Entscheidendes von der Erfindung nach außen gedrungen ist. Eine erfolgreiche Patentanmeldung ist dann nicht mehr möglich, weil dann die für ein Patent erforderliche Neuheit nicht mehr gegeben ist. Die Frist zur schutzrechtlichen Rettung einer Erfindung, die sog. Neuheitsschonfrist, beträgt sechs Monate.

Mit einem Gebrauchsmuster ist das also so eine Sache: Es ist recht günstig, sehr schnell zu haben und gefährlich. In jedem Fall ist es nicht zu unterschätzen. Und manchmal ist es eine Alternative zum Patent – oder auch dessen perfekte Ergänzung.

4.3 Geheimhaltung in Zeiten von Spionage

Welches ist das bestgehütete Firmengeheimnis der Welt? Nun, welches das am besten Gehütete ist, weiß ich nicht – das wäre ja sonst auch ein Widerspruch in sich. Aber das bekannteste Unbekannte ist sicher das Rezept von Coca-Cola. Bis heute ist nicht so ganz klar, welche Inhaltsstoffe das Getränk enthält bzw. wie diese zusammengemixt werden. Auch wenn manche Rezepte dem Original schon recht nahe zu kommen scheinen – eine Restunsicherheit bleibt. Und die Coca-Cola Company selbst nutzt ihre erfolgreiche Geheimhaltung sogar für Werbezwecke: Es hieß jahrelang, dass nur zwei Menschen auf der Welt das Rezept von Coca-Cola kennen. Und die dürften nicht im selben Flugzeug reisen.

Tatsächlich wurde die Liste der Zutaten von Coca-Cola seit 1919 in verschiedenen Banktresoren aufbewahrt und erst 2011 ins Coca-Cola Museum von Atlanta überführt. Wie aber die Zutaten genau vermischt werden, ist nach wie vor ein gut gehütetes Betriebsgeheimnis.

Reverse Engineering contra Geheimhaltung

Coca-Cola ist ein hervorragendes Beispiel für eine erfolgreiche Geheimhaltung und auch dafür, wann Geheimhaltung Sinn macht. Das Geheimnis währt nun schon mehr als 100 Jahre und auch durch eine

---

[70] Vgl. dazu ausführlicher das nachfolgende Kapitel 8.

4.3 Geheimhaltung in Zeiten von Spionage

klassische Analyse des Getränkes ist das Geheimnis nicht einfach so zu knacken.

Wenn man also über Geheimhaltung als Alternative zum Patent nachdenkt, muss man sich sehr sicher sein, dass das Geheimnis auch erfolgreich gewahrt werden kann. Zum einen ist es dabei ganz entscheidend, dass es durch ein klassisches Reverse Engineering nicht so einfach möglich oder am besten praktisch ausgeschlossen ist, der Erfindung auf die Spur zu kommen. Man muss sich dabei vor Augen führen, dass der Kauf von Wettbewerbsprodukten und deren eingehende Zerlegung und Analyse heutzutage zum Standard-Vorgehen jeder F&E-Abteilung gehört. Reverse Engineering zielt dabei im Idealfall auf den Erwerb aller Erkenntnisse, die für den 1:1 Nachbau eines Produktes notwendig sind. Danach ist es dann selbstverständlich möglich, das analysierte Produkt auch noch weiter zu verbessern. Ist also ein umfassendes Reverse Engineering für ein Produkt und damit für die ihm innewohnenden Geheimnisse und Erfindungen möglich, ist Geheimhaltung keine gute Option. Ein Schutzrecht bietet da viel mehr Sicherheit vor Nachbau.

Man muss sich also überlegen, ob man dem Produkt die Erfindung sozusagen ansehen kann. In der Praxis ist das bei Gegenständen in der ganz überwiegenden Zahl der Fälle der Fall. Anders liegt die Sache hingegen manchmal bei Verfahrenserfindungen. Da ist dem fertigen Produkt eben nicht so ohne weiteres anzusehen, nach welchem Verfahren es bearbeitet oder hergestellt wurde. Deshalb kommt der Geheimhaltung bei Verfahrenserfindungen in der Praxis eine wesentlich größere Bedeutung zu als bei Vorrichtungserfindungen.

Keinesfalls ist es aber so, dass die Option Geheimhaltung der Erfindung bedeutet, dass hinsichtlich der Erfindung einfach nichts in der Firma unternommen wird! Stattdessen muss man die Erfindung innerhalb der Firma aktiv absichern. Das beginnt damit, dass man sich im Unternehmen darüber im Klaren ist, wer dort mit sensitiver Information und geheim zu haltendem wertvollen Wissen umgeht. Dieser Personenkreis ist dringend auf das Notwendigste zu beschränken – auch wenn diese Limitierung vermutlich nicht auf zwei Personen mit getrennten Reiserouten hinauslaufen wird. Grundsätzlich ist es so, dass jeder Mitwisser um ein Betriebsgeheimnis ein potenzielles Leck darstellt. Dazu muss man den entsprechenden Mitarbeitern gar keine aktive kriminelle Energie bescheinigen – es reicht schon Unachtsamkeit oder fehlende Sensibilisierung. Um die notwendige Achtsamkeit und Sensibilisierung für eine erfolgreiche

Geheimhaltung erfordert aktives Tun

Geheimhaltung zu erreichen, bedarf es aktiver Arbeit. Arbeit bedeutet Aufwand und Aufwand bedeutet Geld. Es ist also auch nicht so, dass Geheimhaltung automatisch kostengünstiger wäre als eine Schutzrechtsanmeldung!

Wichtige IT- und Datensicherheit

Ein weiterer ganz wichtiger Aspekt in Zusammenhang mit Geheimhaltung ist auch die IT- und Datensicherheit in einem Unternehmen. Viele Unternehmen gehen noch immer viel zu sorglos mit diesem Thema um. Es existiert zwar häufig eine Firewall, aber nur ein Bruchteil aller Firmen nutzt heute die Möglichkeiten eines verschlüsselten Emailverkehrs. Dabei wäre dieser Schutz so einfach einzurichten und in der Kosten-Nutzen-Relation so überaus günstig.

Kaum ein Unternehmen hat auch strikte Richtlinien für das Verhalten auf Dienstreisen. Da wird im Gegenteil unter immensem Effektivitätsdruck an allen möglichen und unmöglichen Orten unterwegs am Laptop gearbeitet. Haben Sie sich schon einmal überlegt, wer im Flugzeug dabei schräg hinter Ihnen oder gar neben Ihnen sitzen könnte? Oder wer im ICE Ihr Telefonat mithört? Wenn es denn unbedingt sein muss, dass am Laptop auf Dienstreisen in der Öffentlichkeit gearbeitet wird, dann sollte man wenigstens entsprechende Sicherheitsvorkehrungen treffen. Schutz vor ungebetenen Mitlesern am Computer bieten zum Beispiel Blickschutzfolien. Nur aus einem ganz bestimmten Betrachtungswinkel, nämlich Ihrem eigenen, ist es dann möglich deutlich zu lesen, was am Bildschirm angezeigt wird. Und an Daten sollte man auf dem Reiselaptop am besten nur das dabei haben, was unbedingt erforderlich ist – dann kann es nicht physisch vom oder mitsamt dem Laptop gestohlen werden. Eine entsprechende Verschlüsselung der darauf gespeicherten Daten erhöht die Sicherheit zusätzlich.

Hohe Schäden durch Industriespionage

Nicht erst seit den Enthüllungen von Edward Snowden wissen wir, dass Wirtschafts- und Industriespionage[71] eine reale und immense Bedrohung für unsere Wirtschaft darstellt. Regelrecht schockierend ist dabei ein Blick in die aktuelle und repräsentative Studie „Industriespionage 2014 – Cybergeddon der Wirtschaft durch NSA und Co.?" von Corporate Trust in Zusammenarbeit mit AON Risk Solutions, der Securiton GmbH und der ZURICH Gruppe Deutschland, die die aktuelle Situation in Deutschland und Österreich un-

---

[71] Wirtschaftsspionage ist die staatlich gelenkte oder gestützte, von fremden Nachrichtendiensten ausgehende Ausforschung im Zielbereich Wirtschaft. Bei der Industriespionage hingegen geht der Spionageakt vom industriellen Wettbewerb selbst aus. In der Praxis werden die beiden Begriffe miteinander vermischt.

4.3 Geheimhaltung in Zeiten von Spionage

tersucht.[72] Die Brisanz der Ergebnisse kann gar nicht genug unterstrichen werden: Demnach war 2014 etwa jedes zweite Unternehmen einem Spionageangriff ausgesetzt oder hatte einen entsprechenden Verdachtsfall zu vermelden. Der finanzielle Schaden durch Industriespionage ist laut der Studie erheblich: In Deutschland beläuft er sich auf 11,8 Milliarden Euro jährlich, in Österreich auf 1,6 Milliarden Euro pro Jahr – Tendenz steigend.

> **Industrie- und Wirtschaftsspionage**
>
> **Hauptziele** der Spionage waren die Bereiche Forschung und Entwicklung (Deutschland: 26,3 %; Österreich 18,2 %) und IT-Administration und IT-Service (Deutschland: 21,4 %; Österreich: 21,8 %). An dritter Stelle lag in Deutschland der Bereich Vertrieb mit 18,3 % (Österreich: 14,6 %) und in Österreich der Bereich Mergers & Acquisitions mit 16,4 % (Deutschland: 14,7 %). Dabei steht anscheinend der Mittelstand verstärkt im Fokus der Angreifer.
>
> Die häufigste **Angriffsform** sind Hackerangriffe auf EDV Systeme und Geräte (Deutschland: 49,6 %; Österreich: 41,8 %) gefolgt vom Abhören bzw. Abfangen von elektronischer Kommunikation (Deutschland: 41,1 %; Österreich: 40,0 %). Auf Platz drei lag in Deutschland das sog. Social Engineering (38,4 %), also die absichtliche Kontaktaufnahme zu ausgesuchten Personen, um ihnen vertrauliche Informationen zu entlocken oder ein bestimmtes Verhalten hervorzurufen. Top drei in Österreich ist hingegen die bewusste Informations- und Datenweitergabe durch eigene Mitarbeiter (38,2 %).
>
> Die **Haupttätergruppe** in Sachen Industriespionage bilden dabei Hacker (Deutschland: 41,5 %; Österreich: 32,7 %). Das verwundert jetzt nicht weiter. Sehr nachdenklich stimmt mich aber die Identifizierung der zweithäufigsten Tätergruppen: in Deutschland sind das mit 26,8 % die Kunden oder Lieferanten (Österreich: 23,6 %), in Österreich stellen mit 30,9 % die zweitstärkste Tätergruppe die eigenen Mitarbeiter.

Die oben wiedergegebenen Zahlen und Fakten machen eines ganz deutlich: Informationsschutz ist ein ganz wichtiges und noch viel zu vernachlässigtes Thema. Eine Investition in diesem Bereich ist absolut rentabel, wendet schon kurzfristig Schaden vom Unternehmen ab und sichert Wettbewerbsvorteile. Und das gilt nicht nur für die Geheimhaltung von technischen Erfindungen, sondern für alle Unternehmensbereiche!

Wenn Sie also bei Erfindungen auf die Option Geheimhaltung setzen, dann sollten Sie vorher sicher sein, dass in Ihrer Firma das The-

---

[72] Siehe www.corporate-trust.de; dort kann auch die Studie als pdf heruntergeladen werden.

ma Informationssicherheit wirklich Chefsache ist und professionell gehandhabt wird. Alles andere ist nicht nur risikoreich, sondern in meinen Augen fahrlässig.

Zusätzliches Risiko bei Geheimhaltung

Aus patentrechtlicher Sicht gibt es auch noch einen weiteren sehr wichtigen Aspekt zu beachten: Wenn es einem Ihrer Wettbewerber – unterstellen wir einmal rechtmäßig – gelingt, ebenfalls auf die Erfindung zu stoßen, so kann er sich diese natürlich patentieren lassen! Sie selbst haben die Erfindung ja nicht öffentlich zugänglich gemacht, die Erfindung ist also objektiv betrachtet neu! Ihr Wettbewerber verfügt dann also über das begehrte Monopolrecht – obwohl in Ihrer Firma die Erfindung schon länger verwendet worden ist! Kann er Ihnen nun die weitere Nutzung der Erfindung verbieten?

Weiterbenutzungsrecht

Die Antwort ist in diesem Fall ein klares Jein. Sie haben durch die interne Vorbenutzung in Ihrer Firma ein sogenanntes Weiterbenutzungsrecht. Aber nur in dem Maße, wie Sie die Erfindung auch schon vorher benutzt haben! Das heißt konkret: Sie können zum Beispiel die Zahl der Maschinen, die nach der Erfindung arbeiten, in Ihrem Werk nicht mehr vergrößern. Eine Steigerung produzierter Stückzahlen ist Ihnen ebenso verboten wie auch die Neueröffnung eines zusätzlichen Werkes mit entsprechenden Maschinen im räumlichen Schutzbereich des Patentes Ihres Wettbewerbers. Es kommt also sehr darauf an, in welchem Umfang Sie die Erfindung schon vorher im Geheimen benutzt haben – und darauf, ob Sie das auch hieb- und stichfest vor Gericht beweisen können! Können Sie das nicht, stehen Sie als der große Verlierer da, denn dann verbietet Ihnen Ihr Wettbewerber ab sofort jegliche Weiternutzung der Erfindung. Und Sie sind dagegen machtlos. Auch Geheimhaltung will also gut vorbereitet und umgesetzt sein – ansonsten ist sie wertlos oder erweist sich gar als Bumerang.

4.4 Defensivpublikation

Lassen Sie mich in dieses Unterkapitel gleich mit einem illustrativen Beispiel einsteigen, um Ihnen vor Augen zu führen, wie sinnvoll auch eine Defensivpublikation sein kann!

> **Praxisbeispiel: Untätig in der Defensive**
>
> Ein Hersteller von Klimaanlagen hat einen verbesserten Kühlkreislauf entwickelt. Durch eine geschickte Anordnung der einzelnen Bestandteile in dem Kreislauf ist es möglich, dass die Klimaanlage schneller auf ge-

4.4 Defensivpublikation

änderte Umgebungskonditionen reagiert. Die im klimatisierten Bereich auftretenden Temperaturschwankungen können dadurch auf ein Minimum reduziert werden. Die Idee findet Anklang und wird dann intern auch intensiv diskutiert und wirtschaftlich bewertet. Im Grunde sind sich auch alle Beteiligten einig, dass es sich dabei um eine wichtige Verbesserung handelt, die gute Verkaufsargumente für die Klimaanlagen der Firma liefert. Das Ganze könnte sich also auszahlen.

Umgekehrt ist es aber so, dass der Absatzmarkt für Klimaanlagen sowieso schon boomt. Das Image der Firma hinsichtlich Klimatechnik ist auch ganz hervorragend. Die Themen Ausfallsicherheit und lange Wartungsfreiheit, denen man in den letzten Jahren große Aufmerksamkeit geschenkt hat, machen sich nun bezahlt. Selbst wenn der Wettbewerber ebenfalls auf die neue Idee mit der veränderten Anordnung der Kühlkreislaufelemente kommt und diese entsprechend umsetzt und vermarktet, kann der dennoch erst einmal sehen, wo er bleibt! So lautet die vorherrschende Meinung.

Die Firmenleitung entscheidet deshalb, kein eigenes Schutzrecht für die Erfindung anzumelden. Aber natürlich soll die Verbesserung im nächsten Produktupdate berücksichtigt werden. Erstens ist die Weiterentwicklung ein echtes Plus und zusätzliches Verkaufsargument und zweitens dürften die Kunden ja nun vom Marktführer für Klimaanlagen wirklich erwarten, dass auch er dieses Feature liefert! Und nicht nur die immer aggressiver agierende Konkurrenz.

Die Planungen für die Aufnahme der neuen Idee in ein neues Produkt laufen also auf Hochtouren. Prototypen werden erstellt und verbessert. Die logistischen Prozesse werden entsprechend dem Produktwechsel vorbereitet und sind fertig zur Umstellung. Das Marketing sprüht ebenfalls vor tollen Ideen und erstellt eine neue Hochglanzbroschüre für den Klimatronix, wie das neue Produkt nun intern genannt wird. In der Broschüre wird auf die verbesserte Genauigkeit der Temperatureinstellung selbst bei sich schnell ändernden Umgebungstemperaturen hingewiesen. Alles läuft wie am Schnürchen und der Produktlaunch ist für die ISH[73] in Frankfurt avisiert. Vertriebsmitarbeiter Enno Eifrig freut sich auch schon sehr darauf, das neue Produkt den Kunden vorzustellen.

Der erste Messetag ist dann auch ein tolles Erlebnis. Die Kunden freuen sich über die zusätzliche Verbesserung und einige unterzeichnen direkt auf der Messe entsprechende Bestellungen. Auf der Messe erhält Enno Eifrig dann auch Besuch von der Konkurrenz. Man kennt sich natürlich und möchte sich gegenseitig im Auge behalten. Auch wenn man nicht viel miteinander redet. Und natürlich ist auch eine gehörige Portion sportlicher Ehrgeiz mit dabei. Heute ist auch der immer etwas aggressiv dreinblickende Ludwig Löwe zu Besuch, der beim stärksten Wettbewerber arbeitet. Er lächelt überheblich und irgendwie auch etwas schadenfroh, findet Enno Eifrig. Das passt zu der Firma, denkt er sich, die sind dort alle sowas von aggressiv! Er schüttelt sich. „Toller Produktname, der Klimatronix!", sagt Ludwig Löwe noch im Gehen.

---

[73] Die Messe ISH in Frankfurt am Main ist die Weltleitmesse für Bad, Gebäudetechnik, Energietechnik, Klimatechnik und erneuerbare Energien.

4. Wissen, wie es auch geht

Die Messe ist für Enno Eifrig und seine Mitarbeiter ein richtig toller Erfolg. Jetzt gilt es, die Nacharbeiten zu übernehmen. Einige Klimaanlagen des neuen Typs Klimatronix werden aufgrund der Messebestellungen schon nach nur vier Wochen an B2B Lead-Kunden ausgeliefert.

Doch fünf Wochen nach der Messe erhält die Firmenleitung Post per Einschreiben. Darin findet sich ein anwaltliches Abmahnschreiben unter Hinweis auf ein brandaktuell eingetragenes Gebrauchsmuster des Wettbewerbers, das ausgerechnet den verbesserten Kühlkreislauf des Klimatronix zum Thema hat! Die spontane Reaktion der Führungsriege ist, dass die Idee ja wohl auf der Messe geklaut worden sei. Aber bei näherem Hinsehen zeigt sich, dass das nicht der Fall ist. Die Anmeldung des Gebrauchsmusters erfolgte bereits sechs Wochen vor der Messe. Zähneknirschend stellt man deshalb fest, dass wohl doch alles mit rechten Dingen zugegangen ist.

Enno Eifrig kann es nicht fassen. Wie betäubt hört er, dass in dem Abmahnschreiben seine Firma dazu aufgefordert wird, es ab sofort zu unterlassen, die Klimatronix-Klimaanlage mit dem verbesserten Kühlkreislauf herzustellen, anzubieten, in Verkehr zu bringen oder zu gebrauchen oder zu den genannten Zwecken entweder einzuführen oder zu besitzen. Das ist ein totales Desaster! Die laufenden Bestellungen müssen storniert werden. Der Klimatronix muss raus aus der aktuellen Produktpalette und dem Katalog. Zu dem erheblichen finanziellen Verlust gesellen sich die pure Peinlichkeit und der Gesichtsverlust gegenüber dem Kunden. Die bereits an den Kunden ausgelieferten Produkte werden umgehend zurückgeholt und durch zum Glück noch auf Lager liegende ältere Modelle ersetzt. Neben einer Gutschrift für den Kunden, versteht sich! Trotzdem, das ist besser als den eigenen gewerblichen Kunden auch noch als Schutzrechtsverletzer dastehen zu lassen.

Enno Eifrig ist nach den Ereignissen fix und fertig. Er sitzt in seinem Büro, lässt den Kopf hängen und scrollt missmutig durch die Webseiten des Wettbewerbers um Ludwig Löwe. Ach, da ist ja auch endlich der neue Katalog der Konkurrenz! Und was muss Enno Eifrig da zu allem Überfluss auch noch lesen? Das gibt ihm schier den Rest: „Produktneuheit: der neue Klimatronix® von XY ist da"[74]

Die obige Story ist leider keine düstere Ausnahme, sondern so etwas kommt in der Praxis tatsächlich vor! Die Konsequenzen, die ein Schutzrecht des Wettbewerbers nach sich ziehen kann, werden drastisch und blauäugig unterschätzt. Und das gilt eben auch für solche Fälle, in denen man selber gar nicht an einem eigenen Verbietungsrecht interessiert war!

---

[74] Anders als bei technischen Schutzrechten gibt es im Markenrecht kein Neuheitskriterium. Existierende Ideen können deshalb grundsätzlich aufgegriffen und monopolisiert werden. Im Beispielfall ist auch nicht von einem schützenswerten Besitzstand des Erstverwenders des Zeichens auszugehen, sodass eine Markenanmeldung durch den Wettbewerber nicht bösgläubig erfolgt ist.

4.4 Defensivpublikation

Gerade dann, wenn bekannt ist, dass ein Wettbewerber aggressiv, also mit richtig harten Bandagen, agiert, muss man sich die Frage standardmäßig stellen, was es denn bedeuten würde, wenn dieser Konkurrent die Erfindung patentiert oder durch ein Gebrauchsmuster schützen lässt. Wenn dann kein eigenes Interesse an der Patentierung besteht, ist man sehr gut beraten, zumindest eine Defensivpublikation zu platzieren, um die eigenen unternehmerischen Interessen zu schützen.

Eine Defensivpublikation führt nicht zu einem Monopol für die Erfindung, sondern bezweckt exakt das Gegenteil: Ziel einer Defensivpublikation ist es, den Erhalt eines Patentes für eine Erfindung unmöglich zu machen. Die Defensivpublikation schafft also aktiv Stand der Technik und steht somit einer späteren Patentierung derselben Erfindung oder vielleicht auch noch einer ähnlichen Variante im Wege.

Patentschutz für die Konkurrenz unmöglich machen

Die Defensivpublikation wird in der Praxis von Unternehmen ganz gezielt dazu eingesetzt, Wettbewerber daran zu hindern, für eine bestimmte Idee Patentschutz oder Gebrauchsmusterschutz zu erhalten. Dadurch kann der eigene Handlungsspielraum erhalten werden, ohne dass dafür ein eigenes Schutzrecht generiert wird. Die Defensivpublikation ist also – wie der Name schon sagt – Bestandteil einer defensiven Schutzrechtsstrategie.

In unserem obigen Beispielfall wäre es sinnvoll gewesen, bereits frühzeitig die Erfindungsidee zur verbesserten Anordnung des Kühlkreislaufes zu publizieren. Spätestens dann, wenn entschieden wird, dass eine Patentanmeldung *nicht* getätigt wird, muss man für sich selbst auch stets die Frage nach den Konsequenzen einer Patentierung derselben Idee durch Dritte beantworten. Hätte das Auswirkungen? Welche? Hier lauern ganz erhebliche Gefahren!

Eine Defensivpublikation erfordert zwar weniger Aufwand als eine Patentanmeldung. Dennoch muss sie mit Bedacht getätigt werden. Ein Werbeflyer, wie er von der Marketingabteilung erstellt wird, reicht für die Zwecke der Defensivpublikation in aller Regel nicht aus. Wichtig ist, dass der Defensivpublikation alle wichtigen technischen Details der Idee zu entnehmen sind. Am besten schwarz auf weiß, nicht nur implizit. Nur dann, wenn alles Wesentliche in der Defensivpublikation drin steht, kann eine spätere Schutzrechtsanmeldung Dritter dadurch wirksam torpediert werden.

Außerdem ist es ganz wichtig, dass sich im Konfliktfall belegen lässt, wann genau die Publikation erfolgte. Dann ist rechtlich klar, welchen

Medien für eine Defensivpublikation

Stichtag bzw. Zeitrang der geschaffene Stand der Technik genießt. Und natürlich muss es sich bei der Defensivpublikation auch um eine echte Veröffentlichung handeln, also um eine Offenlegung nicht nur zum firmeninternen Gebrauch. Firmenzeitschriften sind da also eher mit Vorsicht zu genießen.

Theoretisch gibt es viele Möglichkeiten, eine Defensivpublikation durchzuführen. Dazu zählen zum Beispiel Artikel in Fachzeitschriften oder Veröffentlichungen auf der Webpage eines Unternehmens. Artikel in Fachzeitschriften haben manchmal den Nachteil, dass zwischen der Einreichung des Artikels und seiner Veröffentlichung noch einige Zeit ins Land geht. Und der Stichtag ist nun einmal die Veröffentlichung des Artikels und nicht bereits seine Einreichung. Hinsichtlich des Stichtages unterscheiden sich also Schutzrechtsanmeldungen und Defensivpublikationen ganz wesentlich voneinander.

Neben der Frage der Wirksamkeit einer Defensivpublikation stellt sich dann auch noch die Frage nach der Auffindbarkeit dieses extra geschaffenen Standes der Technik. Ist der nämlich nur schwer auffindbar, wird ihn der Patentprüfer auch im Rahmen eines Prüfungsverfahrens praktisch nicht finden. In der Folge kommt es zu einer Patenterteilung. Das Patent ist dann zwar zu Unrecht erteilt, ist aber erst einmal in der Welt und somit zu beachten. Im Zweifelsfall muss dann das Schutzrecht, dessen Entstehen es zu verhindern galt, erst noch zeit- und kostenfressend durch eine Klage vernichtet werden. Auch bei Defensivpublikationen gilt deshalb: Wenn schon, dann richtig!

Weil auch Defensivpublikationen ein wichtiges Tool darstellen können, gibt es dafür sogar spezielle Dienstleister. Auch Patentanwälte nutzen für Ihre Mandanten hin und wieder diesen Service. Die Serviceanbieter sorgen für eine professionelle Veröffentlichung, bei denen der Veröffentlichungstag sauber dokumentiert wird. Die Veröffentlichung wird auch in der Deutschen Nationalbibliothek hinterlegt und ist damit einwandfrei auffindbar. Falls gewünscht, erfolgt auch eine gezielte Weiterleitung der Veröffentlichung an die Patentämter, sodass die Defensivpublikation dort explizit in den Prüfstoff für Patente mit aufgenommen werden kann. So wird die Patentierung von Ideen Ihrer Wettbewerber bestmöglich verhindert, ohne dass Sie noch zusätzlich bei jedem Patent etwas dafür tun müssen.

Handlungsspielraum erhalten

Defensivpublikationen können also maßgeblich mit dazu beitragen, für Ihr Unternehmen den so überlebenswichtigen Handlungsspielraum zu erhalten. Sie können dank einer verhältnismäßig simplen

4.4 Defensivpublikation

Defensivstrategie weiterhin aktiv agieren und stehen nicht unnötig hilflos mit dem Rücken zur Wand.

Ein Teil desselben Effektes lässt sich natürlich auch mit Schutzrechtsanmeldungen erzielen, egal ob diese dann auch zu einem eingetragenen Schutzrecht führen oder nicht. Auch Patentanmeldungen und Gebrauchsmuster werden ja veröffentlicht. Aber die Veröffentlichung erfolgt langsamer, zumindest bei Patentanmeldungen (18 Monate). Gebrauchsmuster werden da schon eher mal als Defensivwaffe eingesetzt (Veröffentlichung nach 2 bis 3 Monaten). Und die Anmeldung von Schutzrechten ist teurer als eine Defensivpublikation. Das liegt auch auf der Hand, denn bei der Defensivpublikation muss man sich eben nicht jedes Wort genau überlegen und einen Schutzbereich mit sehr viel Überblick, Weitblick und am besten auch noch Hellsicht definieren. Bei der Defensivpublikation geht es stattdessen ganz primär um technische Information in Reinform.

Defensivpublikationen haben natürlich nicht das Potenzial, Patente und Gebrauchsmuster zu ersetzen oder gar überflüssig zu machen. Aber sie können eine sehr nützliche Ergänzung im Schutzrechtsgeflecht darstellen, die sich auszahlen kann.

5 Wissen, was die Anderen tun: Patente von Wettbewerbern

5.1 Wettbewerbsanalyse: Patentliteratur ist ein machtvolles Werkzeug

Eine unabdingbare Basis für jede strategische Ausrichtung eines Unternehmens ist eine aussagekräftige Wettbewerbsanalyse. Sie möchten deshalb natürlich möglichst gut und umfassend über Ihre Wettbewerber informiert sein und deren Ziele, Stärken, Schwächen und strategische Ausrichtung identifizieren. Nur so können Sie dann aus den gewonnenen Informationen auch belastbare Schlüsse ziehen und eine eigene erfolgversprechende Wettbewerbsstrategie aufsetzen. Information ist da in jedem Fall also ein ganz wichtiges Element und oft sogar der entscheidende Schlüssel zum unternehmerischen Erfolg.

Die Informationsquellen für eine Wettbewerbsanalyse bzw. für Informationen über einen ganz bestimmten Wettbewerber sind dabei normalerweise ziemlich weit gefächert. Außerdem kommen je nach Quelle verschiedene Perspektiven zum Tragen. Als aussagekräftige und ergiebige Quellen werden in Wirtschaftslehrbüchern normalerweise folgende Beispiele aufgelistet:

Informationsquellen für eine Wettbewerbsanalyse

- Geschäftsberichte, Firmenbroschüren
- Webpageauftritte, Präsentationen, Reden, Interviews
- Zeitungen, Fachzeitschriften
- Testkäufe und Reverse Engineering
- Informationen durch (ehemalige) Mitarbeiter der Konkurrenz
- Informationen durch gemeinsame Geschäftskontakte (Lieferanten, Kunden)
- Informationen aus amtlichen Dokumenten und Datenbanken

Eine solche Auflistung haben Sie in der einen oder anderen Form bestimmt auch schon einmal gesehen. Fällt Ihnen jetzt aber an der obigen Liste etwas auf? Oder wundert Sie etwas? Warum frage ich so hartnäckig?

Nun – das Wort Patent bzw. Patentliteratur oder Patentdatenbanken kommt explizit in der obigen Liste gar nicht vor! Implizit ist Patentinformation in obiger Liste durch die sperrigen Begriffe „amtliche Veröffentlichungen und Datenbanken" zumindest theoretisch mit abgedeckt. Die Tatsache, dass Patentliteratur eine wahrhaft machtvolle Informationsquelle im Rahmen einer Wettbewerbsanalyse darstellt, geht dabei aber leider völlig unter!

Es gibt sogar Bücher über strategisches Management, in denen fehlt schlichtweg das Wort Patent. Es kommt einfach nicht vor! Weder im

Register, noch im fortlaufenden Text. Selbst in Zusammenhang mit der Diskussion von verschiedenen Technologietypen wie Basistechnologien, Schlüsseltechnologien und Schrittmachertechnologien schaffen es da Autoren, einen großen Bogen um das Thema Patente und Patentinformation zu machen! Da gibt es eindeutig Potenzial nach oben.

Kernfragen einer Wettbewerbsanalyse

Doch zurück zum eigentlichen Thema: Kernfragen, die Sie wohl bei jeder Wettbewerbsanalyse unbedingt beantwortet haben möchten, sind die folgenden:

- Wer sind meine Hauptwettbewerber?
- Welche Ziele verfolgen meine Wettbewerber?
- Welche Strategien verfolgen Sie zur Umsetzung der Ziele?
- Was sind die Stärken und Schwächen meiner Wettbewerber?

Zur Beantwortung jeder dieser wichtigen Fragen kann Patentinformation einen wichtigen Beitrag liefern. Lassen Sie uns das mal etwas eingehender beleuchten!

Patentinformation oder Patentliteratur entsteht quasi automatisch nach Einreichung einer Patentanmeldung. 18 Monate nach dem Anmelde- oder Prioritätstag wird eine Patentanmeldung veröffentlicht. Eine Gebrauchsmusteranmeldung wird schon früher, nämlich bei Eintragung des ungeprüften Schutzrechtes in das Register nach etwa 2 bis 4 Monaten, offengelegt.

Frei zugängliche Datenbanken

Die Veröffentlichung von Patentliteratur geschieht heutzutage in elektronischer Form. Aus dem sog. Patentregister ist dann für jeden ersichtlich, wer wann auf welchem Fachgebiet eine Patentanmeldung mit welchem Titel beim Patentamt eingereicht hat. Außerdem erfolgt eine Volltextveröffentlichung der gesamten Anmeldung. Diese kann dann ganz unkompliziert über öffentlich zugängliche Patentdatenbanken der Patentämter oder auch über private Anbieter recherchiert und zur weiteren Analyse heruntergeladen werden. Zu den besten kommerziellen Anbietern für die professionelle Analyse von Patentinformation zählt sicherlich Thomson Reuters.[75] Aber es geht auch direkter und kostenfrei über frei zugängliche amtliche Patentdatenbanken. Dazu gehören beispielsweise DEPATISnet[76] auf der Website des DPMA oder Espacenet[77] auf der Website des EPA. Diese Tools sind recht benutzerfreundlich und erlauben neben professionellen Recherchen auch einfache, intuitive Abfragen durch den Laien. Sie

---

[75] http://thomsonreuters.com/en/products-services/intellectual-property.html
[76] https://depatisnet.dpma.de
[77] http://www.epo.org/searching/free/espacenet_de.html

5.1 Wettbewerbsanalyse

können da also, um sich einen Überblick zu verschaffen, auch gern erst einmal selbst recherchieren. Dafür brauchen Sie noch keinen Patentanwalt – der kommt erst bei konkreten rechtlichen Fragestellungen ins Spiel.

In den Patentdatenbanken der Ämter werden neben den eigenen nationalen Volltextveröffentlichungen von Patanmeldungen auch ausländische Patentanmeldungen mit veröffentlicht. Das geschieht zum einen in der jeweiligen Originalsprache, zum anderen mit Übersetzung ins Englische. Ganz wichtig ist dabei auch die zunehmende Integration der gesamten asiatischen Patentliteratur in europäische Datenbanken und umgekehrt. Dabei werden Unmengen von Patentanmeldungen teils automatisch, teils durch menschlichen Arbeitseinsatz übersetzt, klassifiziert und in den Patentdatenbanken erfasst.

> **Praxistipp: Wettbewerber identifizieren und analysieren**
>
> **Wettbewerber identifizieren:** Wenn Sie im Rahmen einer Wettbewerbsanalyse herausfinden möchten, wer zu Ihren Hauptwettbewerbern zählt, dann können Sie in einer Patentdatenbank nach bestimmten technischen Themen bzw. technischen Schlüsselbegriffen suchen. Natürlich kennen Sie schon Ihre wichtigsten Wettbewerber in den Märkten, in denen Sie aktuell aktiv sind. Es gibt aber von Zeit zu Zeit auch neue Akteure auf dem Markt. Die können Sie über Patentinformation oft frühzeitig identifizieren. Und wenn Sie selbst planen, in anderen Märkten aktiv zu werden, ist diese Information für Sie auch nicht so offensichtlich. Zum Beispiel dann, wenn Sie Ihre Produktpalette erweitern möchten oder in neuen Auslandsmärkten Fuß fassen wollen.
>
> **Wettbewerber analysieren:** Sie können mit ganz verschiedenen Fragestellungen Informationen aus Patentdatenbanken gewinnen. Wenn Sie zum Beispiel die Patentanmeldungen eines konkreten Wettbewerbers analysieren, können Sie daraus etwas über die Zielmärkte des Wettbewerbers ableiten. Sie können nämlich daran, in welchen Ländern Ihr Wettbewerber Patentschutz anstrebt, erkennen, auf welchen Märkten er räumlich aktiv ist bzw. sogar ablesen, wo er zukünftig einen Markteintritt plant. Die Benennung von Staaten bzw. die Länderauswahl bei Patentanmeldungen ist da ein sehr guter Frühindikator für bevorstehende Veränderungen und Expansionen.
>
> Natürlich ist auch die technische Information als solche überaus spannend: Sie können aus der Patentliteratur unmittelbar erkennen, bei welchen Produkten Ihr Wettbewerber aktuell Forschungs- und Entwicklungsanstrengungen unternimmt und in welche spezielle Richtung diese Anstrengungen technisch abzielen.
>
> **Neue Entwicklungen und Trends:** Diese lassen sich anhand der Analyse von Patentdokumenten gut ableiten, und zwar normalerweise schon *vor* der Markteinführung entsprechender Produkte. Das liegt daran, dass man

wegen des Prioritätsprinzips schon sehr frühzeitig eine Patentanmeldung für eine Erfindung einreichen muss, damit diese entsprechende Erteilungschancen hat. Entsprechend wird das von erfolgreichen Unternehmen auch frühzeitig gemacht.

Kostensenkung: Aber Patentinformation bringt Ihnen noch viel mehr: Sie hilft Ihnen nämlich bei einer signifikanten Kostensenkung im Bereich Forschung und Entwicklung! Ganz pragmatisch erhalten Sie durch Patentinformation nämlich auch umfassende Informationen darüber, was es schon gibt. Was es schon gibt, brauchen Sie nicht mehr komplett neu zu entwickeln.

Kostenreduktion bei F&E

Durch das Nutzen von Patentliteratur lassen sich auch Kosten im Bereich Forschung und Entwicklung signifikant senken. Man schätzt, dass weit über 95 % des technischen Wissens in Patentdatenbanken enthalten ist. Dabei ist darin längst nicht alles, was beschrieben wird, geschützt und monopolisiert, sondern größtenteils frei verfügbar und verwendbar. Sie können also zeit- und kostenintensive Doppelentwicklungen in der eigenen F&E-Abteilung häufig vermeiden! Das EPA schätzt die vermeidbaren Kosten von Doppelentwicklungen in Europa jedes Jahr auf ca. 20 Milliarden Euro. Doppelentwicklungen könnten demnach sogar als volkswirtschaftlicher Schaden bezeichnet werden – dabei lassen sie sich oft vermeiden!

Lassen Sie es mich an dieser Stelle noch einmal betonen, was wir schon in vorangehenden Kapiteln gesehen haben: Es ist im Allgemeinen eben nicht so, dass sich aus Patentliteratur Details zu einer Technik entnehmen lassen, die ansonsten gut geheim zu halten gewesen wären. Solche gut geheim haltbaren Sachen werden normalerweise nämlich nicht zum Patent angemeldet. Man muss da auch trennen zwischen der grundsätzlich patentierbaren Idee einerseits und geheim gehaltenem detailliertem Know-how andererseits. Die grundsätzliche Idee steht in einer Patentanmeldung drin, zusätzliches Know-how dazu aber eben normalerweise *nicht*. Stattdessen finden Sie in den Patentdokumenten Dinge, die Sie ansonsten auch durch einfache Analyse von Wettbewerbsprodukten oder aber durch komplettes Reverse-Engineering herausbekommen hätten. Natürlich gibt es Ausnahmen, aber in der Regel ist das so. Patentinformation stellt also eine wichtige technische Informationsquelle dar, verrät aber nicht alle Geheimnisse.

Top-Entscheider in der Pflicht

Doch Achtung: Patentinformation ist nicht nur ein interessantes Add-on für Ihr Unternehmen, das Ihnen Wettbewerbsinformationen und wirtschaftliche Vorteile quasi auf dem Silbertablett präsentiert. Stattdessen hat es auch der juristische Blickwinkel auf Patentliteratur wirklich in sich! Den müssen Sie besser fest im Blick haben,

5.1 Wettbewerbsanalyse

um nicht blauäugig in eine Schutzrechtsfalle zu tappen, die fatale wirtschaftliche Folgen für Ihr Unternehmen (und für Sie persönlich als Entscheider) haben kann:

Im engeren juristischen Sinne informieren Patentschriften und Gebrauchsmuster natürlich darüber, was anderen Unternehmen nun bis auf Weiteres ganz konkret verboten ist. Und das kann gerichtlich auch knallhart durchgesetzt werden. Es ist sogar so, dass Top-Entscheider in Unternehmen relevante Patente von Wettbewerbern kennen *müssen*. Es existiert nach geltender Rechtsprechung eine Marktbeobachtungspflicht, d.h. wer nicht beobachtet, handelt schuldhaft. Schuldhaftes Handeln löst aber in juristischer Hinsicht Schadensersatzansprüche aus. Im Falle einer Patentverletzung haftet deshalb mindestens das Unternehmen auf Schadensersatz, gegebenenfalls aber auch schon mal Geschäftsführer oder mit entsprechender Top-Entscheidungsbefugnis ausgestattete andere Führungskräfte. Generelle höchstrichterliche Entscheidungen zur Haftung von Vertriebs- oder Einkaufsleitern stehen derzeit noch aus. Aber selbst wenn im Außenverhältnis keine Haftung besteht, heißt das ja leider noch lange nicht, dass das Unternehmen nicht im Innenverhältnis im Falle eines Falles einmal die Haftungsproblematik hinterfragt. Ich will den Teufel sicherlich nicht an die Wand malen, rate Ihnen da aber ganz entschieden zu bewusstem und überlegtem Handeln in Hinblick auf Schutzrechte von Wettbewerbern. Mehr zum Thema Patentverletzung erfahren Sie auch in einem der nachfolgenden Kapitel.[78]

Marktbeobachtungspflicht

In welche Richtung die Reise zum Patent geht bzw. was für ein Monopol auf Zeit vom Wettbewerber konkret angestrebt wird, lässt sich dabei schon recht gut anhand der Patentanmeldung, die ja noch kein Schutzrecht darstellt, ablesen. Sie sind dadurch also schon vorgewarnt. Und wer die Gefahr kennt, kann sich wappnen.

Es wird deshalb am besten eine Wettbewerbsüberwachung durch Ihren Patentanwalt eingerichtet. Dabei wird ein bestimmtes Suchprofil hinterlegt, mit dem regelmäßig die Patentdatenbanken durchforstet werden. Der Begriff „Überwachung" verglichen mit dem etwas neutraleren Begriff der „Analyse" deutet dabei auch bereits eine bestimmte Intention an: Man will durch die Überwachung ganz bestimmt nichts verpassen! Und wenn man eine aktuelle Patenterteilung nicht verschläft, hat man auch bessere Chancen, dagegen gegebenenfalls noch etwas auszurichten und zum Beispiel einen Einspruch gegen

Schutzrechtliche Wettbewerbsüberwachung einrichten

---

[78] Siehe Kapitel 6.

das Patent einzureichen. Für so einen Einspruch gibt es nämlich nur ein limitiertes Zeitfenster. Spätere Aktionen gegen ein störendes Patent sind für Sie viel risikoreicher und definitiv teurer.

> **Zusammenfassung**
>
> Patentinformation ist ein sehr machtvolles Tool für Unternehmen. Sie bietet eine fantastische Informationsquelle für technische und wirtschaftliche Fragestellungen im Rahmen einer umfassenden Wettbewerbsanalyse. Patentdatenbanken sind dabei online kostenfrei zugänglich.
> Rechtlich gesehen informiert Patentliteratur über die aktuelle Schutzrechtslage, die Top-Entscheider in Unternehmen kennen müssen (Marktbeobachtungspflicht). Am besten wird dazu eine schutzrechtliche Wettbewerbsüberwachung durch einen Patentanwalt eingerichtet.
> Das Studium bzw. Nutzen von Patentliteratur trägt dazu bei, vielerlei Kosten zu senken und Risiken zu minimieren. Für das Unternehmen und für Top-Entscheider ganz persönlich.

5.2 Störende Patente identifizieren: Schutzumfang von Patenten

Bevor wir uns der Frage widmen, wie man denn nun im Falle eines Falles störende Patente von Dritten zu Fall bringen kann, macht es Sinn, erst einmal zu prüfen, ob das fragliche Patent denn nun *wirklich* stört. Wenn sich nämlich herausstellt, dass das nicht der Fall ist, braucht man auch nichts weiter zu unternehmen.

Stören heißt in diesem Fall, dass das fremde Patent die eigene Firma in ihrem Handlungsspielraum einschränkt. Es ist ihr also untersagt, bestimmte Dinge, die unter das Patent fallen, zu tun. Andernfalls würde die Firma zum Patentverletzer. Die Frage, ob ein Patent stört, lässt sich also grundsätzlich anhand der folgenden Überlegungen beantworten:

1. Was genau ist durch das Patent geschützt (Schutzumfang)?
2. Was macht/ plant die eigene Firma?
3. Gibt es deshalb einen Konflikt?

Zunächst einmal möchte ich Sie an dieser Stelle noch einmal darauf hinweisen, dass nicht jedes Patentdokument auch schon ein Patent ist. Ob es sich bei dem Dokument schon um ein erteiltes Schutzrecht handelt, sehen Sie anhand der Überschrift auf dem Dokument selbst. Eine Patent*anmeldung* oder auch eine sog. Offenlegungsschrift ist noch kein Patent. Das Patent und damit das vollwertige Schutz-

5.2 Störende Patente identifizieren: Schutzumfang von Patenten

recht entsteht erst nach Prüfung der Patentanmeldung bzw. Eintragung des Schutzrechtes in das Register. Man muss da also ganz genau hinschauen, um welchen Typ von Patentliteratur es sich handelt.

Nicht alles, was dann in einer Patentschrift geschrieben steht, ist auch patentiert und somit geschützt. Vieles von dem, was in einer Patentschrift steht, stellt die Dinge lediglich in den richtigen technischen Zusammenhang oder dient zur Erklärung dessen, was die Erfindung letztlich ausmacht. Die Erfindung wird also in einer Patentschrift definiert und so vollständig beschrieben, dass ein Fachmann mit entsprechend technischer Vorbildung die Erfindung theoretisch auch ausführen kann (selbst wenn er das dann in der Praxis wegen des Patentschutzes nicht sofort darf).

Die eigentliche Definition der Erfindung befindet sich bei einer Patentschrift in den sogenannten Patentansprüchen. Diese sind also dann, wenn man feststellen will, was das Patent denn nun eigentlich schützt, der absolute Dreh- und Angelpunkt. Meist befinden sich die Ansprüche ganz hinten im Anmeldetext. Der vorangehende Fließtext, die sog. Beschreibung der Patentanmeldung, dient nur als Interpretationshilfe für das, was in den Patentansprüchen definiert wird. Die Beschreibung ist also so gesehen eine Art spezielles Lexikon. Außerdem wir die Erfindung mit schon Bekanntem verglichen. Dabei wird dann dargestellt, was die Erfindung besser macht als der sog. Stand der Technik. Oft enthält eine Patentschrift auch Zeichnungen, die illustrieren, wie eine Erfindung konkret umgesetzt werden kann oder was das Besondere an der geschützten Erfindung ist. Aber egal, was sonst noch in der Patentschrift dargestellt ist: Entscheidend für den Schutzumfang sind in jedem Fall die Patentansprüche.

Entscheidend sind die Patentansprüche

Laien erschrecken oft, wenn sie das erste Mal eine Patentschrift lesen. Ich hatte da mal einen Geschäftsführer eines Mittelständlers am Telefon, da konnte ich seine Blässe um die Nase selbst durch das Telefon quasi sehen. Auch hier war der Eindruck entstanden, dass in einer Patentschrift zum Teil ganz alte Hüte beschrieben worden waren, die dann ungerechterweise jemand für sich schützen ließ. Das durfte doch nicht sein! Und so war es dann ja auch gar nicht. Der zugegebenermaßen enorme Schreck bei meinem Gesprächspartner resultierte auch in diesem Fall schlichtweg daraus, dass er noch nicht wusste, dass der Schutzumfang eines Patentes durch die Patentansprüche definiert wird. Egal, was da sonst noch alles in der Patentschrift drinstehen mag. Patente waren eben ein ganz neues Feld für den Mann. Und woher sollte er es wissen?

Der Teufel steckt natürlich auch hier im Detail. Die Ermittlung dessen, wie weit der Schutzumfang eines Patentes reicht, ist eine juristische Gretchenfrage, die viel patentanwaltliche Erfahrung erfordert. Wenn aber die Patentansprüche so gar nicht zu dem passen, was man denn selbst bereits macht oder zukünftig machen möchte, kann oft schon Entwarnung gegeben werden.

Relevant sind – wir hatten es schon mehrfach gehört – die Patentansprüche. Diese definieren den Schutzumfang des Patentes. Genauer gesagt geht es dabei zunächst einmal nur um die sogenannten *unabhängigen* Patentansprüche. Davon haben Patentdokumente normalerweise nur etwa einen bis drei verschiedene – also gar nicht so viele! Alle Patentansprüche in einem Patentdokument werden durchnummeriert. Die unabhängigen Patentansprüche erkennen Sie daran, dass sie keinen Verweis auf einen anderen Patentanspruch beinhalten. Sie stehen sozusagen für sich selbst und sagen in einem Satz, was geschützt ist bzw. geschützt werden soll. Die unabhängigen Patentansprüche sind nämlich die mit dem weitesten Schutzumfang, sie spannen sozusagen den Schutzschirm über der geschützten Erfindung möglichst weit auf. Die *abhängigen* Patentansprüche (also die Ansprüche mit Verweis auf andere Ansprüche) können Sie deshalb beim ersten internen Scannen zunächst einmal außer Betracht lassen.

Merkmalsanalyse – „Zerlegen" eines Patentanspruches

Wie liest man nun einen solchen unabhängigen Patentanspruch? Hier ist definitiv Sorgfalt und Genauigkeit geboten, auch beim bloßen Durchschauen der Treffer der Wettbewerbsüberwachung. Am besten zerlegt man einen Patentanspruch in einzelne logische Einheiten. Unter Patentanwälten heißt dieses Zerlegen Merkmalsanalyse.

Ein unabhängiger Patentanspruch ist typischerweise wie folgt aufgebaut:

1. Vorrichtung X, die folgendes aufweist:
   Merkmal a,
   Merkmal b und
   Merkmal c.

Genau dann, wenn *alle* Merkmale, die in einem Patentanspruch aufgelistet sind, auch bei einem Ihrer Produkte vorhanden sind, dann fällt Ihr Produkt/Verfahren unter den Schutzumfang des Patentes. Dann *stört* das Schutzrecht bzw. Sie laufen Gefahr, dass Ihnen als Patentverletzer die Herstellung bzw. Nutzung Ihres Produktes verboten wird – wenn Sie das Schutzrecht nicht zu Fall gebracht bekommen

5.2 Störende Patente identifizieren: Schutzumfang von Patenten

oder eine Lizenz nehmen können. Es besteht in jedem Fall Handlungsbedarf.

Dabei hilft es Ihnen auch nichts, wenn Ihr Produkt ein *zusätzliches* Merkmal aufweist. Es nützt Ihnen also zum Beispiel nichts, dass Ihre Vorrichtung X zusätzlich zu den Merkmalen a, b und c noch ein Merkmal d aufweist. Diese Vorrichtung fiele immer noch unter den Schutzumfang des Patentes. Das gilt auch dann, wenn das zusätzliche Merkmal d ein ganz besonders schönes (neues, erfinderisches) Merkmal für eine Vorrichtung vom Typ X darstellt.[79]

Wenn aber bereits nur *ein* Merkmal des Patentanspruches bei Ihrem Produkt definitiv *gar nicht* vorhanden ist, dann stellt das Schutzrecht *kein Problem* für Sie dar. Deshalb ist die Abfassung von Patentansprüchen auch so eine hohe Kunst: Man sollte es tunlichst unterlassen, eigentlich überflüssige Merkmale in einen Patentanspruch hineinzuschreiben. Sonst kann ein Schutzrecht leicht unterlaufen werden.

Wenn ein betreffendes Merkmal bei Ihrem Produkt jedoch nur *so ähnlich oder alternativ* verwirklicht ist, dann sind Sie in der Grauzone. Man spricht in diesem Zusammenhang auch von äquivalenter Patentverletzung – im Gegensatz zur Wortlaut-gemäßen Patentverletzung, in der die Verletzungssituation mehr oder weniger eindeutig ist.

> **Praxistipp: Relevanz-Check von Patenten**
>
> Die Ermittlung des Schutzumfanges eines Patentes lässt sich mit dem Abarbeiten einer Liste vergleichen:
>
> 1. **Zerlegen:** Zuerst zerlegen Sie den Patentanspruch des zu analysierenden Patentes in einzelne Merkmale. Am einfachsten ist es, wenn Sie diese Merkmalsanalyse tatsächlich Wort für Wort aufschreiben.
> 2. **Vergleichen:** Dann untersuchen Sie Ihr Produkt und vergleichen es mit allen Merkmalen des Patentanspruches. Machen Sie dabei für jedes Merkmal des Patentanspruches gedanklich einen Haken bzw. ein Plus, wenn das Merkmal vorhanden ist, oder ein Minus, wenn es nicht vorhanden ist.
> 3. **Auswerten:** Haben Sie überall ein Plus, dann fällt Ihr Produkt unter den Schutzumfang des Patentes. Ist ein Merkmal bei Ihrem Produkt zwar nicht genau, aber so ähnlich (äquivalent) verwirklicht, dann sind Sie mit Ihrem Produkt in der Grauzone. Fehlt ein Merkmal des Patentanspruches bei Ihrem Produkt gänzlich, dann fällt Ihr Produkt nicht unter den Schutzbereich des Patentes.

---

[79] Das zusätzliche Merkmal d könnte dann aber natürlich selbst patentbegründend für eine verbesserte Vorrichtung X sein – möglichweise führt diese Situation also zu sog. abhängigen Patenten, die sich gegenseitig blockieren. Dies ist eine klassische Situation für eine Kreuzlizenzierung.

Bei Verfahrenspatenten läuft die Ermittlung des Schutzumfanges im Prinzip völlig analog zu der beschriebenen Ermittlung des Schutzumfanges von Vorrichtungserfindungen. Ein typischer Verfahrensanspruch ist folgendermaßen aufgebaut:

1. Verfahren X, das die folgenden Verfahrensschritte aufweist:
Schritt a,
Schritt b und
Schritt c.

Immer dann, wenn das mit dem Patent zu vergleichende Verfahren alle Verfahrensschritte a, b und c aufweist, liegt eine Patentverletzung vor. Auch dann, wenn es noch einen zusätzlichen Schritt d aufweist. Kommt ein Verfahrensschritt nicht vor, scheidet eine Patentverletzung normalerweise aus.

Praxisbeispiel: Denksportaufgabe Patentverletzung

Lassen Sie uns dazu zu guter Letzt noch einmal ein echtes Beispiel aus der Praxis betrachten, bei dem sich jeder unter der Erfindung zumindest einigermaßen etwas vorstellen kann. Sie alle kennen den jährlichen Besuch beim Zahnarzt und den ängstlichen Blick auf das bei diesem vorhandene Instrumentarium. Betrachten wir das Legen einer Zahnfüllung an einer besonders kritischen Stelle, nämlich genau im Zwischenzahnbereich (für Experten: *Approximalkontakt*). Da kommt man als Zahnarzt nämlich nur schwer ran. Es geht bei unserem Beispiel nun um ein zahnärztliches Spreizinstrument wie z. B. eine Zange, das dazu dient, beim Legen einer Zahnfüllung benachbarte Zähne auseinander zu drängen, um Platz zwischen den Zähnen für Füllung und Instrumente zu schaffen.

Die nachfolgende Abbildung illustriert eine mögliche Ausführungsvariante der Erfindung in Form einer Zange. Beim Zusammendrücken der Zangenbranchen werden Spreizstifte am Zangenkopf, die in Kontakt mit den Zähnen sind, auseinanderbewegt. Die Zähne werden deshalb bei Zangenbetätigung durch die Spreizstifte einen Tick weit auseinandergeschoben:

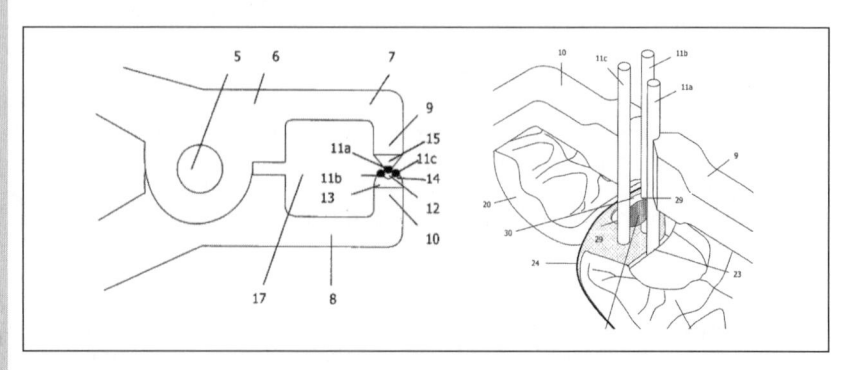

Spreizzange mit Spreizstiften zum Auseinanderdrängen von Zähnen gemäß dem deutschen Patent DE 10 2008 037 115 B4

5.2 Störende Patente identifizieren: Schutzumfang von Patenten

Patentanspruch 1 des Patentes in unserem Beispiel lautet nun wie folgt:[80] Zahnärztliches Spreizinstrument (1, 1a) zum Auseinanderdrängen benachbarter Zahnstrukturen (20, 26) im Rahmen einer Schaffung eines Approximalkontaktes (21) bei einer Anfertigung einer plastischen Seitenzahnrestauration, wobei das Spreizinstrument (1) einen ersten und einen zweiten Bereich (9, 10) umfasst, wobei der erste Bereich (9) wenigstens einen Spreizstift (11a) und der zweite Bereich (10) wenigstens zwei Spreizstifte (11b, 11c) aufweist, wobei der zweite Bereich (10) mindestens einen Spreizstift (11b, 11c) mehr als der erste Bereich (9) aufweist.

Sie sehen, dass der Patentanspruch selbst bei diesem technisch doch recht einfachen Gegenstand eine gewisse Komplexität aufweist. Die Zahlenangaben (sog. Bezugszeichen) verweisen auf die Zeichnung oben und erleichtern das Verständnis des Patentanspruches. Sie stellen aber keine Beschränkung in dem Sinne dar, dass nur die in der Figur gezeigte Ausführungsvariante geschützt wäre. Es kommt stattdessen auf die Formulierung des Patentanspruches an. Wegen der Komplexität der Anspruchskonstruktion zerlegt man den Patentanspruch nun gedanklich bzw. auf dem Papier wieder in mehrere Teile, was seinen Inhalt wesentlich besser erfassbar macht:

(a) Zahnärztliches Spreizinstrument (1, 1a) zum Auseinanderdrängen benachbarter Zahnstrukturen (20, 26) im Rahmen einer Schaffung eines Approximalkontaktes (21) bei einer Anfertigung einer plastischen Seitenzahnrestauration,
(b) wobei das Spreizinstrument (1) einen ersten und einen zweiten Bereich (9, 10) umfasst,
(c) wobei der erste Bereich (9) wenigstens einen Spreizstift (11a) und
(d) wobei der zweite Bereich (10) wenigstens zwei Spreizstifte (11b, 11c) aufweist,
(e) wobei der zweite Bereich (10) mindestens einen Spreizstift (11b, 11c) mehr als der erste Bereich (9) aufweist.

Man erkennt bei dieser Darstellung sehr viel leichter, dass der Kerngedanke der Erfindung offenbar eine bestimmte Spreizstiftanordnung ist. Nehmen wir jetzt einmal an, Ihre Firma stellt auch zahnärztliche Instrumente her und möchte zukünftig auch Spreizzangen herstellen, die für den im Patentanspruch genannten Zweck geeignet sind. Und Sie selbst sind für die firmeninterne Erstauswertung der Wettbewerbsüberwachung verantwortlich. Sie fragen sich jetzt also: Fällt unser geplantes Produkt unter den Schutzumfang des Patentes?

Ihre Haus-eigenen Zangen sollen dabei zukünftig folgende Spreizstiftanordnungen aufweisen:

Fall 1 – 1 (d.h. an beiden Seiten der Zange je einen einzelnen Spreizstift)
Fall 2 – 2 (d.h. an beiden Seiten je zwei Stifte)
Fall 2 – 1 (an einer Seite zwei Stifte, an der anderen Seite nur ein Stift)
Fall 2 – 4 (an einer Seite zwei Stifte, an der anderen Seite vier Stifte)

---

[80] Siehe DE 10 2008 037 115 B4.

Für jeden dieser Fälle prüfen Sie nun, ob **alle** Merkmale (a) bis (e) der obigen Merkmalsanalyse auch bei den Zangen aus Ihrem Hause verwirklicht sind. Mit etwas Übung machen Sie das ganz passabel im Kopf, jetzt aber empfehle ich Ihnen das Ausfüllen nachfolgender Tabelle. Das ist jetzt etwas Gehirnjogging: Bitte vermerken Sie ein Pluszeichen, wenn ein Merkmal erfüllt ist. Schreiben Sie ein Minuszeichen, wenn ein Merkmal hingegen nicht erfüllt ist:

Merkmal	Fall 1 – 1	Fall 2 – 2	Fall 2 – 1	Fall 2 – 4
(a) Oberbegriff				
(b) 2 Bereiche				
(c) mind. 1 Stift				
(d) mind. 2 Stifte				
(e) Δ Stiftzahl ≥ 1				

Lösung: Die symmetrischen Fälle mit den Stiftkombinationen 1 – 1, 2 – 2 oder auch 3 – 3 stellen kein Problem angesichts des erteilten Patentes dar. Aber für alle Zangenvarianten mit verschiedenen Stiftzahlen zu beiden Seiten (Fall 2 – 1, Fall 2 – 4 und ähnliche) würde das Patent definitiv stören. Ihre Tabelle sollte jetzt also am besten so aussehen:

Merkmal	Fall 1 – 1	Fall 2 – 2	Fall 2 – 1	Fall 2 – 4
(a) Oberbegriff	+	+	+	+
(b) 2 Bereiche	+	+	+	+
(c) mind. 1 Stift	+	+	+	+
(d) mind. 2 Stifte	-	+	+	+
(e) Δ Stifte ≥ 1	-	-	+	+

Es geht mir an dieser Stelle ausschließlich darum, dass Sie eine erste Vorstellung davon bekommen, wann eine Patentverletzungssituation eintreten könnte. Die Infos hier im Buch stellen dabei eine erste Richtungsangabe dar, mehr aber auch nicht. Sie sollen ja auch nicht zum juristischen Experten werden – Sie haben genug andere wichtige Dinge zu tun. Aber Sie sollten schon in etwa wissen, wie der Hase läuft, und ein Gespür dafür entwickeln, wann Sie einen Schutzrechtsexperten hinzuziehen müssen.

Einen Patentanwalt müssen Sie in jedem Fall dann hinzuziehen, wenn Sie selbst nicht mit absoluter Sicherheit ausschließen können, dass Ihr Produkt gegen ein Patent verstößt. Wenn Sie da auch nur den leisesten Zweifel haben, rufen Sie mich an. Sicher ist sicher.

5.3 Störende Patente zu Fall bringen: Einspruch und Nichtigkeitsklage

Wenn sich im Gespräch mit Ihrem Patentanwalt herausstellt, dass ein konkretes Patent für Ihre Firma wirklich kritisch ist und stört, muss natürlich erörtert werden, welche Handlungsoptionen für Ihre Firma existieren.

Manchmal wird man es einfach sportlich sehen müssen, dass der Wettbewerber eine tolle Idee hatte und diese hat für sich schützen lassen. Schade nur, dass man selbst nicht schneller war. Da wird man dann das Patent einfach beachten müssen – oder aber beim Wettbewerber um eine Lizenz für das Schutzrecht nachsuchen müssen. Von Vorteil ist dann natürlich, wenn man selbst Nutzungsrechte an einem anderen für den Wettbewerber interessanten Patent zum Tausch anbieten kann (Kreuzlizenzierung).

Vielleicht stellt man bei einer eingehenden patentanwaltlichen Analyse aber auch fest, dass das Patent nicht so professionell bzw. perfekt abgefasst worden ist. Mit anderen Worten: Der Schutzumfang des Wettbewerbspatentes ist löchrig und es existieren für Sie Möglichkeiten, das Patent ganz legal zu umgehen. Das Patent ist dann für den Wettbewerber also nur von begrenztem Wert, weil er Ihnen damit nicht das verbieten kann, was er Ihnen eigentlich verbieten wollte. Das Abfassen von Patentanmeldungen ist so gesehen ein herausfordernder intellektueller Wettkampf, bei dem nur der Beste alle Wettbewerbsvorteile für sich sichert.

Schließlich kann es aber natürlich vorkommen, dass Sie starke Zweifel an der Rechtsbeständigkeit des Patentes hegen – sie halten die geschützte Idee einfach für zu trivial, das haben Sie als Insider so im Gespür. Oder es tritt eine Situation ein, in der Sie gar keine echte Wahl haben, weil die Firma bereits so viel Zeit und Geld in ein zukünftiges Produkt investiert haben, dass Sie den Launch des Produktes schlichtweg definitiv nicht mehr stoppen wollen. Das Patent muss aus Ihrer Sicht also unbedingt weg!

Welche Möglichkeiten gibt es nun, ein Patent zu Fall zu bringen? Bei der Beseitigung von Patenten spielt zunächst der Zeitfaktor eine ganz wichtige Rolle: Haben Sie das störende Schutzrecht zeitnah nach seiner Erteilung entdeckt? Im Idealfall durch Ihre laufende Schutzrechtsüberwachung? Dann können Sie sich beglückwünschen, denn dann steht Ihnen die verhältnismäßig kostengünstige Möglichkeit offen, einen Einspruch gegen das Patent einzulegen. Die

Kostengünstiger, aber zeitkritischer Einspruch

sogenannte **Einspruchsfrist** beträgt für deutsche, europäische und schweizerische Patente neun Monate, für österreichische Patente aber nur vier Monate. In Deutschland ist die Einspruchsfrist auch erst unlängst von sehr kurzen drei Monaten auf jetzt neun Monate verlängert worden.

Einspruch gut vorbereiten

Sie werden nun vielleicht einwenden, dass doch ein Zeitraum selbst von drei Monaten doch so kurz gar nicht sein kann. Nun – das kommt darauf an. Denn zur Einlegung eines Einspruches füllt man nicht einfach ein Formular aus, das man dann wegschickt, und automatisch wird dann einfach das Prüfungsverfahren für das Patent noch einmal neu aufgerollt. So einfach ist es eben gerade *nicht*. Man muss bei einem Einspruch ganz detailliert darlegen, warum das Patent zu widerrufen ist. Dazu braucht man Munition, die man sich erst einmal beschaffen muss. Man braucht zum Beispiel Patentliteratur, die der Patenterteilung entgegensteht. Das, was an Stand der Technik schon im Prüfungsverfahren geprüft worden ist, reicht dazu normalerweise allein nicht aus. Man muss also eingehend recherchieren, unter anderem in Patentdatenbanken, in Fachzeitschriften etc. Auch weiß man leider nicht im Voraus, ob man etwas findet und wann bzw. mit welchem Aufwand man etwas findet. Da können einige Monate plötzlich schon mal recht kurz sein.

In jedem Fall gilt: Ein Einspruch ist zeitkritisch. Wird die Einspruchsfrist versäumt, kann man das nicht mehr ausmerzen. Deshalb setzten umsichtige Firmen auch auf eine ständige Wettbewerbsüberwachung der Konkurrenz durch einen Patentanwalt, um auf eine kritische Patenterteilung auf jeden Fall während der Einspruchsfrist reagieren zu können.

Bei Europäischen Patenten ist das Verpassen der Einspruchsfrist sogar besonders schlimm. Man kann ohne Übertreibung sagen, ein Europäisches Patent hat nach Verstreichen der Einspruchsfrist etwas von einer Hydra[81]: Ein Europäisches Patent kann nach Verstreichen der Einspruchsfrist nämlich nicht mehr zentral angegriffen werden. Stattdessen muss gegebenenfalls in jedem einzelnen Staat, in dem das derzeitige europäische Bündelpatent Wirkung entfaltet, separat eine Nichtigkeitsklage gegen das Patent eingereicht werden.[82] Das treibt die Zahl der Prozesse und damit die Prozesskosten und auch die Prozessrisiken ganz erheblich in die Höhe.

---

[81] Vielköpfiges schlangenartiges Ungeheuer der griechischen Mythologie.
[82] Das soll sich zukünftig mit dem einheitlichen EU-Patent ändern: Für das EU-Patent ist eine zentrale Nichtigkeitsklage auch nach Verstreichen der Einspruchsfrist vorgesehen.

5.3 Störende Patente zu Fall bringen: Einspruch und Nichtigkeitsklage

Sowohl der Einspruch als auch die Nichtigkeitsklage bieten die Möglichkeit einer Überprüfung durch das Amt bzw. Gericht, ob das angegriffene Patent zu Recht erteilt worden ist. Es wird also noch einmal überprüft, ob die geschützte Erfindung neu ist, auf einer erfinderischen Tätigkeit basiert und gewerblich anwendbar ist. Es kann auch ein Check auf Patentierungsausschlüsse (Geschäftsmethoden, medizinische Verfahren, Software etc.) erfolgen. Daneben gibt es auch eher formal gelagerte, aber dennoch wichtige Prüfungsaspekte, die die Ausführbarkeit und den Schutzumfang der Erfindung betreffen. Die Einspruchsgründe decken sich dabei im Wesentlichen mit den möglichen Nichtigkeitsgründen.

Einspruchs- und Nichtigkeitsgründe

Prozessual unterscheiden sich der Einspruch und die Nichtigkeitsklage aber oft ganz erheblich voneinander: Der Einspruch gegen ein Patent wird beim Patentamt eingereicht, eine Nichtigkeitsklage ist hingegen meistens bei einem Gericht anhängig zu machen.[83] Beim Patentamt zahlt man zur Einspruchseinlegung eine feste Amtsgebühr. Die jeweiligen Patentanwälte zu bezahlen, ist dann Sache der Parteien. Jede Partei entlohnt den eigenen Anwalt und das war es dann. Das ist absolut überschaubar und kalkulierbar.

Bei einer Nichtigkeitsklage ist das komplett anders: schon die Gerichtsgebühr ist variabel und richtet sich nach dem Wert des angegriffenen Patentes (Streitwert). Und Patente sind nun einmal sehr wertvoll. Da kommen leicht erkleckliche Summen zusammen. Und dann gilt: Wer die Nichtigkeitsklage verliert, zahlt! Die unterlegene Partei zahlt also zum einen die Gerichtsgebühr und zum anderen muss sie dem Sieger auch den Großteil seiner Anwaltskosten erstatten. Eine Nichtigkeitsklage birgt also Risiken. Da ist es kein Wunder, dass allemal lieber ein Einspruch einlegt wird – wenn man denn noch die Möglichkeit dazu hat.

Deutlich höheres Kostenrisiko bei Nichtigkeitsklage

Zur Veranschaulichung: Die Einspruchsgebühr vor dem Deutschen Patent- und Markenamt beträgt aktuell 200 €. Bei einem Streitwert von 250.000 € betragen die Gerichtsgebühren des deutschen Bundespatentgerichtes für eine Nichtigkeitsklage bereits knapp 9.500 €. Und Streitwerte über 250.000 € sind absolut keine Seltenheit … Dazu kommen noch die bei einer Nichtigkeitsklage ziemlich umfangreichen Anwaltskosten für beide Parteien, sodass sich leicht ein

---

[83] Deutschland und Schweiz: jeweiliges Bundespatentgericht; Österreich: Patentamt. Das Schweizer Bundespatentgericht wurde erst kürzlich neu gegründet – wohl primär als Vorbereitung auf das zukünftige EU-Einheitspatent, das in der Schweiz natürlich keine Wirkung haben wird.

Kostenrisiko von 30.000 € bis 40.000 € für eine Nichtigkeitsklage ergibt. In der *ersten* Instanz.

Allein dieser Kosten- und Risikoaspekt ist ein handfestes und unwiderlegbares Argument dafür, in eine ständige Wettbewerbsüberwachung durch einen Patentanwalt zu investieren. Denn wenn nur *einmal* eine Einspruchsfrist verpasst wird, kann das zu Fall bringen eines Patentes auf einen Schlag deutlich teurer werden. Wenn auch natürlich nicht unbedingt so teuer wie die wirtschaftlichen Nachteile, die ein Unternehmen erleidet, wenn es plötzlich ein Produkt nicht mehr herstellen oder vertreiben darf. Man kann dazu eine einfache Kosten-Nutzen-Rechnung aufstellen und sollte das stets in der Relation sehen.

Nun ist es glücklicherweise so, dass Nichtigkeitsklagen nicht so oft erforderlich werden. Meist werden sie als Reflex auf eine eingereichte Patentverletzungsklage zur Verteidigung erhoben. Vorrangig wird ein Einspruch als erstes Korrektiv für störende Patente genutzt. Statistisch gesehen werden weniger als 1 % aller erteilten Patente durch einen Einspruch angegriffen. Zu Fall gebracht werden dadurch etwa 1/3 der angegriffenen Patente.

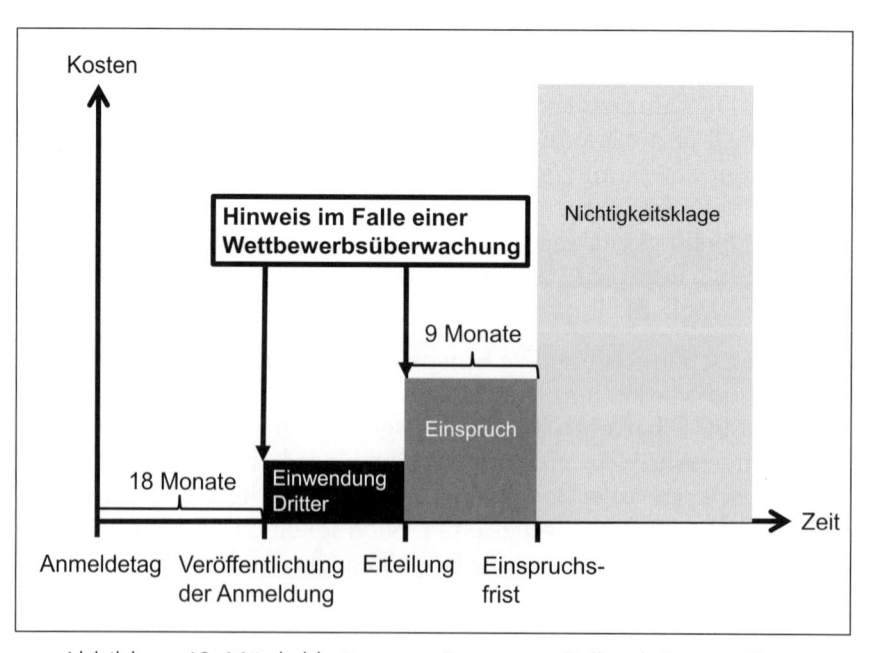

Abbildung 10: Möglichkeiten, um Patente zu Fall zu bringen. Einen Hinweis auf kritische Schutzrechte liefert eine Wettbewerbsüberwachung bei der Veröffentlichung der Anmeldung und später noch einmal bei der Patenterteilung.

5.3 Störende Patente zu Fall bringen: Einspruch und Nichtigkeitsklage

Einwendung Dritter

Schließlich gibt es noch eine weitere Möglichkeit, ein störendes Patent zu beseitigen, genauer gesagt, es gar nicht erst entstehen zu lassen: Es gibt nämlich die sehr elegante Möglichkeit, schon während das Prüfungsverfahren für eine Patentanmeldung läuft, dem Patentamt Hinweise zu geben, dass hier relevanter Stand der Technik existiert, der einer Patenterteilung entgegensteht. Beim EPA geht das sogar vollständig anonym über ein Onlineformular. Man muss sich also noch nicht einmal outen, dass man das Prüfungsverfahren kritisch im Auge behält und einen Einspruch in Erwägung zieht!

Diese sogenannte Einwendung Dritter ist dabei amtsseitig vollkommen kostenfrei. Entsprechende Hinweise werden gern berücksichtigt, denn kein Patentprüfer macht gerne Fehler bzw. erteilt gern zu Unrecht ein Schutzrecht. Das ist zum einen eine Frage der Persönlichkeitsstruktur und zum anderen eine Frage von Quoten und Leistungsbewertungen in den Patentämtern.

Der primäre Erfolgsfaktor ist aber auch bei Einwendungen Dritter die gute Information: Nur, wenn man darüber im Bilde ist, was die Wettbewerber an Patenten anmelden, kann man schon so frühzeitig in das Verfahren eingreifen. Auch hier gilt also: (Patent-)Wissen ist Macht!

6 Wissen, was verboten ist: Patentverletzung und Haftungsfragen

6.1 Verbotene Handlungen und Patentverletzer

Einer der brisantesten Themenkomplexe des gesamten Patentrechts überhaupt ist derjenige der Patentverletzung. Eine Patentverletzung kann nämlich im Falle eines Falles die spürbarsten Auswirkungen auf ein Unternehmen haben, weil eine Patentverletzung umfassende Rechtsansprüche des Patentinhabers gegen den Patentverletzer auslöst. Diese Ansprüche können den Patentverletzer in seiner wirtschaftlichen Existenz sehr empfindlich treffen. Ich werde diese Ansprüche in Kapitel 6.3 separat näher erläutern.

Zunächst aber ist es sehr wichtig zu wissen, was denn nun genau wegen existierenden Patentschutzes an wirtschaftlichen Aktivitäten verboten ist. Oder aus der Perspektive des Patentinhabers betrachtet: Der Patentinhaber sollte unbedingt wissen, wie weit sein Monopolrecht reicht und gegen welche Handlungen von Wettbewerbern er aus seinem Patent konkret vorgehen kann.

> **Praxisbeispiel: Patentverletzung**
>
> Steigen wir in diesen Themenkomplex am besten anhand eines fiktiven Beispiels ein. Nehmen wir an, die Lasertrack GmbH aus Deutschland stellt Industrieroboter für Laserstrahlschweißen her. Beim Laserstrahlschweißen handelt es sich um ein spezielles Schweißverfahren, das sich durch eine hohe Schweißgeschwindigkeit bei gleichzeitig hoher Exaktheit der Verfahrensführung auszeichnet. Die entstehenden Schweißnähte sind sehr schmal, der Energieeintrag ist sehr konzentriert, weshalb es kaum zu thermischem Verzug (d.h. ungewollten Verformungen des Bauteils) kommt. So ein Industrieroboter zum Laserstrahlschweißen besteht nun im Wesentlichen aus drei Komponenten: dem Laser, einem optischen System zur Fokussierung des Laserstrahls (Spiegel, Linsen etc.) und einem Bewegungssystem. Das Bewegungssystem sorgt für eine Relativbewegung zwischen dem Laserstrahl und den zu schweißenden Bauteilen, sodass eine fortlaufende Schweißnaht gebildet werden kann.
>
> Die Firma Lasertrack GmbH beschäftige einige kreative Köpfe und sei Patentinhaberin eines deutschen Patentes für einen speziellen Industrieroboter zum Laserschweißen, den SchweißmaXXL. Sie stellt diesen in Lichtenwalde in eigener Fertigung her. Sie ist mit dem Produkt recht erfolgreich – und schon bald bekommt die Konkurrenz diesen Erfolg zu spüren und verliert Marktanteile.
>
> Einer der schärfsten Konkurrenten der Lasertrack GmbH ist die Copytrack GmbH mit Sitz in einem nur einige Kilometer entfernten Nachbarort. Eifrig greift die Copytrack GmbH die Idee der Lasertrack GmbH auf und stellt nun ihrerseits einen Industrieroboter zum Laserschweißen mit allen Merkmalen des SchweißmaXXL her. Darf Sie das so einfach tun? Natürlich nicht! In diesem Herstellungsprozess liegt eine klassische Patentverletzung.

Herstellen als Patentverletzung

Das Herstellen eines durch Patent geschützten Gegenstandes ohne Zustimmung des Patentinhabers ist natürlich verboten und kann unterbunden werden. Das leuchtet auch ohne juristisches Detailwissen unmittelbar ein. Eine andere Regelung wäre ja auch völlig sinnlos.

> **Fortsetzung des Praxisbeispiels zur Patentverletzung**
>
> Wesentlich interessanter wird es dann aber schon bei einigen Abwandlungen des beschriebenen Beispielfalles, die in der Praxis ebenfalls leicht vorkommen können:
>
> Ein weiterer Konkurrent der Lasertrack GmbH sei die LateTrack GmbH. Deren Produkte sind zwar qualitativ recht gut, die Firma zählt jedoch nicht zu den beweglichsten am Markt. Stattdessen hinkt sie mit ihrer Produktpalette stets ein wenig hinterher. Sie hat deshalb auch noch keinen vergleichbaren Industrieroboter sprich mit den Merkmalen des SchweißmaXXL hergestellt. Auf ihrer Webpage bietet sie aber ihren deutschen Stammkunden dennoch schon einmal einen Industrieroboter mit exakt den Merkmalen des SchweißmaXXL an!
>
> Liegt auch darin bereits eine Patentverletzung des Patentes der Lasertrack GmbH? Und wie sieht es aus, wenn sich später herausstellt, dass die LateTrack GmbH wegen unfassbarer Unfähigkeit nicht in der Lage ist, den patentverletzenden Industrieroboter auch tatsächlich herzustellen, das Angebot auf der Website von LateTrack also im Grunde genommen nur ein Fake ist? Was meinen Sie?

Anbieten als Patentverletzung

Der Gesetzgeber hat sich dafür entschieden, nicht nur das Herstellen eines patentverletzenden Gegenstandes rechtlich zu verbieten, sondern auch solche Handlungen, die typischerweise mit einem solchen Herstellungsprozess in Zusammenhang stehen. Die dahinter stehende Überlegung ist die, dass ein Patentinhaber nicht erst warten müssen soll, bis das sprichwörtliche Kind in den Brunnen gefallen ist. Um Patentverletzung wirksam zu verhindern, muss der Patentinhaber bereits dann einschreiten können, wenn ein schutzrechtsverletzender Gegenstand noch gar nicht existiert. In der Gesetzessystematik ist deshalb als eigener Patentverletzungstatbestand das Anbieten eines patentverletzenden Erzeugnisses aufgelistet. Das Anbieten eines patentierten Gegenstandes im Geltungsbereich des Patentes ohne Zustimmung des Patentinhabers ist also verboten. Und weil bereits der isolierte Akt des Anbietens verboten ist, ist es in unserem Beispielfall auch völlig unerheblich, ob die LateTrack GmbH technisch in der Lage ist, den patentierten Gegenstand letztendlich herzustellen oder auch nicht. Das ist dann nur konsequent und folgerichtig. Ein Patentverletzer kann sich also nicht dadurch herausreden, dass er selbst ja den Verletzungsgegenstand noch gar nicht hergestellt hat. Dieses Schlupfloch ist sicher verschlossen.

6.1 Verbotene Handlungen und Patentverletzer

Auch die LateTrack GmbH ist also Patentverletzerin mit allen daraus resultierenden Folgen.[84]

Die Patentverletzungstatbestände Herstellen einerseits und Anbieten andererseits sind rechtlich völlig voneinander entkoppelt. Ein Anbieten stellt also eine selbständig unterbindbare Aktivität dar. In der Konsequenz sind also nicht nur (potenzielle) Hersteller mögliche Patentverletzer, sondern auch reine Vertriebsgesellschaften! Auch solche, die in vollkommener Abhängigkeit von einem Mutterkonzern keinen echten Einfluss darauf haben, was für Produkte sie denn nun genau anbieten oder vertreiben dürfen bzw. müssen. Auch solche abhängigen Vertriebsgesellschaften können ihre Hände nicht einfach in Unschuld waschen, sondern sind selbst rechtlich gesehen voll verantwortlich für Patentverletzungen durch reines Anbieten.

Patentverletzung durch Vertriebsgesellschaften

Schauen wir uns das aber noch einmal etwas genauer an: Reine Vertriebsgesellschaften, die also selbst nie als Hersteller auftreten, können auf ganz unterschiedliche Weise in eine Muttergesellschaft eingebunden sein. Manche Vertriebsgesellschaften agieren recht eigenständig, andere überhaupt nicht. Manche Vertriebsgesellschaften sind so eng mit einer Muttergesellschaft verzahnt, dass die Vertriebsgesellschaft noch nicht einmal über eine eigene Webpage oder eigene Kataloge verfügt. Die Vertriebsgesellschaft bietet in so einem Fall also noch nicht einmal aktiv Produkte an. Bestellvorgänge von Kunden werden stattdessen direkt bei der Muttergesellschaft entgegengenommen und triggern dann durch einen internen Prozess die Verkaufsabwicklung. Nur die Lieferung an den Kunden erfolgt durch die jeweils zuständige Vertriebsgesellschaft. Kann eine solche Vertriebsgesellschaft eine Patentverletzung begehen? Sie ist dabei weder Herstellerin, noch Anbieterin. Aber ist sie dennoch Patentverletzerin? Wie würden Sie das beurteilen? Ist es wirklich möglich, durch eine geschickte Organisation eines Konzerns zu verhindern, dass eine Vertriebsgesellschaft eine Patentverletzung begeht? Das wäre meiner Meinung nach ziemlich ungerecht gegenüber denjenigen, die über solche Möglichkeiten nicht verfügen. Und so ist es denn auch tatsächlich nicht.

Folgerichtig sieht das Gesetz einen weiteren eigenständigen Verletzungstatbestand vor: das Inverkehrbringen. Unter diesen Tatbestand fallen deshalb alle normalen Verkaufsvorgänge, bei denen die patentverletzende Ware tatsächlich an einen Kunden ausgeliefert wird. Wird die Ware nur bestellt, aber nicht ausgeliefert, dann ist

Inverkehrbringen als Patentverletzung

---

[84] Siehe eingehender das nachfolgende Kapitel 6.3.

das noch kein Inverkehrbringen. Stattdessen stellt jeder Vorgang, bei dem einem Abnehmer bzw. Empfänger von Waren die tatsächliche Sachherrschaft über die Sache verschafft wird, ein Inverkehrbringen dar. Der Dritte muss also einen tatsächlichen Zugriff auf die Ware haben, sie sozusagen anfassen können. Ein Inverkehrbringen muss dabei nicht unbedingt durch Kauf geschehen, sondern kann auch durch Vermietung oder Leasing realisiert werden.

Wir haben jetzt also drei eigenständig patentverletzende Handlungen kennengelernt: Das *Herstellen*, das *Anbieten* und das *Inverkehrbringen*. Kommen wir nun noch einmal auf unseren Beispielfall zurück.

! **Fortsetzung des Praxisbeispiels zur Patentverletzung**

Die schärfste Konkurrentin der Lasertrack GmbH, die Copytrack GmbH, hat die von ihr in patentverletzender Weise hergestellten Industrieroboter mittlerweile in hoher Stückzahl an einige ihrer Kunden verkauft und ausgeliefert. Die Industrieroboter zum Laserstrahlschweißen werden in den Betrieben dieser Kunden nun auch vielfältig eingesetzt. Der Patentinhaberin Lasertrack GmbH sind nun diese bei den Kunden der Copytrack GmbH in Benutzung befindlichen Industrieroboter ein Dorn im Auge. Sie hätte das Geschäft zum einen gern selber gemacht, zum anderen existieren diverse mit ihr verbundenen Betriebe, die selbst Auftragsarbeiten für Dritte mit Industrierobotern zum Laserstrahlschweißen durchführen. Diese verlieren durch die Konkurrenten, die mit den von der Copytrack GmbH bezogenen Geräten arbeiten, natürlich Aufträge und haben Umsatzeinbußen. Hat die Lasertrack GmbH als Patentinhaberin auch Möglichkeiten, gegen die Firmenkunden der Copytrack GmbH vorzugehen? Was ist Ihrer Meinung nach angemessen?

Die Möglichkeit, auch die Firmenkunden dingfest zu machen, die den patentverletzenden Gegenstand in ihrer Firma einsetzen d. h. gebrauchen, ist vorhanden. Das *Gebrauchen* eines patentverletzenden Gegenstandes im geschäftlichen Verkehr stellt eine eigenständige Form der Patentverletzung dar.

Auf unser Beispiel bezogen bedeutet das: Wenn die Lasertrack GmbH sich entscheidet, gegen die Firmenkunden der Copytrack GmbH vorzugehen, stehen bei deren Firmenkunden die Industrieroboter still. Da geht dann im Zweifelsfall nichts mehr. An diesem Beispiel erkennen Sie, wie wichtig es selbst für einen reinen Kunden ist, zu wissen, was er denn da eigentlich für eine patentgeschützte Waren einkauft und sich in die Fertigungshalle stellt! Er sollte also darauf achten, beim Patentinhaber zu kaufen, alles andere ist für ihn gefährlich!

Gebrauchen als Patentverletzung

Das Gebrauchen eines patentverletzenden Gegenstandes im geschäftlichen Verkehr stellt eine eigenständige Form der Patentverletzung dar. Natürlich ist es in der Praxis so, dass ein Patentinhaber zunächst zögert, einen Kunden der Konkurrenz auf Patentverletzung zu verklagen, wenn dieser Kunde im geschäftlichen Verkehr un-

6.1 Verbotene Handlungen und Patentverletzer

rechtmäßig einen patentierten Gegenstand nutzt. Schließlich könnte dieser Kunde ja zukünftig auch sein eigener Kunde sein. Diese Möglichkeit gilt es dann zu wahren und bei einem rechtlichen Vorgehen entsprechend zu berücksichtigen. Es lässt sich aber natürlich dem Hauptgegner in einem Verletzungsstreit trefflich damit drohen, sich auch seine Kunden vorzunehmen, wenn er sich nicht hinreichend kooperativ zeigt bzw. sich nicht dem Patentinhaber unterwirft. Das ist dann also alles eher eine Frage der Taktik. Rechtlich ist hingegen vollkommen klar, dass das Gebrauchen eines patentverletzenden Erzeugnisses im geschäftlichen Verkehr eine selbständig verfolgbare Patentverletzung darstellt.

Die Verletzungstatbestände *Herstellen*, *Anbieten*, *Inverkehrbringen* und *Gebrauchen* erfassen also im Prinzip die gesamte wirtschaftliche Wertschöpfungskette. Ein Patentinhaber hat im Verletzungsfall deshalb eine ganze Reihe von Möglichkeiten, seine Rechte gegen die Konkurrenz auf verschiedenen Handels- bzw. Wirtschaftsstufen durchzusetzen. Man spricht in diesem Zusammenhang auch von möglichen Maßnahmen entlang der gesamten Patentverletzerkette. Hersteller, Lieferanten, Zulieferer, Zwischenhändler, Firmenkunden und andere – sie alle kommen als Patentverletzer in Betracht (sog. unmittelbare Patentverletzung). Selbst solche Lieferanten, die nicht den kompletten patentverletzenden Gegenstand anbieten bzw. liefern, sondern nur wesentliche Teile davon, können wegen Patentverletzung verklagt werden (sog. mittelbare Patentverletzung).

Patentverletzerkette

Ein Patentinhaber hat also zur effizienten Unterbindung einer Schutzrechtsverletzung mehrere Hebel. Er kann seinen Angriff auf einzelne, wichtige Verletzer beschränken, aber er kann natürlich auch zu einem Rundumschlag ausholen. Was Sinn macht, hängt von den wirtschaftlichen Gegebenheiten im jeweiligen Einzelfall ab.

Und um die oben genannten Patentverletzungshandlungen noch weiter zu vervollständigen, ist auch das pure Besitzen eines patentverletzenden Gegenstandes verboten – jedenfalls dann, wenn der Zweck des Besitzens eine der oben genannten patentverletzenden Handlungen ist. Patentschutz reicht also wirklich weit und ist ein sehr umfassendes Recht.

Besitzen als Patentverletzung

Ich weiß nicht, ob es Ihnen schon aufgefallen ist: Aber in unserem obigen Beispielfall zur Patentverletzung haben wir uns bisher mit einem rein inländischen Szenario beschäftigt. Dieses möchte ich in einem weiteren Schritt noch einmal auf ein fiktives grenzüberschreitendes Szenario ausweiten.

> **Fortsetzung des Praxisbeispiels zur Patentverletzung**
>
> Eine weitere Konkurrentin der Lasertrack GmbH sei die in Hamburg ansässige ImportTrack GmbH. Diese importiert vielerlei verschiedene Industrieroboter zum Laserschweißen aus dem Ausland und verkauft diese dann überwiegend an in Deutschland ansässige Kunden. Zu diesem Zweck verfügt sie auch über ein recht großes Zentrallager am Hamburger Hafen. Dort werden die importierten Industrieroboter zwischengelagert, bevor sie weiter verbracht werden.
>
> Einen Teil der Roboter bezieht die ImportTrack GmbH von der italienischen Herstellerin ItaloTrack Spa. Diese stellt in Italien Industrieroboter zum Laserschweißen her. In Italien verfüge unsere Patentinhaberin LaserTrack GmbH über keinerlei Patentschutz. Das Herstellen von Industrierobotern mit allen Merkmalen des SchweißmaXXL in Italien ist der ItaloTrack Spa. also patenrechtlich erlaubt. Doch wie ist der Import von entsprechenden Robotern durch die ImportTrack GmbH nach Deutschland zu beurteilen? Wie würden Sie entscheiden?

Import als Patentverletzung

Es wäre absurd, wenn ein im Inland existierende Patentschutz durch einen Import von Patent verletzenden Gegenständen aus dem Ausland unterlaufen werden könnte. Ein Import aus dem Ausland stellt im Grunde ja ein Inverkehrbringen im Inland dar. Schon unter diesem Gesichtspunkt wäre also ein Importieren eine Patentverletzungshandlung. Zur Klarstellung hat der Gesetzgeber diesen Tatbestand aber auch noch einmal extra im Patentgesetz kodifiziert: Es ist demnach jedem Dritten verboten, ohne Zustimmung des Patentinhabers ein patentiertes Produkt zu einem der folgende Zwecke einzuführen: Herstellen, Anbieten, Inverkehrbringen, Gebrauchen.

Export als Patentverletzung

Wie steht es mit dem umgekehrten Fall, dem Export? Für diesen gibt es im Patentgesetz zwar keine explizite Regelung, jedoch wurde von den Gerichten ein Export ins Ausland als ein Inverkehrbringen im Inland gewertet. Auch ein solcher Exporteur, der niemals etwas anderes macht, als Gegenstände direkt ins patentfreie Ausland zu versenden, läuft also Gefahr, Patentverletzer zu sein! Auch der Exporteur muss also wissen, wie die Schutzrechtslage für die von ihm exportierten Güter aussieht, sonst war es das ungünstigsten Falls mit dem Exportgeschäft. Er darf keinesfalls einfach die Augen vor dieser Gefahr verschließen.

Die Vogel-Strauß-Technik ist nach einigen Gerichtsentscheidungen sogar für reine Speditionsunternehmen keine gute Taktik, wobei diese Unternehmen mit der Natur der von ihnen beförderten Güter ja erst einmal nicht wirklich etwas zu schaffen haben! Wenn sie aber einen Hinweis bekommen, müssen sich auch Spediteure und Frachtführer im Rahmen des Zumutbaren mit der Frage von Patentverletzungen auseinandersetzen. Die höchstrichterliche Rechtsprechung

6.1 Verbotene Handlungen und Patentverletzer

ist da sehr streng. Patentverletzung ist eben kein Kavaliersdelikt, sondern hat engen Bezug zur Wirtschaftskriminalität (z. B. bei Produktpiraterie). Es existieren deshalb auch im Patentgesetz entsprechend harte Strafvorschriften, die selbst Freiheitsstrafen vorsehen. Mehr dazu in den nachfolgenden Kapiteln.

Das einzige Szenario mit Auslandsbezug, das so keine Patentverletzung darstellt, ist die reine Durchfuhr von Waren. Und zwar am besten sicher verplombt, damit nicht doch plötzlich Ware von einem Lkw herunter fällt und so inländisch in Verkehr gebracht wird! Sie schmunzeln, doch das ist wichtig, wenn auch eher im Markenrecht als im Patentrecht! Da hat die Sache mit dem „unerklärlichen" Ladungsverlust bei der Durchfuhr von Gütern durch die EU bzw. das Inland nämlich leider echtes System bei gewerbsmäßiger Produktfälschung!

Vorsicht bei der Warendurchfuhr

Die Tatbestände der Patentverletzung habe ich oben der Griffigkeit halber am Beispiel eines Vorrichtungspatentes erläutert. Bei einem Gegenstand, den man anfassen kann, kann man sich nämlich recht gut vorstellen, wie dieser gehandelt wird und wer damit auf diversen Handelsstufen in Berührung kommt. Etwas abstrakter ist die ganze Angelegenheit hingegen bei Verfahrenserfindungen. Ein Verfahren ist primär dazu da, angewendet zu werden. Es kann maximal noch angeboten werden. Aber ein Verfahren selbst wird nun einmal nicht klassisch hergestellt oder in Verkehr gebracht. Insofern kennt das Patentgesetz hinsichtlich geschützter Verfahren selbst auch nur die Patentverletzungstatbestände des Anwendens oder des Anbietens.

Patentverletzung bei Verfahrenserfindungen

Heißt das nun, dass der Schutz für Verfahrenserfindungen deutlich geringer ist als für Vorrichtungserfindungen? Was ist mit den Produkten, die aus geschützten Verfahren resultieren? Dürfen diese ungehindert den Markt überschwemmen, obwohl sie durch eine Patentverletzung erzeugt worden sind?

Dieser Problematik war sich der Gesetzgeber durchaus bewusst, und er hat dazu auch eine spezielle Regelung geschaffen. Für *Herstellungsverfahren* (im Gegensatz zu reinen *Arbeitsverfahren*[85]) gilt, dass das unmittelbar durch das geschützte Verfahren hergestellte Erzeugnis quasi mitgeschützt ist. Das Produkt, das direkt aus dem Herstellungsverfahren resultiert, ist also geschützt. Und es stellt eine Patentverletzung dar, dieses unmittelbare Verfahrensergebnis anzubieten, in Verkehr zu bringen oder zu gebrauchen oder zu den genannten Zwecken entweder einzuführen oder zu besitzen. Die

Erweiterter Schutz auf Verfahrenserzeugnisse

---
[85] Vgl. Kapitel 2.1.

Verletzungstatbestände sind also letztlich dieselben wie für Vorrichtungserfindungen, mit Ausnahme des Herstellens, denn dieser Prozess ist ja durch das Ausführen des Verfahrens bereits erfasst.

> **Zusammenfassung**
>
> Insgesamt gilt, dass Verbietungsrechte aus einem Patent für alle Erfindungsformen, gleich ob Vorrichtung oder Verfahren, für sämtliche in der Praxis relevanten wirtschaftlichen Handlungsszenarien existieren und entsprechend durchsetzt werden können. Dabei existiert keine Beschränkung auf Hersteller, sondern auch Zulieferer, Lieferanten, Vertriebsgesellschaften und gewerbliche Kunden können Patentverletzer sein. Sämtliche Akteure entlang der Patentverletzungskette können im Prinzip dingfest gemacht werden.
>
> Wie die Rechtsdurchsetzung im Einzelnen prozessual erfolgt und mit welchen Sanktionen ein Patentverletzer konkret zu rechnen hat, wird in den nachfolgenden Kapiteln noch genauer beschrieben.

6.2 Erlaubte Handlungen und Erschöpfung des Patentrechts

Im vorangehenden Kapitel haben wir uns damit beschäftigt, welche unternehmerischen Handlungsweisen eine Patentverletzung darstellen können. In diesem Kapitel möchte ich quasi als Ergänzung auf die erlaubten Benutzungshandlungen und auf Grenzen des Patentschutzes eingehen.

Patente besitzen einen wirtschaftlichen Wert und schaffen durch ein Monopol auf Zeit Wettbewerbsvorteile. Sie sind deshalb im Grunde wirtschaftliche Instrumente, auch wenn ihre Erteilung und Rechtsdurchsetzung auf juristischem Gebiet liegt. Wo aber enden die Spielregeln des wirtschaftlichen Wettbewerbs? Wo liegen die Grenzen des Patentschutzes? Kann ich als Privatperson zuhause im stillen Kämmerlein immer noch Patentverletzer sein?

Keine Patentverletzung im privaten Raum
Der Gesetzgeber hat zumindest die letzte Frage eindeutig beantwortet. Demnach erstrecken sich die Wirkungen des Patentes nicht auf Handlungen, die *im privaten Bereich zu nicht gewerblichen Zwecken* vorgenommen werden. Unter diesen Voraussetzungen ist das entsprechende Handeln keine Patentverletzung. Der Zusatz zu nicht gewerblichen Zwecken ist dabei wichtig – denn man könnte ja zunächst als leidenschaftlicher Bastler im Keller klammheimlich patentverletzende Gegenstände herstellen mit dem Ziel, diese dann zukünftig zu verkaufen. Das ist natürlich nicht erlaubt.

6.2 Erlaubte Handlungen und Erschöpfung des Patentrechts

Als Privatmann müssen Sie auch keine Angst davor haben, einen patentverletzenden Gegenstand, den Sie nun einmal gekauft haben, zu Hause einfach zu benutzen – denn Sie verfolgen damit ja keinen gewerblichen Zweck. Sie können also zum Beispiel ungestraft den durch Patent geschützten Rasenmähroboter, den Sie leider bei einem Produktpiraten erworben haben, zum Mähen Ihres Rasens benutzen. Patentverletzer ist aber natürlich der Verkäufer bzw. Produktpirat. Sie können auch zum Beispiel zu Hause aus patentfreien Einzelteilen ein durch Patent geschütztes Fliegengitter zusammenbauen und vor Ihrem Fenster anbringen. Das stellt keine Patentverletzung dar. Wohl aber begeht derjenige eine (mittelbare) Patentverletzung, der Ihnen ohne Erlaubnis des Patentinhabers im verkauften Teile-Kit eine Bauanleitung für das patentgeschützte Fliegengitter bereitstellt.

Die Intention des Gesetzgebers dürfte anhand dieser Beispiele wohl klar geworden sein: Für eine Patentverletzung im privaten Raum, ohne irgendeine Gewinnerzielungsabsicht, ist definitiv kein Platz. Patente entfalten ihre Wirkung vielmehr dort, wo sie hingehören, nämlich im geschäftlichen Verkehr.

Wie sieht es nun aber mit Handlungen aus, die zu Versuchszwecken vorgenommen werden? Stellen Sie sich vor, Sie sind der Entwicklungsleiter in einer Firma und bauen in dieser Eigenschaft für das firmeneigene Labor einen durch Patent geschützten Gegenstand nach. Dürfen Sie das?

Handlungen zu Versuchszwecken

Das kommt darauf an, was Sie im Labor mit dem Gegenstand tun. Wollen Sie den Gegenstand selbst einfach nur weiter untersuchen und ihn besser verstehen, dann ist das erlaubt.[86] Benutzen Sie den Gegenstand aber als *Mittel* für andere, weitergehende Versuche, dann ist das verboten und stellt eine Patentverletzung dar.

Der dahinter stehende Gedanke ist der, dass Patentschutz den wissenschaftlichen und technologischen Fortschritt nicht hemmen soll. Deshalb dürfen Sie den patentierten Gegenstand oder das patentierte Verfahren selbst genauer untersuchen. Sobald Sie das patentgeschützte Produkt aber einfach nur benutzen, stellt dies einen unerlaubten Eingriff in die Rechte des Patentinhabers dar. Stattdessen müssen Sie für solche Fälle den patentierten Gegenstand ganz normal erwerben und können ihn dann auch für andere Arten von Versuchen einsetzen.

---

[86] Vergleichbare Regelungen existieren für Versuche mit biologischem Material sowie für Versuche zur Erlangung von arzneimittelrechtlichen Zulassungen.

Erschöpfung des Patentrechts

Haben Sie das durch Patent geschützte Produkt erst einmal rechtmäßig erworben, dann dürfen Sie es auch zu gewerblichen Zwecken benutzen. Der rechtmäßige Erwerb bedeutet hier, dass das Produkt rechtmäßig in den Verkehr bzw. Handel gelangt ist. Ursprünglich war es also der Patentinhaber oder ein von diesem autorisierter Dritter, der das Produkt in Verkehr gebracht hat. Der Patentinhaber hatte also zumindest einmal die Chance, wirtschaftliche Vorteile aus seinem Patent zu ziehen. Hat er dies einmal getan, dann ist sein Recht aus dem Patent damit erschöpft. Ein Patentinhaber kann also nicht mehrfach oder für alle Zeiten sein Patentrecht geltend machen. Das wäre auch absolut überzogen.

Vorsicht ist in Hinblick auf patenrechtliche Erschöpfung aber geboten bei grenzüberschreitendem Handel mit patentgeschützten Erzeugnissen! Denn für Patentschutz gilt ja das Territorialitätsprinzip.[87] Verfügt ein Patentinhaber also über mehrere, nationale Schutzrechte, sagen wir zum Beispiel in der Türkei und in Deutschland, dann darf ein Produkt, das der Patentinhaber in der Türkei in Verkehr in Verkehr gebracht hat, von dem rechtmäßigen türkischen Käufer dieses Produktes nicht einfach nach Deutschland exportiert werden! Das Patentrecht ist bei diesem Szenario nämlich nur in Hinblick auf die Türkei, nicht aber in Hinblick auf Deutschland erschöpft.

Um das Ganze noch etwas zu verkomplizieren, gilt innerhalb der EU bzw. innerhalb des EWR[88] auch noch eine Sonderregelung, die dem Patentrecht vorgeht. Diese Sonderregelung erleichtert den Warenverkehr innerhalb der Freihandelszone und sticht hierbei sogar unter Umständen das Territorialitätsprinzip des Patentrechts aus: Ein berechtigtes Inverkehrbringen von Waren *durch den Patentinhaber oder durch von ihm autorisierte Dritte* innerhalb des EWR führt nämlich zur Erschöpfung des Patentschutzes für *alle* Mitgliedstaaten des EWR. Dabei ist es dann egal, ob der Patentinhaber in dem Land, in dem er in Verkehr bringt, über Patentschutz verfügt oder nicht.

Keine Erschöpfung bei Konkurrenzprodukten

Werden aber natürlich die Waren in einem Mitgliedstaat A des EWR von einem *Konkurrenten* des Patentinhabers rechtmäßig in Verkehr gebracht, dann tritt *keine* Erschöpfung für das nationale Patent des Patentinhabers im Mitgliedstaat B ein. Das nationale Patent verhindert dann natürlich den Import des Konkurrenzproduktes in das Schutzland B. Ansonsten wären nationale Schutzrechte gegenüber

---

[87] Vgl. Kapitel 2.3.
[88] Europäischer Wirtschaftsraum, bestehend aus den EU-Mitgliedstaaten und Island, Liechtenstein und Norwegen.

Konkurrenten innerhalb des EWR vollkommen nutzlos. Und das kann natürlich auch nicht sein.

Ich gebe zu, die ganze Erschöpfungsproblematik ist bei EU- und EWR-Anwendungsfällen recht kompliziert. Diese Komplexität ist letztlich dem Spagat zwischen dem möglichst freien Warenverkehr innerhalb der Freihandelszone einerseits und der Wirksamkeit nationaler Patentrechte andererseits geschuldet. Bei einem einheitlichen EU-Patentschutz gäbe es dieses Problem schlichtweg nicht. Aber ein einheitlicher Patentschutz stößt seinerseits wieder auf andere Schwierigkeiten[89] – und liegt wohl ohnehin noch einige Jahre in der Zukunft.

6.3 Sanktionen und wirtschaftliches Risiko

In diesem Kapitel gebe ich Ihnen einen Überblick darüber, welche Ansprüche ganz konkret gegen einen Patentverletzer geltend gemacht werden können. Aus Sicht des Patentinhabers haben Sie umfangreiche Rechte, die Sie auch durchsetzen können. Aus Sicht des Patentverletzers sehen Sie sich mit umfangreichen Zwangsmaßnahmen konfrontiert, die Sie wirtschaftlich sehr empfindlich treffen können.

> **Praxisbeispiel: Sanktionen bei Patentverletzung**
>
> Sie sind bzw. Ihre Firma ist Inhaberin eines erteilten Patentes. Die Firma macht mit dem zugehörigen Produkt auch einen ganz ordentlichen Umsatz. Ihre unternehmerische Welt ist solange in Ordnung, bis Sie mitbekommen, dass einer Ihrer Wettbewerber das Patent missachtet: Das Produkt wird von dem besagten Wettbewerber in allen wesentlichen Aspekten nachgebaut, angeboten und verkauft. Es ist Ihnen sogar gelungen, eines dieser Wettbewerbsprodukte zu erwerben und eingehender zu untersuchen. Nach Analyse durch Ihre hauseigenen erfahrenen Techniker ist völlig klar, dass das Wettbewerbsprodukt tatsächlich das Patent aus Ihrem Hause verletzt. Sie möchten sich das natürlich nicht länger gefallen lassen und etwas gegen diese Patentverletzung unternehmen. Welche Ansprüche haben Sie nun gegen den Patentverletzer? Was ist dabei Ihr vordinglichstes Anliegen?
>
> Am wichtigsten ist Ihnen sehr wahrscheinlich, dass die Patentverletzung schnellstmöglich gestoppt wird. Ihr Wettbewerber soll ab sofort daran gehindert werden, die oben beschriebene Patentverletzungshandlung weiterhin zu begehen. Dieser Anspruch existiert; im juristischen Jargon nennt man ihn **Unterlassungsanspruch**.

---

[89] Vgl. Kapitel 2.4.

Verbietungsrechte aus dem Patent

Der **Unterlassungsanspruch** ist das wohl wichtigste Recht aus einem Patent und ein starkes Verbietungsrecht. Er verbietet mit Wirkung für die Zukunft alle patentverletzenden Handlungen des Verletzers. Vom konkreten Unterlassungsanspruch sind all diejenigen verbotenen Handlungen mit erfasst, die der Patentverletzer schon begangen hat, da diesbezüglich eine Wiederholungsgefahr besteht. Wenn ein Konkurrent einmal ein bestimmtes, patentverletzendes Produkt hergestellt hat, dann ist sicherlich zu befürchten, dass er dies wieder tun wird. Eine bereits begangene Patentverletzung indiziert deshalb rechtlich eine Wiederholungsgefahr, und diese Wiederholung können Sie verbieten.

Aber auch solche Verletzungshandlungen, die bei dem Konkurrenten zwar noch nicht vorgekommen sind, von denen aber mit einiger Wahrscheinlichkeit anzunehmen ist, dass diese geschehen werden, können mit dem Unterlassungsanspruch unterbunden werden (Erstbegehungsgefahr). Es ist also zum Beispiel auch dann, wenn einer Ihrer Konkurrenten ein patentverletzendes Produkt zunächst nur herstellt, sicherlich davon auszugehen, dass er es demnächst auch in Verkehr bringen wird. Denn wozu sonst würde er es wohl herstellen?! Sie müssen also nicht tatenlos zusehen und abwarten, bis das sprichwörtliche Kind schon in den Brunnen gefallen ist, sondern Sie können schon dann, wenn es stichhaltige Hinweise auf eine bevorstehende Patentverletzung gibt, diese unterbinden.

Ein Patentverletzer kann also dazu gezwungen werden, die patentverletzenden Handlungen wie Herstellen, Anbieten, Inverkehrbringen, Gebrauchen etc. ab sofort mit Wirkung für die Zukunft einzustellen. Doch wie sieht es mit den Patentverletzungshandlungen aus, die bereits begangen worden sind? Muss Ihre Firma als Patentinhaberin das einfach so hinnehmen? Was würden Sie hier als gerecht und angemessen empfinden?

Schadensersatzansprüche

Sie als Patentinhaber verfolgen mit der Inhaberschaft an dem Patent ja als wichtigstes Ziel, für einen begrenzten Zeitraum eine Monopolstellung gegenüber Ihrem Wettbewerb einzunehmen. Eine solche Alleinstellung bedeutet für den Patentinhaber einen ganz wichtigen Wettbewerbsvorteil. Und das wiederum bedeutet einen entsprechenden Umsatz und einen zugehörigen Gewinn für das Unternehmen. Diese Vorteile durch das Patent werden durch eine von Dritten begangene Patentverletzung definitiv unterlaufen. Es entsteht also auf Seiten des Patentinhabers normalerweise ein Schaden, der sich auch beziffern lässt. Im Rahmen der Rechtsdurchsetzung hat der Patentinhaber deshalb auch regelmäßig einen Anspruch auf **Schadensersatz**.

6.3 Sanktionen und wirtschaftliches Risiko

Wie in anderen Rechtsgebieten auch, entsteht ein Anspruch auf Schadenersatz nur dann, wenn den Patentverletzer an der begangenen Patentverletzungshandlung ein Verschulden trifft. Das bedeutet jedoch keinesfalls, dass sich ein Patentverletzer einfach so aus der Verantwortung heraushalten könnte, vielleicht sogar mit der Begründung, er hätte ja von dem Schutzrecht gar nichts gewusst! Stattdessen sind die Gerichte in diesem Punkt knallhart: Die Rechtswidrigkeit einer Patentbenutzung indiziert das Verschulden des Benutzers.[90] Punkt. Das bedeutet im Klartext, dass ein Patentverletzer grundsätzlich schuldhaft handelt. Es sei denn, er kann als Beklagter hieb- und stichfest beweisen, dass es ausgerechnet in seinem Fall anders als im Regelfall war. Und das sind sehr, sehr seltene Ausnahmen.

Wie kommt es zu so einer strengen Handhabung der Verschuldensfrage? Dahinter stehen diverse Überlegungen, die sich mit Verkehrs- und Sorgfaltspflichten von Unternehmern beschäftigen. Wer diese missachtet, handelt zumindest fahrlässig und damit schuldhaft. Gewerbetreibende haben sich vor Aufnahme ihrer Tätigkeit nach etwaigen entgegenstehenden Schutzrechten Dritter zu erkundigen. Damit ist nicht nur der Zeitpunkt der Unternehmensgründung gemeint, sondern die Aufnahme einer Tätigkeit bezieht sich auf jedes neue Produkt, das hergestellt oder gehandelt werden soll. Von Gewerbetreibenden wird also erwartet, dass sie sich auf ihrem Tätigkeitsgebiet fortlaufend über die aktuelle Schutzrechtslage informieren. Dabei gilt diese allgemeine Prüfpflicht prinzipiell sowohl für Hersteller als auch für Händler. Lediglich für spezielle Unternehmensgruppen gilt die Prüfpflicht nur eingeschränkt bzw. erst nach einem konkreten Hinweis auf eine mögliche Schutzrechtsverletzung (Spediteure, Frachtführer, Lagerhalter, Sortimenter).

Unternehmerische Verkehrs- und Sorgfaltspflichten

Der unternehmerischen Sorgfaltspflicht wird entsprochen, wenn vor einer beabsichtigten Benutzungshandlung, also zum Beispiel vor der Aufnahme eines bestimmten Herstellungsprozesses oder vor der Aufnahme eines bestimmten Produktes in das Produktportfolio, der sachkundige Rat eines Patentanwaltes oder zumindest eines im Patentrecht erfahrenen Rechtsanwaltes eingeholt wird – und wenn dieser dann zu dem Schluss kommt, dass die geplante Benutzungshandlung definitiv unschädlich ist! Wenn es an dieser Einschätzung aber irgendwelche Zweifel gibt, dann ist die Verwirklichung der rechtlich begutachteten Handlung schon wieder fahrlässig. Ein Agieren im Grenzbereich des rechtlich Zulässigen ist also fahrlässig und

---

[90] BGH GRUR 93, 460 (II7b) *Wandabstreifer*; 77, 250 (III1) *Kunststoffhohlprofil I.*

löst Schadensersatzansprüche aus. Auch hier ist die Rechtsprechung der Gerichte also wieder sehr streng.

Deshalb brauchen Sie für ein Gutachten zur Patentverletzung auch unbedingt einen geeigneten Anwalt! Patentanwälte sind da grundsätzlich eine gute Wahl, da sie speziell für Patentrecht ausgebildet sind. Demgegenüber ist aber nur eine Minderheit von Rechtsanwälten überhaupt technikaffin und somit in der Lage, einen technischen Sachverhalt in der notwendigen Tiefe zu verstehen. Zusätzlich zum technischen Verständnis braucht der Rechtsanwalt dann auch noch einschlägige Praxis in der juristischen Spezialmaterie des Patentrechts – und im normalen Jurastudium spielt Patenrecht überhaupt keine Rolle! Der Gutachter muss von Ihnen sorgfältig ausgewählt sein, sonst hilft Ihnen ein Gutachten nicht, sich zu exkulpieren, also alle Schuld von sich zu weisen, wenn es dann doch schief geht.

Garantierter Zahlungsanspruch

Selbst dann, wenn Schadensersatzansprüche entgegen dem Normalfall nicht greifen sollten, weil kein Verschulden vorliegt, so existiert immer noch ein Anspruch gegen den Patentverletzer wegen ungerechtfertigter Bereicherung. Dieser ist verschuldensunabhängig und garantiert somit aus Sicht des Patentinhabers einen Zahlungsanspruch gegen den Patentverletzer.

Schadensberechnung nach Wahl des Patentinhabers

Der konkrete Schaden, den ein Patentinhaber durch eine Patentverletzung erlitten hat, kann auf drei verschiedene Arten berechnet werden. Welche Art der Schadensermittlung konkret angewendet wird, darf der Patentinhaber frei wählen. Zur Auswahl stehen für ihn folgende Berechnungsarten:

a) der entgangene Gewinn
b) die Lizenzanalogie
c) die Herausgabe des Verletzergewinns

Die verschiedenen Berechnungsarten führen dabei nicht zwangsläufig zum selben Ergebnis. Das wäre nur im Idealfall so, kommt in der Praxis aber nicht vor. Insofern ist die Wahlmöglichkeit für den Patentinhaber von entsprechender Bedeutung. Er wird sich deshalb für die Berechnungsvariante entscheiden, die für ihn das beste Resultat liefert.

Entgangener Gewinn

Bei der Berechnungsart basierend auf dem entgangenen Gewinn erfolgt im Prinzip eine Berechnung des Unternehmensvermögens. Dabei wird eine Differenz zwischen dem Vermögen mit und ohne erlittene Patentverletzung gebildet. Diese Berechnungsart bietet sich zum Beispiel dann an, wenn es durch die Patentverletzung nachweislich zu einem sonst nicht zu erwartenden Umsatzrückgang für ein

6.3 Sanktionen und wirtschaftliches Risiko

Produkt gekommen ist. Dabei muss dann natürlich plausibel dargelegt werden, weshalb der Umsatzrückgang gerade auf die Patentverletzung und nicht auf andere Marktparameter zurückzuführen ist. Auch aufgrund der Patentverletzung eingetretener Preisverfall oder eine ausgebliebene Preissteigerung können so bei der Schadensberechnung mit berücksichtigt werden. Der Nachweis des kausalen Zusammenhangs zwischen Gewinneinbußen einerseits und der Patentverletzung andererseits ist dabei aber nicht immer einfach.

Die Schadensberechnung basierend auf der Lizenzanalogie ist da oftmals leichter durchzuführen. Dabei wird abgeschätzt, was für einen Lizenzsatz vernünftige Parteien für die legale Nutzung des Patentes – in der Regel umsatzbezogen – vereinbart hätten. Es gibt also keinen Strafzuschlag wegen der Verletzungshandlung. Übliche Lizenzsätze unterscheiden sich je nach technischem Gebiet teilweise erheblich voneinander, es gibt aber natürlich entsprechende Erfahrungswerte. Es wird zunächst die fiktive reine Lizenzgebühr errechnet. Hinzu kommen dann noch fiktive Verzugszinsen, die regelmäßig mit 8 Prozentpunkten über dem jeweiligen Basiszinssatz angesetzt werden.

Lizenzanalogie

Die Herausgabe des Verletzergewinns basiert auf einer eingehenden Analyse der betriebswirtschaftlichen Vorgänge im Unternehmen des Patentverletzers. Dabei wird ermittelt, welche Gewinne auf die Patentverletzungshandlungen zurückzuführen sind. Naturgemäß versuchen Patentverletzer bei dieser Art der Schadensberechnung häufig, sich selbst arm zu rechnen und zum Beispiel sämtliche irgendwie in Zusammenhang mit der Patentverletzung stehenden Kosten mit dem erzielten Gewinn zu verrechnen. Angestrebt wurde dabei von Patentverletzern auch eine Gegenrechnung mit Gemeinkosten, also solchen Kosten, die sich typischerweise nicht einem einzelnen Produkt des Unternehmens zuordnen lassen, sondern für Produktion, Vertrieb und Management als Ganzes anfallen. Doch spätestens seit der sog. Gemeinkosten-Entscheidung des BGH[91] ist klar, dass Gemeinkosten vom Verletzergewinn nur insoweit abgezogen werden dürfen, als diese ausnahmsweise den schutzrechtsverletzenden Gegenständen unmittelbar zugerechnet werden können. Eine pauschale prozentuale Berücksichtigung von Gemeinkosten zur Verrechnung mit dem Verletzergewinn ist unzulässig.

Herausgabe des Verletzergewinns

An dieser Stelle beschleicht Sie vielleicht schon ein gewisses Unbehagen. Woher stammen denn all die Angaben, die zur Schadensbe-

Umfassender Auskunftsanspruch

---

[91] BGH GRUR 01, 321 *Gemeinkostenanteil*.

rechnung benötigt werden? Freiwillig wird doch wohl kein Patentverletzer so tiefe Einblicke in seine Unternehmensorganisation bzw. sein Controlling geben! Nun, das ist richtig. Freiwillig wird er das nicht tun. Aber unfreiwillig schon. Der Patentinhaber hat nämlich gegenüber dem Patentverletzer auch einen sehr umfassenden **Auskunftsanspruch**.

Der Auskunftsanspruch zielt auf Auskunft über die Herkunft und den Vertriebsweg von patentverletzenden Produkten. Der Patentverletzer wird in dieser Hinsicht praktisch gläsern. Er muss auf Antrag Auskunft erteilen hinsichtlich folgender Punkte:

- *Namen und Anschriften* von mit der Patentverletzung in Zusammenhang stehenden Personenkreisen: Hersteller, Lieferanten, Vorbesitzer, Nutzer, gewerbliche Abnehmer und Verkaufsstellen
- *Mengenangaben* zu hergestellten, ausgelieferten, erhaltenen oder bestellten Erzeugnissen
- *Preise*, die für die patentverletzenden Produkte (Erzeugnisse oder Dienstleistungen) bezahlt wurden
- *Angebote* aufgeschlüsselt nach Angebotsmengen, -zeiten und -preisen sowie Namen und Anschriften der Angebotsempfänger
- *Werbung*, aufgeschlüsselt nach Werbeträgern, Auflagenhöhe, Verbreitungszeitraum und -gebiet.

Vorlage sensibler Unterlagen Die gemachten Angaben müssen vom Patentverletzer natürlich entsprechend belegt werden. Der Patentverletzer muss also die zugehörigen Einkaufs- und Verkaufsbelege (wie Rechnungen, Lieferscheine, Zollpapiere) vorlegen. Auch die Vorlage von Bank-, Finanz- und Handelsunterlagen kann zur Durchsetzung des Schadensersatzanspruches erzwungen werden, wenn dies erforderlich ist. Hierzu zählen so sensible Dokumente wie Kontoauszüge, Buchführungsunterlagen, Buchungsbelege, Bilanz, Jahres- und Einzelabschluss, Inventar, Handelsbriefe, Kreditverträge, Kosten- und Gewinnkalkulationen.

Dabei ist es zwar nicht so, dass der Patentverletzer alle vertraulichen Informationen dem Patentinhaber persönlich preisgeben muss. Vertrauliche Informationen sind schon schützenswert, aber eben nur soweit, dass das berechtigte Interesse des Patentinhabers zur Durchsetzung seines Schadensersatzanspruches nicht gefährdet oder gar vereitelt wird. In der Praxis werden einzelne sensible und für den Patentinhaber überflüssige Informationen in den Unterlagen durch Schwärzung unkenntlich gemacht. Früher wurden entsprechende Informationen oft nur an unbeteiligte Dritte wie Wirtschaftsprüfer übermittelt. Dieser sog. Wirtschaftsprüfervorbehalt hat aber durch

6.3 Sanktionen und wirtschaftliches Risiko

die gesetzliche Verschärfung des Auskunftsanspruches sehr stark an Bedeutung verloren. In jedem Fall ist der Auskunftsanspruch ein ganz gefährliches Instrumentarium, um allen Spuren nachzugehen und alle wirtschaftlichen Auswirkungen einer Patentverletzung zu ermitteln.

Die drei wichtigsten Ansprüche, mit denen ein Patentinhaber seine Rechte gegen einen Patentverletzer umfassend geltend machen kann, haben wir bereits kennengelernt: den Unterlassungsanspruch, den Schadensersatzanspruch und den Auskunftsanspruch.

Daneben existieren noch weitere Ansprüche von in der Praxis eher nachrangiger Bedeutung, die im Wesentlichen aufgrund der Umsetzung der europäischen Enforcement-Richtlinie[92] in nationales Recht in das Patentgesetz explizit mit aufgenommen wurden. Dazu zählen der Anspruch auf *Vernichtung* oder *Rückruf* von patentverletzenden Gegenständen. Die Vernichtung oder der Rückruf stellen dabei aber so drakonische Maßnahmen dar, dass diese nur nach einer Prüfung auf Verhältnismäßigkeit durchgeführt werden.

Häufiger kommt es zu einer Vernichtung patentverletzender Gegenstände, wenn entsprechende Ware vom Zoll aufgegriffen wird. Die Zollbehörden unterstützen nämlich auf entsprechenden Antrag einen Schutzrechtsinhaber und halten verdächtige Waren auf bzw. zurück.[93] Bekommt der Zoll also einen entsprechenden Tipp, wonach er suchen soll bzw. worauf er bei bestimmten Waren zu achten hat, um eine Schutzrechtverletzung zu erkennen, dann greift er auch ein. Der Schutzrechtsinhaber wird bei einem Treffer sofort informiert. Innerhalb von 10 Tagen kann dann die Vernichtung der Waren erfolgen, wenn a) der Schutzrechtsinhaber überzeugt ist, dass die Waren sein Schutzrecht verletzen und er seine Zustimmung zur Vernichtung schriftlich gegenüber den Zollbehörden erklärt hat und b) der Anmelder oder Besitzer der aufgegriffenen Waren nicht widerspricht. Reagiert der Anmelder oder Besitzer der aufgegriffenen Waren nicht (was bei Produktpiraten durchaus vorkommt), dann wird seine Zustimmung zur Vernichtung fingiert und diese wird prompt durchgezogen! Kommt es hingegen zum Widerspruch gegen die Vernichtung, dann hat der Antragsteller innerhalb von 10 Tagen ein zivilgerichtliches Feststellungsverfahren über die Schutz-

Eingreifen der Zollbehörden

---

[92] Richtlinie 2004/48/EG des Europäischen Parlaments und des Rates vom 29. April 2004 zur Durchsetzung der Rechte des geistigen Eigentums.
[93] Ein entsprechender Antrag kann online bei der Zentralstelle für Gewerblichen Rechtsschutz gestellt werden: www.zgr-online.zoll.de/zgr/login.html

rechtsverletzung einzuleiten, ansonsten verliert er zukünftig die Unterstützung durch den Zoll.

> **Zollbehörden gegen Produkt- und Markenpiraterie**
>
> Die Zollbehörden gehen rigoros gegen Schutzrechtsverletzer vor. Die weitaus größte Bedeutung haben zollamtliche Maßnahmen aktuell im Markenrecht, aber auch Aufgriffe von patentverletzender Ware kommen vor. Produktpiraterie stellt ein ernsthaftes Problem dar, wie die Zahl der Aufgriffe durch den Zoll zeigt:
>
> Die deutschen Zollbehörden wurden 2013 in mehr als 23.000 Fällen tätig und griffen knapp 4 Mio. Artikel auf. Der geschätzte Gesamtwert der aufgegriffenen Waren betrug dabei über 134 Mio. Euro. Aber natürlich wird nicht jeder Produktpirat durch den Zoll dingfest gemacht: Produkt- und Markenpiraterie verursacht in Deutschland deshalb jedes Jahr einen geschätzten Schaden in Milliardenhöhe!

Ebenfalls eine Ergänzung zu den seit langem etablierten Ansprüchen gegen Patentverletzer stellt der Anspruch auf *öffentliche Bekanntmachung* eines Urteils dar. Diese Bekanntmachung erfolgt bei berechtigtem Interesse des sieghaften Patentinhabers. Zweck der öffentlichen Bekanntmachung ist die Abschreckung zukünftiger Verletzer und die Sensibilisierung der breiten Öffentlichkeit für den gesetzlichen Schutz der Rechte geistigen Eigentums.

Besichtigungsanspruch zur Beweissicherung

Von eher verfahrensrechtlicher Relevanz ist der nunmehr ebenfalls gesetzlich verankerte **Besichtigungsanspruch**. Sein Zweck liegt darin, eine nur vermutete Patentverletzung aufzuklären und etwaige Beweise hierfür sichern zu können. Mithilfe des Besichtigungsanspruches können technische Fragestellungen zum möglicherweise patentverletzenden Gegenstand bzw. Verfahren untersucht sowie Nachweise über bestimmte verbotene Benutzungshandlungen erhalten werden. Eine solche Besichtigung erfolgt unangekündigt auf richterlichen Beschluss hin und hat deshalb einen hohen Überraschungseffekt und ist ein sehr effizientes Mittel zur Beweissicherung. Natürlich wird einem Antrag auf Besichtigung nur dann stattgegeben, wenn eine Patentverletzung wahrscheinlich bzw. möglich erscheint und wenn der Patentinhaber dies auch entsprechend darlegt. Das ist aber gar nicht so selten. In der Praxis hat sich der Besichtigungsanspruch im Rahmen eines selbständigen Beweisverfahrens etabliert.

Schließlich sieht das Patentgesetz noch explizite *Strafmaßnahmen* vor, die gegen Patentverletzer verhängt werden können. Hierbei handelt es sich um Freiheitsstrafen oder Geldstrafen. Da Freiheitsstrafen nur gegen natürliche Personen, nicht aber gegen Unternehmen verhängt werden können, wird diese Sanktion in Zusammenhang mit der persönlichen Haftung der Geschäftsleitung im nachfolgenden Kapitel separat erörtert.

6.4 Persönliche Haftung der Geschäftsleitung

Im vorangegangenen Kapitel haben wir uns mit den Rechtsansprüchen beschäftigt, die ein Patentinhaber gegen einen Patentverletzer geltend machen kann. Dabei sind wir zunächst stillschweigend davon ausgegangen, dass es sich sowohl bei dem Patentinhaber als auch bei dem Patentverletzer um Firmen gehandelt hat. Vollkommen klar ist, dass ein Patentinhaber auch eine natürliche Person sein kann. Auch diese Person hat dann natürlich die entsprechenden Rechte zur Durchsetzung ihres Patentes gegen Dritte.

Wie sieht es jetzt aber auf der Verletzerseite aus? Wer kommt alles als Patentverletzer in Betracht? Anders gefragt: Wer haftet alles auf Unterlassung und Schadensersatz? Sind das nur die Firmen? Oder auch die Gesellschafter und/ oder die Geschäftsleitung? Und ist da möglicherweise eine Unterscheidung zu treffen zwischen solchen Unternehmen mit und ohne Haftungsbegrenzung? Wäre das fair?

Beklagter im Patentverletzungsprozess sollte ganz allgemein immer derjenige sein, der die Patentverletzung auch begeht. Die patentierte Erfindung wird also vom Patentverletzer in irgendeiner Weise unberechtigt benutzt. Dieses Benutzen ist eine Aktion, ein tatsächliches Tun, also eine Handlung. Und handeln in diesem Sinne können nur natürliche Personen. Juristische Personen hingegen können nicht selbst handeln, sondern sie handeln durch ihre Organe, also zum Beispiel durch ihre Geschäftsführer (bei der GmbH) oder Vorstände (bei der AG). Diese Organe können also ein Fehlverhalten wie eine Patentverletzung begehen oder ermöglichen.

Vor diesem Hintergrund ist es heutzutage gängige Praxis, dass in einem Patentverletzungsstreit neben dem Unternehmen selbst auch dessen Geschäftsführer persönlich mit verklagt wird. Und dabei spielt es auch überhaupt keine Rolle, in welcher Rechtsform das jeweilige Unternehmen organisiert ist. Insbesondere bietet die Organisationsform der GmbH, deren Haftung auf das Firmenvermögen begrenzt ist, dem Geschäftsführer der GmbH *keinen* Schutz gegen Patentverletzungsklagen.

Geschäftsführerhaftung

Aus Sicht des Klägers und Patentinhabers ist das Bedürfnis, den Geschäftsführer einer GmbH mit zu verklagen, absolut nachvollziehbar. Es gibt in Deutschland über 500.000 GmbHs. In ganz vielen Fällen ist der Geschäftsführer der GmbH auch Gesellschafter der GmbH und damit der eigentliche wirtschaftliche Profiteur. Wenn man nun nur eine Klage gegen die GmbH zuließe, könnte man der wirtschaftlichen Durchschlagskraft der Klage sehr einfach die Grundlage dadurch entziehen, dass der Geschäftsführer der verklagten GmbH mit seinen patentverletzenden Aktivitäten auf eine andere GmbH ausweicht. Ist er hingegen persönlich mit verklagt, so entfällt diese Umgehungsmöglichkeit.

Natürlich gibt es auch den Fall, dass sich eine GmbH in einer wirtschaftlichen Schieflage befindet, der Geschäftsführer der GmbH aber über ein nicht unwesentliches Vermögen verfügt. Insofern ist der Geschäftsführer für einen Patentverletzungskläger ein interessanter Kandidat als Beklagter für Schadensersatzforderungen. Auch wenn festzuhalten bleibt, dass natürlich längst nicht alle GmbHs sehr hohe Gehälter an ihre Geschäftsführer zahlen bzw. zahlen können.

Schließlich hat die von den Gerichten praktizierte persönliche Mithaftung der Geschäftsführer auch eine überzeugende Präventionswirkung – wer sich der Gefahr der persönlichen Haftung bewusst ist, wird sich umsichtiger verhalten und nach Möglichkeit alles in seiner Macht stehende tun, um Patentverletzungen durch die GmbH zu unterbinden bzw. es gar nicht erst soweit kommen zu lassen.

Haftungsumfang der Geschäftsleitung Wie weit reicht nun die Haftung der Geschäftsleitung im Einzelfall? Geht sie genauso weit wie die Haftung des zugehörigen Unternehmens? Diese Frage lässt sich pauschal nicht eindeutig beantworten. In jedem Fall haftet ein Geschäftsführer auf Unterlassung, in vielen Fällen auch vollumfänglich auf Schadensersatz. Die Gesellschaft und ihr Geschäftsführer haften dann als Gesamtschuldner. Das bedeutet, dass sich der Kläger im ihn betreffenden Außenverhältnis aussuchen kann, von wem er die ihm zustehenden Ansprüche befriedigen lässt, wer also zunächst einmal an ihn zahlen muss. Gezahlt wird dabei der zugesprochene Schadensersatz nur einmal. Der Patentverletzungskläger kann also den Schadenersatz nicht mehrfach von jedem der Beklagten verlangen.

Getrennt vom Außenverhältnis ist das sog. Innenverhältnis der Gesamtschuldner untereinander zu betrachten. Im Innenverhältnis müssen die Gesellschaft und der Geschäftsführer die individuellen Zahlungsverpflichtungen selbst klären bzw. ausgleichen. Da-

6.4 Persönliche Haftung der Geschäftsleitung

bei kann unter anderem der jeweilige Verschuldensgrad, der zu der Schadensersatzhaftung geführt hat, eine Rolle spielen. Bei nur leichter Fahrlässigkeit des Geschäftsführers werden die Ansprüche untereinander möglicherweise anders zu bewerten sein als bei grob fahrlässigem Verhalten. Auch vertragliche Vereinbarungen zwischen den Gesamtschuldnern, also zum Beispiel konkrete Regelungen im Geschäftsführungsvertrag, können eine Rolle spielen.

Bei der Frage, ob ein Geschäftsführer auch persönlich auf Schadensersatz haftet, muss die Rolle des Geschäftsführers bei der Patentverletzung in jedem Fall eingehend untersucht und bewertet werden. Trifft er selbst Entscheidungen, die zur Patentverletzung führen, haftet er nicht nur auf Unterlassung, sondern auch auf Schadensersatz. So ein Fall ist eindeutig.

Aber auch dann, wenn der Geschäftsführer *nicht* selbst handelt, ist er nicht automatisch frei von jeder Haftung auf Schadensersatz! Das betrifft all die Fälle, in denen der Geschäftsführer die Pflicht zum Handeln hatte, ihm durch seine Funktion als Geschäftsführer also eine Garantenstellung zukommt.[94] Als Alleingeschäftsführer muss er zum Beispiel dafür sorgen, dass er oder eine von ihm damit beauftragte andere Person die Schutzrechte Dritter auf dem entsprechenden Technologiegebiet regelmäßig überprüft, um Patentverletzungen bestmöglich auszuschließen. Macht er das nicht, so ist er bei Patentverletzung auch persönlich zum Schadensersatz verpflichtet.[95]

Argumentationsspielraum gibt es aber in solchen Fällen, in denen die Geschäftsleitung aus mehreren Personen besteht, die aufgabenteilig arbeiten. Dann ist zunächst erst einmal nur derjenige Geschäftsführer im Falle eines Falles schadensersatzpflichtig, in dessen Aufgabengebiet gewerbliche Schutzrechte fallen. Aber es sieht schon dann anders aus, wenn nicht nur der zuständige Geschäftsführer, sondern auch der an sich nicht zuständige Geschäftsführer im Vorfeld einer Patentverletzungsklage abgemahnt wird. Spätestens dann hat nämlich auch der an sich unzuständige Geschäftsführer positive Kenntnis von der möglichen Patentverletzung und ist dazu verpflichtet, diese für die Zukunft zu unterbinden. Und er haftet ab diesem Zeitpunkt seiner persönlichen Kenntnis von der Patentverletzungsangelegenheit auch auf Schadensersatz. Auf diese Weise kann also auch ein an sich unzuständiger Geschäftsführer für eine Klage mit ins Haftungsboot geholt werden.

---

[94] I ZR 224/12 – BGH GRUR 2014, 883 – Geschäftsführerhaftung.
[95] Vgl. auch Kühnen/Geschke: Die Durchsetzung von Patenten in der Praxis, 3. Auflage 2008, Rn 354.

6. Wissen, was verboten ist

Haftung von leitenden Angestellten

Führt man den Gedanken der Haftung des eigentlich Handelnden und Agierenden konsequent weiter fort, so kommt man unweigerlich zu der Frage, mit welcher persönlichen Haftung sich leitende Angestellte bei Patentverletzungsklagen konfrontiert sehen können. In Betracht kommen zum Beispiel Vertriebsleiter oder Einkaufsleiter, die eine Entscheidung über den Ein- oder Verkauf patentverletzender Waren treffen oder diese Fehlentscheidung verhindern können. Denkbar ist auch eine Haftung von Entwicklungsleitern oder Produktionsleitern, wenn diese die Kompetenz haben zu entscheiden, mit welchen Merkmalen ein Produkt hergestellt wird. Diese Entscheidungskompetenz schlägt unmittelbar durch auf eine Einstufung des Produktes als patentverletzend oder nicht.

Tatsache ist, dass es höchstrichterliche Entscheidungen auf dem Gebiet des gewerblichen Rechtsschutzes *gibt*, in denen auch leitende Angestellte (Vertriebsleiter) vom Schutzrechtsinhaber mit verklagt wurden – und wobei die Pflicht zum Schadensersatz als Gesamtschuldner zusammen mit der Firma und der Geschäftsführung durch das Gericht festgestellt wurde.[96] Auch die Landgerichte Mannheim[97] und Düsseldorf[98] mit ihren jeweiligen Patentstreitkammern gehen ganz selbstverständlich davon aus, dass auch leitende Angestellte als Täter bei einer Patentverletzung in Betracht kommen – und deshalb natürlich auch persönlich auf Schadensersatz mit haften.

Freiheitsstrafen und Geldstrafen

Schließlich möchte ich Sie in Ihrem persönlichen Interesse noch auf eine in der derzeitigen Praxis zwar unbedeutende, aber dennoch existierende Strafvorschrift in Zusammenhang mit Patentverletzung aufmerksam machen: Vorsätzliche Patentverletzung kann nämlich in Deutschland auch mit einer Freiheitsstrafe von bis zu drei Jahren – bei gewerbsmäßigem Handeln bis zu fünf Jahren – oder mit Geldstrafe bestraft werden. Klar ist unmittelbar, dass eine Freiheitsstrafe nur an natürlichen Personen vollzogen werden kann – bei juristischen Personen ist sie an deren Vertretern und Organen zu vollziehen.

Einleitung von Strafverfahren

Die oben beschriebenen Ansprüche wegen Patentverletzung werden rein zivilrechtlich durchgesetzt. Es handelt sich dabei um normale zweiseitige Klageverfahren zwischen dem Patentinhaber[99] und dem Patentverletzer. Es gibt in unserem Rechtssystem aber nicht nur das

---

[96] I ZR 277/00 – BGH GRUR 2003, 900 – Feststellungsinteresse III (Urheberrechtsverletzung durch unerlaubte Vervielfältigung von Computerprogrammen).
[97] LG Mannheim, InstGE 7, 14 – Halbleiterbaugruppe.
[98] Kühnen/Geschke: Die Durchsetzung von Patenten in der Praxis, 3. Auflage 2008, Rn 354. Thomas Kühnen ist Vorsitzender Richter am Landgericht Düsseldorf.
[99] In einigen Fallkonstellationen kann auch ein Lizenznehmer klagebefugt sein.

6.4 Persönliche Haftung der Geschäftsleitung

Zivilverfahren, sondern auch das Strafverfahren. Ziel eines Strafverfahrens ist die Durchsetzung eines Strafanspruches.

Eine Patentverletzung wird strafrechtlich gemeinhin nur auf Antrag verfolgt, es sei denn, es existiert ein besonderes öffentliches Interesse, sodass ein Einschreiten der Strafverfolgungsbehörden von Amts wegen geboten erscheint. Bei Einleitung des Strafverfahrens auf Antrag kann der Strafantrag auch wieder zurückgenommen werden und das Verfahren wird dann eingestellt. Bis dahin allerdings sind die Strafverfolgungsbehörden sehr umtriebig und effizient beim Zusammentragen von Beweismaterial hinsichtlich Patentverletzung. Insofern ist es für manchen Kläger tatsächlich eine Option, parallel zur Zivilklage auch noch Strafantrag zu stellen.

> **Zusammenfassung**
>
> Die persönliche Haftung aller Entscheider, die eine Patentverletzung letztlich zu verantworten haben, reicht sehr weit. Top-Entscheider haften nicht nur für das Unterlassen von Patentverletzung, sondern sie haften nicht selten vollumfänglich zusammen mit der Gesellschaft als Gesamtschuldner auf Schadensersatz. Deshalb ist jeder Geschäftsführer, ja selbst jeder leitende Angestellte, gut beraten, sich rechtzeitig mit der Problematik von Schutzrechtsverletzungen auseinanderzusetzen. Das liegt nicht nur im unternehmerischen, sondern in seinem ureigenen Interesse.

7

Wissen, wem die Erfindung gehört: Arbeitnehmererfinder und Kooperationspartner

7.1 Arbeitnehmererfindungen und deren Vergütung

Dieser Abschnitt beschäftigt sich mit der an sich schlichten Frage, wem ein Patent denn nun eigentlich gehört. Die Frage nach der rechtmäßigen Inhaberschaft ist überaus wichtig, denn der Inhaber eines Patentes darf aus seinem Schutzrecht den wirtschaftlichen Nutzen ziehen. Der Inhaber allein ist berechtigt zu entscheiden, ob jemand außer ihm selbst die geschützte Erfindung gegebenenfalls gegen Lizenzzahlung verwenden darf oder nicht. Das Patent stellt also für seinen Inhaber einen wertvollen Besitz dar.

Wie wird jemand nun Inhaber an einem Schutzrecht? Ist es völlig egal, wer konkret eine Erfindung zum Patent anmeldet – darf das vielleicht jedermann einfach tun? Jedermann darf das sicher nicht, denn sonst wäre auch Erfindungsdiebstahl Tür und Tor geöffnet. Deshalb gilt im europäischen Patentrecht der Grundsatz, dass originär dem Erfinder das Recht auf das Patent zusteht. Im Normalfall, den das EPÜ explizit regelt, darf also zunächst der Erfinder für die von ihm gemachte Erfindung eine Patentanmeldung tätigen.

Wem steht das Recht auf ein Patent zu?

Nun ist es aber so, dass die allermeisten Patentanmeldungen von *Firmen* und nicht von *Privatpersonen* getätigt werden. Anmelder bzw. Inhaber ist dann offiziell die Firma. Eine Firma ist aber ein rechtliches Konstrukt und kann selbst kein Erfinder sein. Sie beschäftigt Arbeitnehmer, die Erfindungen machen können. Wenn also eine Firma rechtmäßig Patentinhaberin ist, dann muss vor der Patentanmeldung noch etwas passiert sein, damit das Recht auf das Patent vom Erfinder auf die Firma übergegangen ist. Diesen Prozess nennt man juristisch *Rechtsübergang* oder *Rechtsnachfolge*. Eine Firma kann also Rechtsnachfolgerin des Erfinders werden und deshalb berechtigt sein, die Erfindung zum Patent anzumelden.

Nun kann aber eine Firma nicht problemlos wirtschaften, wenn jeder Arbeitnehmer bei der Anmeldung seiner Erfindungen zum Patent so weitgehende Rechte besäße, dass der Arbeitgeber in dieser Hinsicht vom Erfinder vollkommen abhängig wäre. Stellen Sie sich nur mal vor, ein angestellter Erfinder in ihrer Firma, den Sie für seine F&E-Tätigkeit auch noch jahrelang gut bezahlt haben, damit er überhaupt Erfindungen machen kann, könnte nach gemachter Erfindung einfach sein Veto gegen die Patentanmeldung durch die Firma einlegen! Und danach kündigt er am besten noch und geht direkt zur Konkurrenz! Wäre ein solches Verhalten von Arbeitnehmern zulässig, dann würde dies sinnvolle Patentanmeldeaktivitäten wirtschaftlicher Player komplett aushebeln. Und das ist natürlich nicht im Interesse eines starken Wirtschaftsstandortes.

Stattdessen dient es unternehmerischen Interessen, dass Firmen die Arbeitsergebnisse ihrer Arbeitnehmer auch wirtschaftlich verwerten können. Das muss möglich und der Regelfall sein, ansonsten funktioniert Wirtschaften nicht. Eine Firma oder Forschungsinstitution muss also Erfindungen Ihrer Beschäftigten nutzen und deshalb auch zum Patent anmelden können. Das, was arbeitsrechtlich notwendig und sinnvoll erscheint, beißt sich also mit den patentrechtlichen Vorschriften, die das Recht des Erfinders betonen.

Nationale Unterschiede bei Arbeitnehmererfindungen

Zum Ausgleich zwischen diesen beiden Interessenpolen hat der deutsche Gesetzgeber das Recht über Arbeitnehmererfindungen ersonnen. In Österreich finden sich die entsprechenden Regelungen direkt im Patentgesetz. In der Schweiz gehen zunächst einmal die Regelungen aus dem Arbeitsvertrag gesetzlichen Regelungen vor. Die nationalen Regelungen unterscheiden sich teilweise erheblich voneinander. Im Ergebnis kann es deshalb hinsichtlich der Patentrechtslage – also der Frage, wem das Patent wirklich gehört – von entscheidender Bedeutung sein, nach welchem nationalen Recht ein Arbeitsvertrag verfasst ist!

Deutsches Arbeitnehmererfindungsrecht

Das deutsche Arbeitnehmererfindungsrecht regelt die umfangreichen gegenseitigen Pflichten von Arbeitnehmern und Arbeitgebern in Hinblick auf Erfindungen, die während eines Beschäftigungsverhältnisses gemacht wurden. Es gilt für die Privatwirtschaft genauso wie für den öffentlichen Dienst.[100] Viele dieser Rechtsvorschriften sind sehr streng und müssen zwingend eingehalten werden. Grundsätzlich ist es dabei so, dass ein Arbeitnehmererfinder die von ihm gemachte Diensterfindung dem Arbeitgeber unverzüglich melden muss. Er darf seine technische Idee nicht einfach für sich behalten oder gar bei sich im Schreibtisch liegen lassen, da ansonsten das Unternehmen unter Umständen wirtschaftliche Nachteile erleiden könnte (z. B. Prioritätsverlust, d. h. ein Konkurrent könnte schneller sein und das Monopolrecht erwerben).

Inanspruchnahme einer Erfindung

Der Arbeitgeber muss dann abwägen, ob er ein Interesse daran hat, die gemeldete Erfindung wirtschaftlich zu verwerten. Er kann sich zum Beispiel überlegen, die Erfindung in seiner Firma selbst einzu-

---

[100] Das Recht über Arbeitnehmererfindungen gilt auch für Beamte, wobei es für den Bereich von Hochschulerfindungen noch einige Sonderregelungen im Gesetz gibt. Das vormals sehr weitgehende Hochschullehrerprivileg wurde allerdings mit der letzten Gesetzesnovelle in seiner bisherigen Form aufgehoben.

7.1 Arbeitnehmererfindungen und deren Vergütung

setzen, sie zu lizenzieren oder die Ausübung der Erfindung nur seiner Konkurrenz zu verbieten (sog. Sperrpatent). Wenn die Erfindung irgendwie für den Arbeitgeber interessant ist, kann er gegenüber dem Erfinder anzeigen, dass er sich in den Erfindungsbesitz versetzen möchte. Die Erklärung, die der Arbeitgeber dem Erfinder gegenüber dann abgeben kann, nennt man *Inanspruchnahme einer Erfindung*. Dem Arbeitgeber gehört dann also die Erfindung und er verfügt dann auch als Rechtsnachfolger des Erfinders über das Recht auf das Patent bei Patentanmeldungen. Andernfalls wird die Erfindung *frei* und der Arbeitnehmer kann die Erfindung selbst zum Patent anmelden.

Der Arbeitgeber kann nicht nur, er *muss* sogar eine ihm gemeldete Erfindung in Deutschland zum Patent anmelden. Die Pflicht des Arbeitgebers zur Schutzrechtsanmeldung entfällt nur dann, wenn er die Erfindung nicht in Anspruch nimmt, der Arbeitnehmer der Nichtanmeldung (im konkreten Fall!) explizit zustimmt oder wenn ein Betriebsgeheimnis vorliegt. Bei Vorliegen eines Betriebsgeheimnisses muss der Arbeitgeber dann allerdings gegenüber dem Erfinder die Schutzfähigkeit der Erfindung anerkennen. **Pflicht zur Patentanmeldung**

Die Inanspruchnahme der Erfindung durch den Arbeitgeber verpflichtet diesen zur Zahlung einer angemessenen Erfindervergütung an den Arbeitnehmer. Auch bei Erfindungen, die als Betriebsgeheimnisse eingestuft werden und deshalb nicht zum Patent angemeldet werden, erfolgt eine Vergütung. Der Arbeitnehmer wird also im Ausgleich für seine Kreativität und Schaffenskraft vom Arbeitgeber am wirtschaftlichen Nutzen der Erfindung in angemessener Höhe beteiligt. Das ist die Gegenleistung dafür, dass es dem Erfinder selbst durch die quasi zwangsweise erfolgte Übertragung seiner Erfindung an den Arbeitgeber verwehrt ist, die Erfindung wirtschaftlich selbst auszuschöpfen. **Erfindervergütung**

Wie wichtig es ist, dass eine Übertragung der Erfindung vom Erfinder auf den Arbeitgeber korrekt erfolgt, zeigt der folgende Beispielfall:

> **Praxisbeispiel: „Alles meins" oder wem die Erfindung gehört**
>
> Die sympathische und engagierte Frau Fuchs arbeitet als technische Entwicklerin bei der GasAlarm GmbH in Deutschland und beschäftigt sich mit der Entwicklung von digitalen Gaswarngeräten. So ein Gaswarngerät dient zur Überwachung von bestimmten Gaskonzentrationen in der Luft. Es kann vor giftigen oder explosiven Gasen warnen. Technisch kommen dabei je nach Anwendungsbereich bestimmt Sensoren zum Einsatz, die auf optischer, elektrochemischer oder katalytischer Basis arbeiten.
>
> Im August 2009 kommt Frau Fuchs gut gelaunt aus ihrem Versuchslabor und berichtet ihrem Chef von einer technischen Idee, die sie gerade

erfolgreich im Labor getestet hat. Ihr Chef lässt sich die Sache genauer erklären und bittet Frau Fuchs, die Idee der Erfindung auch noch einmal für die Geschäftsleitung schriftlich zu fixieren. Frau Fuchs macht sich sogleich an die Arbeit und noch in derselben Woche übergibt sie die von ihr schriftlich ausgearbeitete und unterschriebene Erfindungsmeldung persönlich an den Geschäftsführer Herrn Hell. Der ist auch gleich auf Anhieb interessiert und verspricht, sich die Sache bald genauer anzusehen. Zwei Monate später schreibt Herr Hell an Frau Fuchs eine E-Mail. Darin erklärt er ihr zu ihrer Freude, dass er die Erfindung nunmehr für die GasAlarm GmbH in Anspruch nehmen möchte. Daraufhin wird eine Patentanmeldung ausgearbeitet und von der GasAlarm GmbH beim Deutschen Patent- und Markenamt eingereicht. Frau Fuchs wird dabei als Erfinderin genannt. Die GasAlarm GmbH beginnt auch damit, die Erfindung zu verwerten. Frau Fuchs freut sich auch schon auf die ihr in Aussicht gestellte Erfindervergütung am Jahresende.

Jedenfalls freut sie sich darauf bis zum Ausscheiden von Herrn Hell aus der Geschäftsleitung. Danach weht in der ganzen Firma ein anderer Wind. Frau Fuchs erhält keine Erfindervergütung und wertgeschätzt fühlt sie sich auch nicht mehr. Deshalb wechselt sie in der darauffolgenden Zeit den Arbeitgeber. Auf die ihr zustehende Erfindervergütung durch ihren alten Arbeitgeber möchte sie aber natürlich nicht verzichten. Sie weiß von einem Bekannten, dass man die Erfindervergütung auch nach Beendigung des Dienstverhältnisses erhält. Und jetzt, da sie nicht mehr jeden Tag dem Nachfolger von Herrn Hell, Herrn Finster, gegenübertreten muss, ist sie auch bereit, dieses ihr zustehende Recht notfalls einzuklagen.

Frau Fuchs konsultiert die ihr empfohlene Anwältin Listig. Diese rät Frau Fuchs zu einer ganz bestimmten Strategie. Vor der zunächst von beiden Parteien konsultierten Schiedsstelle zeigt sich Herr Finster von seiner finstersten Seite, sodass es schließlich zur Klageerhebung durch Frau Fuchs vor dem Landgericht Karlsruhe kommt. Dort fordert Anwältin Listig für Ihre Mandantin nun nicht einfach die Zahlung von Erfindervergütung, und zwar auch nach der Beendigung des Arbeitsverhältnisses, oh nein! Anwältin Listig fordert vor Gericht die Übertragung des zwischenzeitlich erteilten Patentes von der GasAlarm GmbH an Frau Fuchs sowie Schadensersatz!

Wie würden Sie in diesem Fall entscheiden? Wem gehört Ihrer Meinung nach das Patent? Ich kann gut verstehen, wenn Sie auf die GasAlarm GmbH tippen – gleichwohl aber auch dafür plädieren, dass die Firma an Frau Fuchs auch nach ihrem Ausscheiden weiterhin Erfindervergütung zahlen muss. Das erscheint doch ziemlich gerecht. Aber wie ist die Rechtslage wirklich? Sie werden staunen!

Vor dem Landgericht unterliegt die Arbeitnehmerin zunächst, aber vor dem Oberlandesgericht Karlsruhe bekommt Frau Fuchs schließlich Recht und wird kurz darauf Inhaberin des Patentes für das digitale Gaswarngerät![101] Zusätzlich erhält sie eine Geldsumme zugesprochen.

---

[101] In Anlehnung an OLG Karlsruhe 13.07.1983 GRUR 1984, 42 ff. – Digitales Gaswarngerät.

7.1 Arbeitnehmererfindungen und deren Vergütung

Außerdem beschließt Frau Fuchs, nur ihrem neuen Arbeitgeber eine ausschließliche Lizenz an ihrem Patent einzuräumen. Ihrer alten Firma, der GasAlarm GmbH, verbietet sie hingegen ab sofort die weitere Nutzung des Patentes. Sie ist zwar von Natur aus nicht nachtragend, aber was zu viel war, war zu viel. Also muss die GasAlarm GmbH die Produktion der patentgemäßen Gaswarngeräte mit sofortiger Wirkung einstellen.

Sind Sie schockiert? Ich kann das gut nachempfinden! Was um alles in der Welt ist denn da bloß passiert? Da muss ja wohl etwas so richtig schief gelaufen sein bei der Übertragung des Rechts an der Erfindung von Frau Fuchs auf die GasAlarm GmbH!? Dabei schienen sich doch alle einig gewesen zu sein, dass dem Arbeitgeber die Erfindung gehört! Und Frau Fuchs hatte ja auch bei der Ausarbeitung der Patentanmeldung für die GasAlarm GmbH noch mitgeholfen! Wie kann sie denn jetzt behaupten, das Patent gehöre in Wirklichkeit ihr?

Der Haken an der Sache ist, dass die Inanspruchnahme der von Frau Fuchs im August 2009 gemeldeten Erfindung durch den Arbeitgeber nicht korrekt vonstattengegangen war. Der Geschäftsführer Herr Hell hatte nur eine E-Mail an Frau Fuchs verfasst. Eine E-Mail entsprach aber nicht dem seinerzeit gesetzlich geforderten Schriftformerfordernis, sondern nur der Textform. Es fehlt bei einer E-Mail die eigenhändige Unterschrift. Wenn aber im Gesetz ein Formerfordernis vorgesehen ist, so muss es auch eingehalten werden, ansonsten ist ein so getätigtes Rechtsgeschäft *nichtig*.[102] Da hat ein Gericht bei der Beurteilung gar keinen Spielraum!

In unserem Fall bedeutet das, dass durch die E-Mail keine Inanspruchnahme der Erfindung durch den Arbeitgeber erfolgt ist. Deshalb ist die Erfindung nach Verstreichen der viermonatigen Inanspruchnahmefrist frei geworden und gehört somit rechtmäßig Frau Fuchs! Eine andere vertragliche Übertragungserklärung von Frau Fuchs an ihren Arbeitgeber gab es auch nicht. Somit war der Fall für das Gericht klar. Die Umschreibung des Patentes auf Frau Fuchs und die Schadensersatzzahlung waren dann nur die logischen Konsequenzen.

Was ich Ihnen anhand des obigen Beispielfalles nahebringen möchte, ist Folgendes: Arbeitnehmererfindungsrecht ist ein Rechtsgebiet, das viele unverhoffte, teils gefährliche Fußangeln für den Arbeitgeber bereithält. Der Schutz des Arbeitnehmers bzw. sein Recht als Erfinder reicht sehr weit. Wenn die Inanspruchnahme einer Erfindung durch den Arbeitgeber nicht korrekt erfolgt, dann kann das sehr unangenehme, ja sogar katastrophale Auswirkungen in der Zukunft haben.

Gefährliche Fußangeln für Arbeitgeber

Das leidige *Schriftformerfordernis*[103] bei der Inanspruchnahme einer Erfindung durch den Arbeitgeber innerhalb der viermonatigen Frist nach Erfindungsmeldung hat der deutsche Gesetzgeber übrigens mit Wirkung für ab dem 1.10.2009 gemeldete Diensterfindungen abge-

Textform genügt neuerdings bei Inanspruchnahme einer Erfindung

---

[102] Siehe § 125 BGB.
[103] Schriftform bedeutet Text inklusive eigenhändiger Unterschrift.

schafft. Es kam einfach zu oft vor, dass sich im Streitfall vor Gericht nicht die Firma, sondern der Arbeitnehmererfinder als rechtmäßiger Eigentümer eines Patentes entpuppte. Heutzutage reicht deshalb die *Textform*[104] für eine wirksame Inanspruchnahme aus. Außerdem wird nach der Gesetzesänderung das Eigentumsrecht bei Fehlen jeder Erklärung zur Inanspruchnahme neu geregelt. Nach neuem Recht wird die Inanspruchnahme fingiert, nach altem Recht hingegen wurde dann vom Freiwerden der Erfindung ausgegangen. Allerdings werden mit der (fingierten) Inanspruchnahme durch den untätigen Arbeitgeber weitere Pflichten des Arbeitgebers ausgelöst, denen dieser sich vielleicht gar nicht bewusst ist. Es wird also nicht alles automatisch einfacher und ungefährlicher aus Arbeitgebersicht.

Außerdem gibt es zukünftig garantiert noch diverse Altfälle, die von den Gerichten nach dem alten Recht zu beurteilen sein werden – zumal Eigentumsstreitfragen oft erst einige Zeit nach der Patentanmeldung und oft sogar erst nach dem Ausscheiden eines Arbeitnehmers aus dem Unternehmen ausgefochten werden. Das alte Arbeitnehmererfindungsrecht wird uns deshalb definitiv noch einige Jahre beschäftigen.

Situation in Östereich

Übrigens: In Österreich gilt auch nach aktuellem Patentgesetz, dass eine Diensterfindung beim Dienstnehmer (Arbeitnehmer) verbleibt, wenn der Dienstgeber (Arbeitgeber) die viermonatige Inanspruchnahmefrist ohne jedwede Erklärung verstreichen lässt.

Weitreichende Pflichten des Arbeitgebers

Es gibt im Pflichtenverhältnis von Arbeitnehmern und Arbeitgebern noch etliche weitere Punkte, die bei Nichtbeachtung zu berechtigten Schadensersatzforderungen von Arbeitnehmern führen können. Der Grund liegt in den recht weitreichenden Rechten von Arbeitnehmern, sofern sie Patente betreffen. Ein wichtiger Punkt betrifft das Fallenlassen von Schutzrechten durch die Firma. Bevor die Firma Patente untergehen lässt, muss sie die betreffenden Schutzrechte dem Arbeitnehmer zur Übernahme anbieten.

Auch Schutzrechtsanmeldungen im Ausland bergen Stolperfallen. Natürlich darf ein Arbeitgeber auch Auslandsnachanmeldungen von Patentanmeldungen tätigen. In den Ländern allerdings, in denen er keine Nachanmeldungen plant, muss er dafür Sorge tragen, dass der Arbeitnehmererfinder zumindest theoretisch die Chance hat, dort selbst auf eigene Kosten Auslandsnachanmeldungen einzureichen. Und natürlich darf der Arbeitgeber auch Auslandsnachanmeldungen nicht einfach so untergehen lassen, ohne an den Erfinder zu

---

[104] Bei der Textform ist die eigenhändige Unterschrift nicht erforderlich.

Hause zu denken! Für diese Anbietungs- und Fürsorgepflichten des Arbeitgebers existieren feste Fristen. Bei Nichtbeachtung oder Fristversäumnis setzt sich ein Arbeitgeber Schadensersatzansprüchen durch seine Mitarbeiter aus. Es lohnt sich also in jedem Fall, in einem Unternehmen ein professionelles Management von Erfindungsmeldungen zu etablieren.

Lassen Sie mich nun noch ein paar grundsätzliche Dinge zum Thema Erfindervergütung erklären. Diese Vergütung ist wie gesagt gesetzlich vorgeschrieben. Grundsätzlich orientiert sich ihre Höhe an individuellen Faktoren sowie an dem monetären Wert, den die betreffende Erfindung für das Unternehmen hat. Einfluss auf den sog. Anteilsfaktor haben die Stellung des Erfinders im Betrieb und die Einstufung von Aufgabenstellung und erfinderischer Lösung. Oft wird die Erfindervergütung sodann umsatzbezogen errechnet. Die Abrechnung mit dem Erfinder erfolgt in der Regel kalenderjährlich.

Erfindervergütung

Manchen Unternehmen ist diese Art der Abrechnung, die gegebenenfalls mit Einsichtnahme des Erfinders in die Geschäftsbücher verbunden ist, zu umständlich und aufwendig. Es wird deshalb – besonders häufig im Rahmen von Incentive Systemen – die Zahlung einer Pauschalvergütung vereinbart. Eine solche pauschale Vereinbarung ist rechtlich zulässig – aber erst *nach* erfolgter Erfindungsmeldung, nicht im Vorfeld. Dadurch soll sichergestellt werden, dass der Erfinder bei wirtschaftlich besonders wertvollen Erfindungen nicht über den Tisch gezogen wird. Er muss erst überblicken können, was er da denn tatsächlich erfunden hat und welchen wirtschaftlichen Nutzen die Erfindung der Firma voraussichtlich bietet.

Die Höhe von real gezahlten Erfindungsvergütungen schwankt. Bei vielen Firmen dürfte sie sich bei Einmalzahlungen in der Höhe von 200 € bis 800 € bewegen. Sollte sich das im Nachhinein als zu gering bzw. als *in erheblichem Maße unbillig* herausstellen, erfolgt eine Korrektur bzw. Nachzahlung. Auch andere Formalpflichten kann sich ein Erfinder vom Arbeitgeber nach der Erfindungsmeldung abkaufen lassen, so zum Beispiel die Pflicht des Arbeitgebers zur Schutzrechtsanmeldung, zur Freigabe von Auslandsanmeldungen oder zum Anbieten von Schutzrechtspositionen vor deren Fallenlassen.

Höhe der Erfindervergütung

> **Praxisbeispiel: Erfindervergütung – die blaue LED**
>
> Die Möglichkeit bzw. Verpflichtung zur Korrektur bei zu niedrigen Zahlungen kann sehr wichtig sein, wie der folgende Fall, den Sie vielleicht aus der Presse kennen, illustriert. Der japanische Nichia-Elektronikkonzern hält wertvolle Patente in Zusammenhang mit der Herstellung blauer LEDs. Diese blauen Leuchtdioden ermöglichten endlich die ersehnte

Herstellung extrem weißer und energiesparender LEDs, wie wir sie heute in vielen Anwendungen zuhauf finden (Prinzip der Farbmischung). 1993 gewann das besagte japanische Unternehmen den internationalen Wettlauf um die diesen Anwendungen zugrunde liegende Technologie und brachte die erste blaue Leuchtdiode aus Galliumnitrid auf den Markt. Die weitere Entwicklung verlief rasant. Einige Jahre später brachte es das Unternehmen dann bereits auf einen geschätzten Jahresumsatz von etwa 400 Mio. Euro, der auf die Erfindung zurückzuführen war.

Der geniale Erfinder der blauen LED war ein Arbeitnehmer. Seine Firma zahlte ihm für die Erfindung umgerechnet etwa 150 Euro. Viel zu wenig, wie er fand, und er verklagte seinen ehemaligen Arbeitgeber auf Zahlung von umgerechnet etwa 14 Millionen Euro als Kompensation für seinen Beitrag an der Erfolgsgeschichte des Unternehmens. Es kam zu einem erbitterten Rechtsstreit, die Sache ging durch die japanischen Instanzen und endete mit einem Vergleich: Dem Ex-Arbeitnehmer und heutigem Professor wurden umgerechnet etwa 6 Mio. Euro als Kompensation gezahlt. Sein Name? Shuji Nakamura. Zusammen mit Hiroshi Amano und Isamu Akasaki erhielt er 2014 den Nobelpreis für Physik.

7.2 Die gestohlene Erfindung

Kommen wir nun zu einem sehr unschönen Kapitel – dem der gestohlenen Erfindung. Unter einem Erfindungsdiebstahl versteht man im Allgemeinen das unrechtmäßige Entwenden von technischer Information mit Erfindungscharakter. Die entwendete technische Information hat also für ihren ursprünglichen Besitzer einen besonderen Wert und nicht selten wurde für den Erkenntnisgewinn auch durch ein Unternehmen entsprechend investiert – sei es durch die Beschäftigung speziell qualifizierter Mitarbeiter, durch eine entsprechende Laborausstattung etc.

Erfindungsdiebstahl Wie kommt es nun in der Praxis zu einem Erfindungsdiebstahl? Zum einen kann sich ein Unternehmen ganz gezielten Spionageaktivitäten Dritter ausgesetzt sehen.[105] Des Weiteren ist es natürlich möglich, dass Mitarbeiter absichtlich sensible Informationen aus dem Unternehmen entwenden und diese entweder selbst verwerten wollen (beispielsweise bei Gründung eines eigenen Geschäftsbetriebs) oder sie an Dritte weitergeben, z. B. an die unmittelbare Konkurrenz. Einfache Arbeitgeberwechsel können hinsichtlich der Weitergabe vertraulicher Erkenntnisse erhebliche Probleme verursachen.

Verhältnismäßig oft ist es aber auch einfach so, dass sich ein Erfindungsdiebstahl quasi langsam entwickelt. Damit meine ich, dass es

---

[105] Vgl. Kapitel 4.3.

7.2 Die gestohlene Erfindung

nicht unbedingt von einer Partei von langer Hand geplant war, der anderen Partei Informationen zu stehlen. Manchmal werden auch Informationen mehrerer Parteien im Rahmen praktisch normaler Geschäftsbeziehungen miteinander in einer Weise vermengt, sodass es später nur noch sehr schwer nachvollziehbar ist, wer welchen Beitrag zum Ganzen geleistet hat. Das kann im Rahmen ganz normaler Geschäftsbeziehungen eines Unternehmens zu seinen Kunden, Zulieferern oder Lieferanten geschehen. Startet dann einer der Partner einen Alleingang in Sachen Schutzrechtsanmeldung, ist der Ärger quasi vorprogrammiert.

Natürlich gibt es aber auch Fälle, bei denen dient eine eingegangene oder in Aussicht gestellte Kooperation nur dazu, an technisches Wissen und Know-how des Gegenübers zu gelangen. Da passiert dann zum Beispiel etwa Folgendes:

> **Praxisbeispiel: Erfindungsdiebstahl – ein dicker Hund!**
>
> Die eine Firma sei ein aufstrebender mittelständischer Anlagenbauer. Nennen wir ihn die Star GmbH. Sie ist nunmehr seit knapp zehn Jahren im Geschäft, im weitesten Sinne beschäftige sie sich mit Kühlanlagen und Kühltürmen. Bei den von ihr projektierten Anlagen handelt es sich um echte Großanlagen, sodass jeder individuelle Auftrag für die Star GmbH von recht großer Bedeutung ist. Sie macht praktisch nur Projekt-Geschäft, kein Produktgeschäft im ursprünglichen Sinne. Auch die Anlagen, die unter einem bestimmten Produktnamen laufen, werden in jedem Fall noch individuell an die Kundenbedürfnisse angepasst.
>
> In so einer Großanlage werden natürlich diverse Komponenten verbaut. Und die werden nicht alle vom Anlagenbauer selbst hergestellt, sondern es werden Aufträge an Unterauftragnehmer vergeben. So eine Kühlanlage habe in unserem Beispielfall einen bestimmten Kondensator für eine indirekte Trockenkühlung.
>
> Kondensatoren stelle grundsätzlich auch die fiktive Dick AG her. Die Dick AG ist aber bisher nicht im Bereich Kühltürme tätig, sondern setzt ihre Kondensatoren für kleinere Kältemaschinen ein. Die Dick AG ist aber sehr daran interessiert, in das für sie neue Geschäftsgebiet der Kühltürme einzusteigen. Deshalb gründet der milliardenschwere Konzern, der über eine Vielzahl von Geschäftsbereichen verfügt, eine unscheinbare neue Geschäftseinheit, die sich anschickt, die bekannten Kondensatoren für eine Anwendung in Großanlagen bzw. Kühltürmen anzupassen. Der Leiter der neu gegründeten Geschäftseinheit tritt dann auch alsbald aktiv an den Geschäftsführer unseres mittelständischen Anlagenbauers heran und unterhält sich mit ihm einmal ganz unverbindlich über mögliche Ansatzpunkte für geschäftliche Kooperationen.
>
> Es wird auch tatsächlich ein möglicher Ansatzpunkt für eine Kooperation gefunden. Unklar ist aber, ob der Kondensator der Dick AG den für so ein Projekt geltenden Anforderungen genügen kann. So einen Kondensator hat die Dick AG noch nie gebaut. Aber die Sache scheint interessant zu sein, also verfolgt man sie weiter.

Es kommt zu mehreren Treffen auf nun auch tieferer technischer Ebene. Dabei fällt oft das Wort Kooperation. Jemand denkt noch kurz daran, eine Vertraulichkeitsvereinbarung zu unterschreiben. Und dann wird tiefer eingestiegen in die technische Diskussion. Es werden Skizzen von Kühltürmen angefertigt und Datendiagramme weitergegeben, die bei vorangegangenen Experimenten der Star GmbH gewonnen worden sind.

Dann aber geht es nicht so richtig weiter. Stattdessen legt die Dick AG der Star GmbH einen Kooperationsvertrag vor, der so auf gar keinen Fall von der in Sachen Kühltürme erfahrenen Star GmbH akzeptiert werden kann. Der Vertragsentwurf sieht eine gleichberechtigte Partnerschaft vor und verkennt völlig die konkrete Ausgangssituation. Der Geschäftsführer der Star GmbH wundert sich. Dann ärgert er sich. Was bildet sich diese große Dick AG eigentlich ein, wer sie ist? Als geschätzter Unterauftragnehmer kann sie gern in einen Vertrag eintreten – aber nicht als völlig überbewerteter mitverantwortlicher Gesamtanlagenbauer! Außerdem soll die Dick AG erst einmal belastbare Testergebnisse vorlegen, dass sie in der Lage ist, einen Spezial-Kondensator mit den geforderten Spezifikationen zu bauen!

Aber diese Testergebnisse kommen auch in der Folge nicht. Bei einem eher zufälligen Treffen des Geschäftsführers der Star GmbH mit dem Vorstand der Dick AG auf einer Auslandsmesse wird nur allgemein gute Stimmung beschworen und das ernsthafte Interesse an einer Kooperation mit der geschätzten Star GmbH erneut betont. Dann soll auf Bereichsebene noch einmal über den Kooperationsvertrag gesprochen werden. Der Kooperationsvertrag enthält dabei natürlich auch eine Passage über Patente. In dem Zusammenhang erfährt die Star GmbH vollkommen beiläufig, dass die Dick AG bereits vor einigen Wochen eine Patentanmeldung beim Deutschen Patent- und Markenamt eingereicht hat. Eine Kopie der eingereichten und natürlich noch nicht offengelegten Unterlagen wird erbeten.

Beim Lesen dieser Unterlagen fällt der Geschäftsführer der Star GmbH fast vom Stuhl! Da ist eine seiner Anlagen zum Patent angemeldet worden! Nicht ein *Kondensator* der Dick AG, sondern eine *Gesamtanlage*. Und zwar ohne dass eine solche Gesamtanlage gemäß dem Hauptanspruch 1 der Patentanmeldung einen bestimmten Kondensator, wie ihn die Dick AG für das Projekt mit der Star GmbH beistellen sollte, überhaupt aufweisen muss! Sprich die Star AG könnte bei uneingeschränkter Erteilung des Patentes in ihrem Hauptgeschäft empfindlich beeinträchtigt werden. Der Kondensator der Dick AG kommt in der Anmeldung erst ab Anspruch 8 ins Spiel. Zusätzlich ist die Patentanmeldung gespickt mit Fehlern und falschen Angaben, die einem erfahrenen Anlagenbauer die Röte ins Gesicht treiben. Dafür sind an anderer Stelle Messergebnisse und Parameter der Prozessführung der Anlage sehr genau beschrieben: Es fehlt zwar die konkrete Beschriftung, doch das Diagramm in den Figuren ist unzweifelhaft das aus der Testreihe der Star GmbH!

Bei der nachfolgenden Konfrontation wiegelt die Dick AG zunächst mal ab. Da sei wohl ein Entwickler etwas überengagiert gewesen und hätte einen patentrechtlichen Alleingang gestartet. Seltsam ist bei dem Alleingang nur, dass nicht nur ein Erfinder benannt ist, sondern gleich die ganze Projektgruppe der Dick AG einschließlich des Bereichsleiters. In der Folge

7.2 Die gestohlene Erfindung

kommt es zu dramatischen Verhandlungen. Die Sache eskaliert hoch auch zum Vorstandsvorsitzenden der Dick AG. Auf massiven und anhaltenden anwaltlichen Druck lässt die Dick AG schließlich die von ihr getätigte Patentanmeldung einschließlich absprachewidrig nach Eskalation des Konfliktes auch noch getätigter Auslandsnachanmeldungen untergehen. Es ist wohl überflüssig zu erwähnen, dass es nicht zu einer weiteren Zusammenarbeit der beiden Firmen kommt. Später stellt sich dann zusätzlich heraus, dass eine andere Firma mit der Dick AG eine verblüffend ähnliche Geschäftserfahrung gemacht hat.

Welche Druckmittel und Optionen hatte in obigem Fall die Star GmbH, um ihre Rechte an der Erfindung durchzusetzen? Und was hätte sie im Vorfeld des Erfindungsdiebstahls vielleicht besser machen können? Worauf sollte man allemal genau achten? Das werden wir uns im Folgenden genauer ansehen.

Um es gleich am Anfang auf den Punkt zu bringen: Erfindungsdiebstahl ist eine sehr ernste und ärgerliche Angelegenheit. Wird nach dem Erfindungsdiebstahl auch noch widerrechtlich eine Patentanmeldung getätigt, dann besteht definitiv Handlungsbedarf! Denn das Verbietungsrecht aus einem Patent wirkt ja grundsätzlich gegen jedermann. Und damit auch gegen den Bestohlenen! Der kann sich gegen den Vorwurf einer Patentverletzung zwar im Verletzungsstreit mit der Begründung wehren, die Erfindung des Patentes gehöre eigentlich ihm (Einrede). Doch dieses Spiel ist gefährlich und man selbst als Bestohlener auch noch in der Defensive. Besser ist es, aktiv gegen den Diebstahl vorzugehen.

Dazu gibt es im Prinzip zwei Möglichkeiten. Die erste Variante ist die, dass man den Gegner zwingt, das Schutzrecht herauszugeben, um selbst Schutzrechtsinhaber zu werden. Die zweite Variante zielt darauf ab, das für den Gegner erteilte Patent zu zerstören.

Beginnen wir mit der ersten Variante. Das deutsche Patentrecht kennt für solche Fälle die sog. erfinderrechtliche Vindikation. Damit kann im Prinzip die Herausgabe der Patentanmeldung oder des Patentes gefordert werden.[106] Etwaige diesbezügliche Ansprüche müssen dabei im Wege der Zivilklage, also nicht beim Patentamt, geltend gemacht werden. Zuständig sind die Patentstreitkammern ausgewählter Landgerichte. Dabei müssen dann die einzelnen Tatbestandmerkmale der widerrechtlichen Entnahme durch den Kläger hieb- und stichfest nachgewiesen werden. *Nicht* geprüft wird im Rahmen der Vindikation, ob der Gegenstand der Patentanmeldung/des

Vindikationsklage zur Herausgabe des Schutzrechts

---

[106] Genauer: Abtretung des Anspruches auf Patenterteilung bzw. Übertragung des Patentes.

Patentes denn überhaupt schutzfähig ist. Darum geht es im Rahmen der Vindikation nun gerade nicht.

Stattdessen konzentriert man sich bei einer Vindikationsklage auf die eigentliche Entwendung der Erfindung. Die Klage erfordert somit eine umfassende Beweisführung hinsichtlich des behaupteten Tathergangs. Eine beliebte Verteidigungsstrategie des Beklagten ist es zu behaupten, dass er selbst unabhängig vom Kläger die Erfindung ebenfalls gemacht habe. Oder er wird versuchen darzulegen, dass er ja gar nicht widerrechtlich gehandelt hat und sogar behaupten, dass seine Patentanmeldung von existierenden Absprachen oder Verträgen der Parteien natürlich absolut gedeckt war! In jedem Fall wird in so einem Klageverfahren mit harten Bandagen gekämpft und nicht selten schmutzige Wäsche gewaschen.

Pyrrhussieg Vindikation

Selbst eine erfolgreiche Vindikationsklage hat in der Praxis aber durchaus so ihre Schwächen. Denn wie sieht es zum Beispiel aus, wenn in eine umstrittene Patentanmeldung Erfindungsanteile beider Parteien mit eingeflossen sind? Dann wird nämlich nicht die gesamte Patentanmeldung an den Kläger herausgegeben, sondern der Kläger wird nur Mitanmelder bzw. Mitinhaber an dem Schutzrecht. Die beiden Parteien, die sich eben noch bis aufs Messer bekämpft haben, sind also zukünftig, was das Schutzrecht betrifft, auf Gedeih und Verderb aneinander gebunden und aufeinander angewiesen. Sie müssen sich einigen, wie sie mit dem Schutzrecht weiter verfahren wollen. Das läuft garantiert nicht reibungslos ab. Im besten Fall können sie die Patentanmeldung zeitnah in zwei separate Teilanmeldungen aufteilen. Aber das geht nur dann, wenn die Beiträge, die jeder zur Erfindung geleistet hat, eindeutig voneinander separierbar sind. Und wenn sich beide Seiten darüber einigen können. Ansonsten bleibt es bei der gemeinsamen Inhaberschaft an dem Schutzrecht.

Aber auch, wenn der Vindikationskläger alleiniger Rechtsinhaber an einer Patentanmeldung wird, führt das oftmals zu Problemen. Die Schutzrechtsanmeldung ist nicht selten aus Sicht des Klägers unvollständig oder sogar fehlerhaft. Sie ist für den Kläger deshalb oft nur von minderem Wert. Denn die schon existierende Patentanmeldung darf trotzdem nicht mehr von ihm einfach korrigiert, ausgebaut, und erweitert werden! Auch für die widerrechtlich entnommene Patentanmeldung gilt nämlich, dass mit Einreichung der Anmeldung die maximale inhaltliche Spielwiese für das Schutzrecht endgültig abgesteckt wird.[107]

---

[107] Vgl. Kapitel 3.3.

7.2 Die gestohlene Erfindung

Deshalb kommt es gelegentlich vor, dass ein erfolgreicher Vindikationskläger die Patentanmeldung, die er gerade erst für sich erstritten hat, einfach gleich wieder untergehen lässt. Er hat dann zwar erfolgreich verhindert, dass der Beklagte ein Schutzrecht gegen ihn in der Hand hat – aber die vielfältigen Vorteile, die ihm ein eigenes Patent normalerweise bietet, bietet *dieses* Patent ihm nun gerade nicht. Und wenn der Wert ohnehin beschränkt ist, muss man dafür ja nicht auch noch weiter Geld ausgeben. Unter anderem das meinte ich gleich eingangs damit, als ich sagte, dass so eine Vindikationsklage schon eine richtig ärgerliche Sache sein kann – und zwar selbst dann, wenn man sie gewinnt.

Betrachten wir deshalb nun die zweite Variante, mit der sich ein Bestohlener bei Erfindungsdiebstahl zur Wehr setzen kann. Diese zweite Option zielt wie schon gesagt auf den Widerruf des Patentes ab. Wir hatten den Einspruch und die Nichtigkeitsklage an anderer Stelle ja bereits kennengelernt.[108] Mit diesen beiden Tools lässt sich ein erteiltes Patent zu Fall bringen. Und zwar nicht nur wegen mangelnder Patentfähigkeit des Patentes – also mangelnder Neuheit oder mangelnder erfinderischer Tätigkeit – sondern auch wegen widerrechtlicher Entnahme. Jedenfalls gibt es diese Möglichkeit in vielen nationalen Patentsystemen.

Widerrechtliche Entnahme als Widerrufsgrund

In Deutschland stellt die widerrechtliche Entnahme einen Widerrufsgrund für ein erteiltes Patent dar, und zwar sowohl beim Einspruch als auch bei der Nichtigkeitsklage. In Österreich[109] und der Schweiz[110] existieren etwas andere Verfahrensvorschriften, aber im Prinzip können Patente, die von Nichtberechtigten angemeldet wurden, auch dort zu Fall gebracht werden.[111]

Verfahrensvorschriften in DACH

Im Europäischen Patentübereinkommen hingegen, das ohnehin zentral (bislang) nur das fristgebundene Einspruchsverfahren kennt und bei dem es also (noch) keine zentrale Nichtigkeitsklage gibt, *fehlt* dieser Widerrufsgrund! Man kann also *keinen* Einspruch gegen ein Europäisches Patent mit der Begründung einreichen, die Erfindung

Europäisches Patentübereinkommen

---

[108] Vgl. Kapitel 5.3.
[109] Österreich: Aberkennung des Patentes (d. h. Zerstörung des Patentes) oder alternativ seine Übertragung.
[110] Schweiz: Nichtigkeitsklage möglich oder alternativ Abtretungsklage für Patentanmeldung oder erteiltes Patent.
[111] Auch in Deutschland kann dann der rechtmäßige Erfindungsbesitzer auf bestimmte Art und Weise nach Vernichtung des Patentes noch selbst Patentinhaber werden. Dabei gelten aber in jedem Fall die bereits im Rahmen der deutschen Vindikationsklage diskutierten Einschränkungen an den maximalen Inhalt des Schutzrechtes.

sei dem wahren Erfinder vom Patentinhaber gestohlen worden! Ist eine europäische Patentanmeldung vom Erfindungsdiebstahl betroffen, kann der Geschädigte nur eine nationale Vindikationsklage anstrengen und im Zuge dessen selbst zum Patentanmelder werden. Das EPA wartet dann erst einmal ab. Konkret wird das Prüfungsverfahren bis zur Entscheidung über die Klage ausgesetzt. Das EPA will also über die Frage, wer denn der rechtmäßige Patentanmelder ist, zwar nicht selbst entscheiden, erteilt aber trotzdem nicht einfach sehenden Auges Patente an Nichtberechtigte.

In unserem an reale Begebenheiten angelehnten Beispielfall mit der Dick AG war es das vordinglichste Anliegen der Star GmbH zu verhindern, dass ein Patent erteilt wird, das die Geschäftsaktivitäten der Star GmbH in irgendeiner Weise einschränken könnte. Es sollte kein Patent auf eine Gesamtanlage existieren, dessen Inhaber nicht (auch) die Star GmbH war. Es ging der Star GmbH primär um eigene Handlungsfreiheit und weniger darum, selbst wirklich ein Patent zu besitzen.

Außerdem wollte die Star GmbH zeitnah für klare Verhältnisse sorgen und nicht erst abwarten, bis in einigen Jahren für die Dick AG das Patent in Deutschland – oder womöglich zusätzlich noch im Ausland – vielleicht erteilt würde, um dann darauf reagieren zu müssen. Deshalb hatte sich die Star GmbH dafür entschieden, der Dick AG ein Ultimatum zu stellen und bei dessen fruchtlosem Ablauf mit der Einreichung einer Vindikationsklage zu drohen. Die umkämpfte Patentanmeldung sollte von der Dick AG zurückgenommen werden und damit untergehen, etwaige Auslandsnachanmeldungen ebenfalls.

Der Ablauf der Kooperationsgespräche und letztlich auch die Umstände des Erfindungsdiebstahls waren im geschilderten Fall sehr schlüssig und gut dokumentiert, sodass eine Vindikationsklage gute Erfolgsaussichten hatte. Auch fehlte es der Star GmbH nicht an der notwendigen Entschlossenheit. Das ist auch ein ganz wichtiger Punkt bei Verhandlungen. Man sollte immer bereit sein, das, was man androht, dann auch tatsächlich durchzuziehen. Ein Einspruch oder eine Nichtigkeitsklage war aus Sicht der Star GmbH hingegen nur eine Fall-Back Option für den eher unwahrscheinlichen Fall, dass eine Vindikationsklage wider Erwarten scheitern sollte.

Das an die Adresse der Dick AG gerichtete Ultimatum der Star GmbH hatte wie gesagt Erfolg. Für meine Mandantin aber war dieser Streit definitiv belastend. Das Gute an der Story war letztlich, dass man seitdem bei der Star GmbH nun wesentlich sensibler an

Unternehmenskooperationen herangeht und auch dem Geheimhaltungsschutz größeres Gewicht beigemessen wird. Vielleicht können auch Sie aus dem obigen Bespiel für Ihr Unternehmen nützliche Schlüsse ziehen.

7.3 Geheimhaltungsvereinbarungen und Kooperationsverträge

Einen nützlichen Schutz gegen widerrechtliche Patentanmeldungen von Geschäftspartnern bietet eine gute Vertraulichkeitsvereinbarung. Vertraulichkeitsvereinbarungen sind auch bekannt unter den Bezeichnungen Geheimhaltungsvereinbarung, Non-Disclosure Agreement (NDA), Confidential Disclosure Agreement (CDA), Confidentiality Agreement etc. Gemeint ist in jedem Fall dasselbe.

Vertraulichkeitsvereinbarungen können einen Rechtsstreit schon im Vorfeld verhindern. Wenn klipp und klar geregelt ist, was in Zusammenhang mit sensibler Information erlaubt und was verboten ist, dann entbrennt darüber weniger oft Streit. Und wenn doch, dann lässt sich dieser einfacher am Verhandlungstisch beilegen.

> **Die Vielfalt vertraulicher Information**
>
> Sie selbst haben bestimmt auch schon mit vertraulicher Information zu tun gehabt. Denn der Begriff vertrauliche Information umfasst auch Dinge, mit denen Sie praktisch jeden Tag ganz unbefangen zu tun haben:
>
> - Entwicklungs- und Forschungsinformation, z. B. Konstruktionspläne
> - Herstellungsinformation, z. B. über Zulieferer
> - Marketinginformation, z. B. Marketingstrategien
> - Finanzielle Information, z. B. Gewinnspannen
> - Organisatorische Information, z. B. Telefonverzeichnisse
> - IT-Information, z. B. Passwörter
>
> Natürlich ist dabei nicht jede der oben gelisteten Informationen „top-secret". Stattdessen existieren **drei Standardkategorien**: geheim (secret), vertraulich (confidential), nur für den internen Gebrauch (internal use only). Abhängig von der jeweiligen Kategorie müssen entsprechende Vorkehrungen zum Schutz der vertraulichen Information angewendet werden.

Grundsätzlich ist aus juristischer Sicht vertrauliche Information solche Information, die nicht allgemein bekannt ist, einen wirtschaftlichen Wert aufweist und deren vertraulicher Charakter durch zumutbare Sicherheitsvorkehrungen geschützt wird. Aus betriebli-

Vertrauliche und geheime Informationen

cher Sicht ist geheime Information solche, in die das Unternehmen wesentlich investiert hat. Eine unbefugte Weitergabe könnte einem Wettbewerber diese Investitionen ersparen und somit einen Wettbewerbsvorteil verschaffen.[112]

Vertrauliche Information, die im eigenen Unternehmen existiert, kann dabei entweder aus dem eigenen Unternehmen oder von einer dritten Partei stammen. Diese dritte Partei kann ein Partner, ein Zulieferer, ein Unterauftragnehmer, ein Kunde etc. sein. Wenn nun vertrauliche Information – gleich ob eigene oder von einem Dritten anvertraute – nach außen dringt, dann kann dies ernsthafte Konsequenzen haben. Zum einen werden Wettbewerbsvorteile eingebüßt. Zum anderen kann ein solches Vorkommnis aber auch Schadensersatzansprüche auslösen, wenn es mit Vertragsbruch (beispielsweise bei Bruch einer Vertraulichkeitsvereinbarung!) oder gar einem Gesetzesverstoß einhergeht!

> **Praxisbeispiel: Der Fall López**
>
> In den Medien wurde vor einigen Jahren intensiv über den Fall López berichtet. José Ignacio López war oberster Chef-Einkäufer von General Motors in Detroit, bevor er 1993 von Ferdinand Piëch zum seinerzeit angeschlagenen Volkswagen-Konzern nach Wolfsburg geholt wurde. López war dabei wegen seiner recht harschen Methoden nicht sonderlich beliebt, aber definitiv sehr erfolgreich. Es gelang ihm zum Beispiel, die Produktionskosten bei VW deutlich zu senken.
>
> So ein Wechsel eines Top-Managers innerhalb der Branche von einem OEM zum anderen ist im Prinzip natürlich erlaubt. Aber Betriebsgeheimnisse dürfen dabei natürlich trotzdem nicht verraten werden!
>
> Im Fall López gab es nun aber leider entsprechende Verdachtsmomente. Dazu zählte auch das Anfordern diverser Unterlagen kurz vor López Wechsel nach Wolfsburg. In der Folge erstatteten Opel bzw. General Motors Strafanzeige gegen den neuen VW-Top-Manager bei der Staatsanwaltschaft Darmstadt. López und seinem engsten Team, das er schon aus GM-Zeiten kannte, wurde dabei der Verrat von Betriebs- und Geschäftsgeheimnissen sowie Industriespionage unterstellt. Gefunden wurden dann bei entsprechenden Durchsuchungen auch diverse Kartons in Wohnungen seiner engsten Mitarbeiter und Rechner mit vertraulicher Information aus dem Hause GM. Als die deutschen Ermittlungen dennoch nicht so recht zum Ziel führten, reichte GM in den USA eine weitere Klage ein. Die USA sind ja bekanntlich bei Schadensersatzklagen nicht sonderlich zimperlich. Und so kam es dann in der Folge in den USA auch zu einem erbitterten juristischen Klingenkreuzen.
>
> Zu einem Urteilsspruch kam es aber nicht: Helmut Kohl und Bill Clinton vermittelten zwischen den Parteien, López trat zurück und VW und

---

[112] Kurz, Vertraulichkeitsvereinbarungen, 2. Auflage, Rn. 785.

GM verglichen sich: VW zahlte 100 Mio. US-Dollar Schadensersatz an GM und verpflichtete sich außerdem dazu, für 1 Mrd. US-Dollar Bauteile von GM zu beziehen. In Deutschland kam es zu guter Letzt zu einem deutlich günstigeren Deal mit der Staatsanwaltschaft: Das Strafverfahren gegen López selbst wurde gegen Zahlung von nur 400.000 DM eingestellt.[113]

Ich wage ernsthaft zu bezweifeln, dass VW und López heute noch so günstig davonkommen würden. Stattdessen sind in den letzten Jahren Verhaltenskodizes und unternehmerische Compliance viel stärker in den Fokus des öffentlichen Interesses gerückt. Und der Umgang mit vertraulicher Information gehört nun einmal zu einem guten Compliance-Management-System (CMS) unbedingt dazu – die Schaffung von Regeln und angemessenen betriebsinternen Standards für den Umgang mit vertraulicher Information ist also Chefsache!

7.4 Lizenzverträge: Patente als Einnahmequelle und Tauschmittel

In seiner ureigensten Funktion ist ein Patent ein starkes Verbietungsrecht.[114] Es verschafft seinem Inhaber für das geschützte Produkt somit ein Monopol auf Zeit. Ein echtes Monopolrecht schließt aber natürlich alle Wettbewerber von der Nutzung der patentierten Erfindung aus. Eine Pflicht zur Lizenzvergabe besteht grundsätzlich nicht.[115] Das kann so in seiner Absolutheit sinnvoll und gewollt sein, zum Beispiel wenn es darum geht, für firmeneigene Produkte technische Alleinstellungsmerkmale rechtlich abzusichern. Das Patent wird dann also durch den Patentinhaber selbst intensiv und gewinnbringend genutzt.

Es gibt aber auch solche Situationen, in denen der Inhaber eines Patentes gar kein Interesse daran hat, allen anderen Marktteilnehmern die Nutzung der patentierten Erfindung komplett zu untersagen. Dies ist zum Beispiel dann der Fall, wenn es der Patentinhaber aus eigener Kraft gar nicht schafft, die Nachfrage des gesamten Marktes für ein Produkt zu befriedigen. Die Fertigungskapazitäten reichen

Sinnvolle Lizenzvergaben

---

[113] Vgl. Wikipedia „José Ignacio López de Arriortúa" mit weiteren Nachweisen.
[114] Vgl. Kapitel 6.
[115] Zwangslizenzen spielen in der Praxis nur bei Standard-essentiellen Patenten (DIN, CEN/CENELEC, ETSI, ISO/IEC) und im Bereich Pharmazie für den Export in Entwicklungsländer eine Rolle (Verordnung EG Nr. 816/2006 vom 17. Mai 2006).

zum Beispiel einfach nicht aus. Oder aber diese Kapazitäten würden zwar theoretisch ausreichen, aber eine solche Geschäftsausrichtung wäre zu eindimensional und deshalb auch zu risikoreich für das Unternehmen.

Denkbar sind auch Fälle, in denen eine durch Patent geschützte Technologie ihre Anwendung nicht nur in *einem* technischen Gebiet, sondern in *mehreren* technischen Gebieten hat, der Patentinhaber selbst aber nur in einem dieser technischen Gebiete selbst am Markt aktiv ist. Das Patent selbst ist dann also ein recht breites, umfassendes Schutzrecht, das viel mehr abdeckt, als der Patentinhaber selbst eigentlich für sich braucht. Dann bleibt die Erfindung durch den Patentinhaber in diversen anderen technischen Gebieten gegebenenfalls ungenutzt. Eine ähnliche Situation kann sich bei nur räumlich beschränktem Marktinteresse des Patentinhabers ergeben. Das Potenzial des Patentes wird dann längst nicht vollständig ausgeschöpft.

Schließlich gibt es anscheinend eine Menge Fälle, in denen zwar über Patentschutz verfügt wird, der Patentinhaber selbst aber das durch Patent geschützte Produkt gar nicht herstellt bzw. das Patent auch sonst in seinem Betrieb nicht anwendet. Das kann zum Beispiel passieren, wenn sich nach erfolgter Patentanmeldung ein Produkt in eine andere technische Richtung weiterentwickelt, weil sich herausstellt, dass es zumindest für den Patentinhaber andere, einfachere oder günstigere Möglichkeiten gibt, ein erfolgreiches Produkt auf den Markt zu bringen. Vielleicht ist das Patent auch auf Vorrat angemeldet worden, und jetzt liegt es nach geraumer Zeit immer noch auf Vorrat im Aktenschrank. Dort liegt es dann wie Geld im Tresor; sicher verwahrt, aber es arbeitet nicht.

In den oben beschriebenen Fällen bietet sich deswegen oftmals eine Lizenzierung des Schutzrechtes an. Eine derartige Lizenzierung kann dann für alle relevanten Marktteilnehmer einen echten wirtschaftlichen Gewinn darstellen: Der Patentinhaber generiert zusätzliche Einnahmen in Form von Lizenzgebühren, der Lizenznehmer kann ohne hohe Entwicklungskosten zeitnah seinen Umsatz steigern und seine Produktpalette erweitern. Gegebenenfalls sogar exklusiv.

Ausschließliche, alleinige und einfache Lizenzen

In rechtlicher Hinsicht unterteilt man Lizenzen je nach Art des übertragenen Nutzungsrechts in drei unterschiedliche Kategorien: Die ausschließliche Lizenz, die alleinige Lizenz und die einfache Lizenz. Bei der *ausschließlichen* Lizenz wird vom Patentinhaber für das Patent für die Laufzeit des Lizenzvertrages nur eine einzige Lizenz vergeben und auch der Patentinhaber selbst verzichtet während dieser Zeit auf eine eigene Nutzung des Patentes. Der ausschließliche Lizenznehmer

7.4 Lizenzverträge: Patente als Einnahmequelle und Tauschmittel

hat dabei also eine Exklusivstellung, die sich der Patentinhaber und Lizenzgeber dann natürlich auch entsprechend großzügig vergüten lassen kann.

Bei einer *alleinigen* Lizenz wird ebenfalls nur eine einzige Lizenz an einen Dritten vergeben, allerdings behält sich der Patentinhaber dann selbst auch noch ein Nutzungsrecht an dem Schutzrecht vor. Eine solche Lösung bietet sich zum Beispiel für die oben skizzierte Fallvariante an, dass der Patentinhaber allein die Nachfrage des Marktes nach dem Produkt gar nicht befriedigen kann.

Bei der *einfachen* Lizenz hingegen kann auch an weitere Wettbewerber eines ersten Lizenznehmers eine Lizenzvergabe erfolgen. Eine einfache Lizenz ist also lapidar formuliert eine schlichte Erlaubnis ohne Einräumung jedweder Exklusivität.

> **Patentpools**
>
> Einfache Lizenzen werden in bestimmten Branchen auch in sogenannte Patentpools eingebracht. Dabei bringen Mitglieder eines Konsortiums aus mehreren Firmen eines bestimmten Technologiebereiches Patente in einen Pool ein, die danach von den anderen Mitgliedern des Konsortiums verwendet werden dürfen. Das Patent dient hier also als Tauschmittel bzw. zur Kreuzlizenzierung zwischen verschiedenen Firmen.
>
> Die Idee zur Bildung von Patentpools ist schon recht alt. Bereits 1856 entstand in den USA eines der ersten dieser Konstrukte, und zwar durch ein Konsortium der ersten großen Nähmaschinenhersteller Grover, Baker, Singer und Wheeler & Wilson. Diese hatten sich alle gegenseitig der Patentverletzung bezichtigt und lösten ihren Konflikt durch die Bildung eines Patentpools.
>
> In neuerer Zeit (2006) wurde zum Beispiel von führenden Firmen in der RFID[116]-Technologie ein RFID-Patentpool gebildet. An diesem Pool sind etwa 20 Firmen aktiv beteiligt.[117]

Inhalt von Lizenzverträgen

Die ausschließliche Lizenz, die alleinige Lizenz und die einfache Lizenz stellen jedoch nur die rechtlichen Grundtypen für einen Lizenzvertrag dar. Die konkrete Vertragsausgestaltung kann stark variieren bzw. individuell an die wirtschaftlichen Bedürfnisse von Lizenzgeber und Lizenznehmer angepasst werden. Es kann zum Beispiel eine Differenzierung nach den Benutzungsarten vorgenommen werden, also eine Unterteilung in Vertriebs-, Herstellungs- und Ge-

---

[116] RFID ist die Abkürzung für „Radio-frequency identification".
[117] Siehe https://en.wikipedia.org/wiki/Patent_pool mit weiteren Nachweisen.

brauchslizenzen. Mengenbeschränkungen (oder Mindestmengen!), Gebietsbeschränkungen und zeitliche Beschränkungen in Lizenzverträgen sind grundsätzlich ebenfalls möglich und üblich.

Kartellrecht Vorsicht ist hier allerdings in Hinblick auf kartellrechtliche Vorschriften geboten.[118] Oftmals entscheiden „Kleinigkeiten" in der Vertragsformulierung darüber, was kartellrechtlich erlaubt und was verboten ist. Die große Gefahr bei einem gravierenden Verstoß[119] gegen kartellrechtliche Bestimmungen liegt gar nicht mal so sehr in etwaigen Strafzahlungen – anders als bei „klassischen" Kartellrechtsverstößen wie z. B. illegalen Preisabsprachen zwischen Wettbewerbern. Im Lizenzvertragsrecht liegt die unmittelbare Gefahr vielmehr darin, dass bei einem gravierenden kartellrechtlichen Verstoß der *gesamte* Vertrag nichtig ist, also *komplett* seine Wirksamkeit verliert. Der Vertrag ist dann praktisch wertlos und nicht existent. Und das ist ganz sicher nicht im Interesse der Vertragsparteien.

Know-how-Lizenzierung In Patentlizenzverträgen wird häufig nicht nur das reine Schutzrecht, sondern auch damit in Zusammenhang stehendes Know-how lizenziert. Zielsetzung dabei ist, dass der Lizenznehmer durch die ihm erteilte Lizenz praktisch unmittelbar in die Lage versetzt werden soll, die erteilte Lizenz kurzfristig auszuüben. Daneben beinhalten Lizenzvereinbarungen häufig detaillierte Regelungen über Produktkennzeichnungen oder vom Lizenzennehmer einzuhaltende Qualitätsstandards etc.

Lizenzgebühren In einem Lizenzvertrag vereinbaren die Parteien also teils umfangreiche Rechte und Pflichten. Die Hauptpflicht des Lizenznehmers ist es dabei, an den Lizenzgeber die vereinbarte Lizenzgebühr zu entrichten. Die Art der Lizenzzzahlung kann dabei auf unterschiedliche Weise bzw. bezogen auf unterschiedliche Kenngrößen erfolgen.

Eine gängige Variante ist die Vereinbarung einer **umsatzabhängigen** Lizenzgebühr in Prozent. Der Prozentsatz allein ist dabei nur bedingt aussagekräftig, denn es muss immer genau geschaut werden, auf welche Bezugsgröße sich der Prozentsatz bezieht: Ist der gesamte mit einem komplexen Produkt erzielte Umsatz gemeint oder nur der

---

[118] Einschlägig sind neben nationaler Gesetzgebung zum Kartellrecht der „Vertrag über die Arbeitsweise der Europäischen Union" AEUV sowie diverse Gruppenfreistellungsverordnungen der Europäischen Kommission: Verordnung Nummer 316/2014 vom 21. März 2014 (Technologietransfer); Verordnung Nr. 1217/2010 der Kommission vom 14. Dezember 2010 (Forschungs- und Entwicklungsvereinbarungen); Verordnung (EU) Nummer 330/2010 vom 20. April 2010 (vertikale Vereinbarungen).

[119] Sog. Schwarze Klauseln.

auf ein bestimmtes Teil entfallende Anteil? Im Maschinenbau bezogen auf größere Objekte findet man häufig Lizenzsätze zwischen 3 % und 5 %. Im Bereich Medizintechnik kommen schon höhere Lizenzsätze von 5 % bis 10 % zum Tragen, im Bereich Software sind die typischen umsatzbezogenen Lizenzsätze jedoch noch weitaus höher (50 % und mehr!).

Natürlich ist es auch denkbar, einen Lizenzsatz bezogen auf den mit dem lizenzierten Produkt erzielten Gewinn zu vereinbaren. In der Praxis kommt dies aber sehr viel seltener vor als die Bezugnahme auf den Umsatz. Der Grund dafür liegt auf der Hand: Die Berechnung des auf ein Produkt bezogenen Gewinns ist nicht so zuverlässig und überschaubar möglich wie beim Umsatz. Bei einer produktbezogenen Gewinnermittlung lässt sich quasi etwas schieben und Gemeinkosten können gegengerechnet werden. Eine gewinnabhängige Vereinbarung setzt deshalb ein großes Vertrauen der vertragsschließenden Parteien zueinander voraus. Deshalb ist sie eher selten.

Eine alternative Variante, die Lizenzgebühr festzulegen, bildet die sog. Stücklizenz. Dabei wird pro hergestelltem oder vertriebenem Produkt die Zahlung eines fixen Betrages vereinbart. Diese Abrechnungsart ist abrechnungstechnisch sehr einfach zu handhaben, hat aber den Nachteil, dass der Lizenzgeber an Preissteigerungen für das Produkt nicht partizipiert. **Stücklizenz**

Natürlich kann als Lizenzzahlung auch eine bestimmte Zahlung für einen bestimmten Zeitraum oder gar eine einmalige Pauschal-Lizenzgebühr vereinbart werden. Diese kann als einzige Zahlungsart oder als Ergänzung zu anderen Zahlungsvarianten (Umsatzbeteiligung, Stücklizenz) vorgesehen sein. Entsprechend groß ist die Spannweite der Höhe solcher Pauschallizenzgebühren. Sie reicht von einigen Tausend Euro bis hin in den zweistelligen Millionenbereich.[120] In jedem Fall empfiehlt es sich bei Pauschal-Lizenzgebühren, im Vertrag festzulegen, was denn geschehen soll, wenn der Lizenzvertrag vorzeitig beendet wird. Muss eine Rückzahlung erfolgen oder nicht? **Pauschal-Lizenzgebühr**

Quasi eine Sonderform der Pauschal-Lizenzgebühr ist die sog. Mindestlizenz. Der Lizenzgeber erhält also in jedem Fall vom Lizenznehmer mindestens eine Zahlung vorbestimmter Höhe. Er sichert sich auf diese Weise dahingehend ab, dass eine Lizenzvergabe an den entsprechenden Lizenznehmer für ihn auch wirtschaftlich lukrativ ist. Denn sonst wäre es für den Lizenzgeber fatal, sollte der Lizenz-

---

[120] Vgl. Michael Groß, Der Lizenzvertrag, 11. Auflage 2015.

nehmer – aus welchen Gründen auch immer – die ihm erteilte Lizenz nicht ausüben und weder Umsatz, noch Gewinn generieren.

Gewinnbringende Lizenzstrategie

Durch eine aktive Lizenzstrategie im Rahmen einer Patentstrategie[121] lässt sich also gutes Geld verdienen. Selbst brachliegende Schutzrechte können dann doch noch gewinnbringend verwertet werden. Und das sind anscheinend gar nicht so wenige! Gemäß einer Umfrage der Technologieentwicklungsgruppe der Fraunhofer-Gesellschaft in Stuttgart unter mittelständischen Unternehmen wurde festgestellt, dass 43 % der erteilten Patente nicht genutzt werden, obwohl sie wirtschaftlich durchaus verwertbar wären. Dabei geht es um wirtschaftlich nutzbare Entwicklungsinvestitionen im dreistelligen Milliardenbereich.[122] Die zitierte Umfrage ist zwar nicht mehr ganz aktuell[123], aber ich denke doch, dass der Schatz, der sich in ungenutzten, aber gleichwohl nutzbaren Patenten verbirgt, noch lange nicht vollständig gehoben ist.

> **Praxisbeispiel: Gezielte Lizenzpolitik bei Forschungseinrichtungen**
>
> Aktuelle Zahlen zu Lizenzeinnahmen zu finden, ist sehr schwer, da sich Lizenzgeber verständlicherweise nur ungern in die Karten schauen lassen. Eine Ahnung davon, was möglich ist, erhält man bei einem Blick in die Veröffentlichungen von Forschungseinrichtungen.
>
> Die renommierte Max-Planck-Gesellschaft erzielte in den Jahren 2011 bis 2014 jährlich Verwertungserlöse aus Lizenzverträgen von mindestens 20 Mio. €. Die Lizenzeinnahmen der Helmholtz-Gemeinschaft bewegten sich in ähnlicher Größenordnung. Sowohl die Max-Planck-Gesellschaft als auch die Helmholtz-Gesellschaft sind eher der Grundlagenforschung und nicht der anwendungsorientierten Forschung zuzurechnen!
>
> Bei der deutlich anwendungsorientierteren, sprich wirtschaftsorientierteren Fraunhofer-Gesellschaft sind die entsprechenden Lizenzeinnahmen dann auch schon deutlich höher. Und auch Sie selbst haben bestimmt schon etwas dazu beigetragen! Wie das? Sie kennen doch bestimmt MP3, oder? MP3 revolutionierte die Art, wie wir heutzutage Musik hören oder kaufen und ist in Sachen Technologiemarketing *die* Erfolgsstory von Fraunhofer. Allein aus den MP3-Patenten generiert die Fraunhofer Gesellschaft jedes Jahr Lizenzeinnahmen im „hohen zweistelligen Millionenbereich".[124] Ein Großteil dieser Einnahmen fließt übrigens zurück in die Fraunhofer-Zukunftsstiftung. Diese fördert verwertungsorientierte Vorlaufforschung in der Fraunhofer-Gesellschaft. Verwertungsorientiert bedeutet hier also ganz klar einnahmeorientiert. Man hat bei Fraunhofer somit begriffen, dass sich mit Lizenzen wirklich Geld verdienen lässt und möchte dies nun noch vermehrt ganz systematisch tun.

---

[121] Siehe Kapitel 9.
[122] A. Wurzer: Patentmanagement, RKW-Verlag 2004.
[123] G. Werkmeister: Ein riesiger Markt wartet auf seine Erschließung. Handelsblatt, 28.06.2000.
[124] Vgl. http://www.iis.fraunhofer.de

7.4 Lizenzverträge: Patente als Einnahmequelle und Tauschmittel 169

Systematisch und erfolgreich in Sachen Lizenzmarketing sind übrigens ganz besonders die USA bzw. US-amerikanische Firmen – und das schon seit Jahrzehnten! Als hier in Europa die Wirtschaft noch im Patent-Lizenz-Dornröschenschlaf lag, haben US-Firmen schon aktiv Patente verwertet und lizenziert und dadurch hohe Gewinne eingestrichen. Im US-Außenhandel entfallen seit über zehn Jahren ziemlich konstant auf *einen* in Lizenzen investierten Dollar *drei* Dollar an Lizenzeinnahmen.

Erfolgreiche US-Firmen

In der EU sieht die Außenhandelsbilanz in Sachen Patente und Lizenzen leider noch ganz anders aus: Zwar ist die Größe der Wirtschaftsmärkte der Europäischen Union und der USA durchaus vergleichbar (BIP jeweils etwa 17.000.000 Mio. USD). Aber das Gesamthandelsvolumen mit Patenten und Lizenzen beträgt in der gesamten EU nur knapp 69 % des Volumens in den USA. Und dabei übersteigen in der EU die Zahlungen die Einnahmen doch recht deutlich. In Deutschland, einem der Zugpferde der EU, wurde dieser Trend 2009 erstmalig gestoppt. Aber auch in Deutschland existiert noch viel ungenutztes Lizenzierungs-Potenzial: Und zwar durch eine aktive, mit *positiven* Anreizen für den Lizenznehmer verknüpfte Patent- bzw. Lizenzvermarktungsstrategie („Carrot-Licensing") und nicht nur

Blick auf die EU

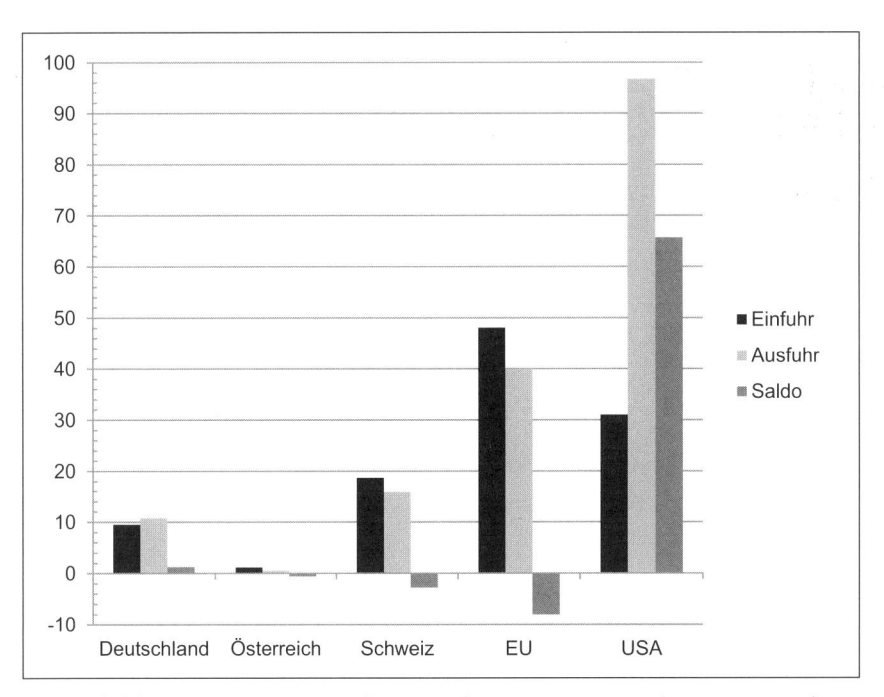

Abbildung 11: Internationale Transaktionen im Bereich Patente und Lizenzen 2012: Einfuhr, Ausfuhr und Bilanz in Mrd. € (Datenquelle: Eurostat)

als Konfliktlösungsstrategie bei aufgespürten Patentverletzungen („Stick-Licensing"). Vielleicht tragen Sie selbst ja zukünftig mit dazu bei, brachliegendes Lizenzeinnahmen-Potenzial für Ihr Unternehmen zu heben!

Wissen, was es kostet: Honorare und Gebühren

8

8.1 Kosten der Patentanmeldung

Die zahlreichen Stärken von Patenten haben wir in den vorangehenden Kapiteln nun schon näher kennengelernt. Da liegt die Frage nach den Kosten für ein Schutzrecht nun förmlich auf der Hand: Was also muss man investieren, wenn man ein Patent erlangen möchte? Wie unterscheiden sich die Kosten für nationale oder Europäische Patente? Welche Variante ist für welchen Anmelder attraktiv?

Grundsätzlich setzten sich die Kosten für eine Patentanmeldung aus zwei verschiedenen Kostenpunkten zusammen. Den ersten Kostenpunkt bilden die Amtsgebühren, die von den jeweils zuständigen Patentämtern erhoben werden und die auch in ihrer Höhe zumindest im Prinzip genau festgelegt sind. Es existieren fixe amtliche Grundgebühren, die mindestens anfallen. Zudem wird dann für besonders umfangreiche Patentanmeldungen nach bestimmten Regeln auch noch ein Zuschlag erhoben. Amtsgebühren

Den zweiten Kostenpunkt bilden die Anwaltshonorare, jedenfalls dann, wenn Sie nicht die firmeneigene Patentabteilung, sondern eine externe Patentanwaltskanzlei mit der Betreuung der Patentanmeldung betrauen.[125] Für die Patentanwälte in Deutschland existiert keine einheitliche Gebührenordnung. Zumindest in dieser Hinsicht ist der Patentanwaltsberuf also noch ein wirklich freier Beruf. Gleichwohl verfügen Patentanwaltskanzleien natürlich über interne Gebührenordnungen zur Berechnung der ihnen geschuldeten Honorare. Diese Gebührenordnungen umfassen zum einen fixe Beträge für bestimmte Dienstleistungen (Grundgebühren) und zum anderen variable Beträge. Diese variablen Beträge werden üblicherweise nach Stundensatz berechnet. Anwaltshonorare

Die unter Patentanwälten üblichen Stundensätze bewegen sich dabei typischerweise zwischen 250,00 € und 400,00 € netto. Manchmal werden auch für reine Amtsverfahren andere Stundensätze als für streitige Verfahren in Rechnung gestellt. Der höhere Stundensatz wird dann für die risikoreicheren streitigen Verfahren angesetzt, der niedrigere kommt bei den Anmeldeverfahren vor den Patentämtern zum Tragen.

Manchmal ist es auch möglich, den Stundensatz mit dem Patentanwalt individuell auszuhandeln. Ich persönlich rechne bei Aufträgen

---

[125] Zur Klarstellung: Sie sind nicht gesetzlich verpflichtet, sich bei einer Patentanmeldung eines Anwalts bzw. Patentanwalts zu bedienen. Wahrscheinlich haben Sie aber mittlerweile selbst erkannt, dass das dringend angeraten ist!

aus dem universitären Umfeld immer etwas günstiger ab als bei Aufträgen aus der Industrie. Umgekehrt sind Patentanmeldungen für Erfindungen aus dem unmittelbaren Wissenschaftsumfeld in der Ausarbeitung auch oft zeitaufwändiger, weil diese Erfindungen häufiger als andere einen echten technischen Quantensprung betreffen und nicht eine verhältnismäßig schnell zu erfassende Neuerung oder planmäßige Weiterentwicklung bei einem technischen Produkt. Für mich haben diese Wissenschaftserfindungen schon einen gewissen persönlichen Reiz, und deshalb handhabe ich das dann auch wie beschrieben. Aber das muss man als Patentanwalt natürlich nicht so machen.

Pay me now – or pay me later!

Für Sie bzw. Ihr Unternehmen kann Verhandeln mit einem Patentanwalt grundsätzlich ebenfalls Sinn machen, zum Beispiel dann, wenn Sie planen, in Zukunft eine bestimmte Anzahl von Patentanmeldungen auf einem bestimmten technischen Gebiet an einen bestimmten Patentanwalt zu vergeben. Zu weit sollten Sie bei Stundensatzverhandlungen oder gar der Forderung nach garantierten Höchstpreisen aber keinesfalls gehen! Gute Qualität hat nun einmal ihren Preis. Und hohe Qualität zahlt sich besonders in Patentsachen für den Schutzrechtsinhaber immer aus. Es gibt unter Patentanwälten auch einen entsprechenden Spruch, der sich immer wieder bewahrheitet: *„Pay me now – or pay me later!"* Will heißen: Alles, was am Anfang wegen Zeit- bzw. Kostendruck versäumt wurde, holt einen zu einem späteren Verfahrenszeitpunkt – im Prüfungsverfahren oder gar danach – garantiert wieder ein. Im Endeffekt entstehen dadurch mindestens dieselben Kosten wie bei einer umsichtigeren Ausarbeitung einer Patentanmeldung – nur dass das Endergebnis bei einer qualitativ hochwertigen Ausarbeitung im Durchschnitt deutlich besser ist.

Konkret bedeutet das, dass für eine gut ausgearbeitete und durchdachte Patentanmeldung das Prüfungsverfahren kürzer und die Erteilungschancen deutlich besser sind. Schlecht ausgearbeitete Patentanmeldungen werden häufiger vom Patentamt beanstandet oder gar zurückgewiesen. Auch etwaige fehlende Angaben, die für eine erfolgreiche Abgrenzung vom Stand der Technik noch benötigt würden, um zur Patenterteilung zu kommen, dürfen im Prüfungsverfahren eben *nicht* mehr einfach nachgereicht werden. Der Spielraum für ein mögliches Patent ist stattdessen fix mit Einreichung der Anmeldung abgesteckt.[126] Oder denken Sie nur an die Abfassung der

---

[126] Vgl. Kapitel 3.3.

8.1 Kosten der Patentanmeldung

Patentansprüche, die den Schutzbereich des Patentes definieren.[127] Wenn man bei den Patentansprüchen schludert oder zu wenig über deren Formulierung nachdenkt, gerät der Schutzumfang schnell zu klein – und das Patent kann dann von Wettbewerbern leichter umgangen werden. Oder man stellt gar fest, dass eine von mehreren technischen Ausführungsformen der Erfindung gar nicht mit vom Patent abgedeckt wird. Das Patent nützt Ihnen dann sehr viel weniger bis gar nichts. In jedem Fall ist ein solches Patent dann deutlich weniger wert.

Praxistipp: Patentanwaltkosten

Man kann etwa mit folgenden Patentanwaltskosten für die Ausarbeitung einer Patentanmeldung im Bereich der Physik und der Ingenieurswissenschaften rechnen:

Für eine Patentanmeldungsausarbeitung mit
- geringem Umfang und geringer Komplexität   ca. 4.000 €,
- mittlerem Umfang und mittlerer Komplexität   ca. 6.000 €,
- großem Umfang und hoher Komplexität   ca. 8.000 €.

Der wesentliche Unterschied liegt dabei in der aufgewendeten Zeit. Die tatsächlich benötigte Zeit ist dabei natürlich vom Typ der Erfindung abhängig. Diese kann von ihrer Natur her einfach oder komplex, kurz oder länglich sein.

Teilweise haben Sie es aber auch selbst in der Hand, wie lange Ihr Patentanwalt zur Ausarbeitung Ihrer Patentanmeldung benötigt: Die benötigte Zeit wird nämlich auch durch die bereitgestellten oder mitgeteilten Informationen maßgeblich mitbestimmt! Wenn Sie Ihrem Patentanwalt aussagekräftige, gut strukturierte Unterlagen zur Erfindung bereitstellen, kann er diese wesentlich leichter und somit schneller in eine solide Patentanmeldung übersetzen. Bei nur kryptischen oder gar unvollständigen Unterlagen braucht auch ein an sich guter Anwalt sehr viel länger, bis er die Tragweite der Erfindung überhaupt erst erfasst hat. Mal ganz abgesehen davon, dass Arbeiten auf so einer dürftigen Grundlage rein gar keinen Spaß macht!

Die Preise für Patentanmeldungen in den „weichen" technischen Bereichen sind normalerweise höher als in den harten technischen Disziplinen. Im Bereich der Biologie bzw. Biotechnologie und im Bereich der Chemie sind Patentanmeldungsausarbeitungen also normalerweise umfangreicher als in der Physik und in den Ingenieurswissenschaften. Die Anmeldungen selbst sind schon allein textlich oft doppelt so lang wie Ausarbeitungen in einer „harten" technischen Disziplin. Gerade in der Chemie muss auch im Vorfeld einer Patentanmeldung wesentlich häufiger und intensiver nach dem Stand der Technik, also nach schon existierenden Substanzen und Verbindungen, funktionalen Gruppen etc., recherchiert werden. Das muss man in der Mechanik hingegen nur selten tun: Denn die Erfindung

---

[127] Vgl. Kapitel 5.2.

einer neuen Zange wird sich praktisch nie in die Erfindung eines neuen Schwertes verwandeln. Sie verstehen sicherlich, was ich damit meine. Recherchen, ihre Auswertung und umfangreiche Patentanmeldungen brauchen naturgemäß Zeit – und dadurch entstehen unvermeidbar auch höhere Kosten.

Ob Ihr Patentanwalt eine nationale oder europäische Patentanmeldung für Sie ausarbeitet, ist ihm im Prinzip egal. Der zeitliche Aufwand ist für ihn praktisch identisch. Insofern sind auch die Patentanwaltskosten in etwa dieselben.

Amtsgebühren der nationalen Patentämter
Anders sieht das aber bei den Amtsgebühren der Patentämter aus. Diese unterscheiden sich deutlich, wie die nachfolgende Tabelle zeigt: Demnach betragen die Amtsgebühren für die Anmeldung, die inhaltliche Prüfung und Erteilung eines durchschnittlichen Patentes mit 20 Patentansprüchen in Deutschland 710 €. In Österreich sind die Kosten mit 654 € in etwa vergleichbar. Die Schweiz ist da mit 1.200 CHF schon teurer und das dortige IGE prüft im Übrigen nicht, ob das angemeldete Patent die Patentierungskriterien Neuheit und erfinderische Tätigkeit erfüllt.[128] Da bekommen Sie so gesehen für Ihr Geld wesentlich weniger – und die Schweizer Anmeldezahlen sind entsprechend geringer. Man weicht in der Praxis für sicheren d. h. inhaltlich geprüften Patentschutz in der Schweiz deshalb oft auf eine geprüfte europäische Patentanmeldung aus, mit der auch ein geprüftes Schutzrecht für die Schweiz erwirkt werden kann.

Amtsgebühren des EPA
Die Amtsgebühren des Europäischen Patentamtes liegen mit etwa 5.830 € in einer anderen Größenordnung als die Gebühren der nationalen Patentämter. Das ist auch aus dem Blickwinkel nachvollziehbar, dass mit einem Europäischen Patent Patentschutz in bis zu 38 Staaten angestrebt werden kann, für die das EPA eine gebündelte Prüfung der Patentanmeldung durchführt. Dennoch ist allein schon aufgrund der Amtsgebühren klar, dass Anmelder typischerweise genauer abwägen, ob sie eine Anmeldung europäisch einreichen. In der Praxis wird deshalb oft zunächst national angemeldet und dann – bei guten Erfolgsaussichten nach einem ersten nationalen Prüfungsbescheid – innerhalb der Prioritätsfrist auch noch beim EPA.[129]

---

[128] Siehe auch Kapitel 2.1.
[129] Siehe Kapitel 2.2 und 2.3.

8.2 Aufrechterhaltungsgebühren der Patentämter

	Deutschland (DPMA)	Österreich (ÖPA)	Schweiz (IGE)	Europa (EPA)
Anmeldegebühr	60 €*	-	200 CHF	210 €*
Recherchegebühr	optional	-	optional	1.300 €
Prüfungsgebühr	350 € inhaltlich	342 € inhaltlich	500 CHF formal	1.635 € inhaltlich
Anspruchsgebühren	30 €* ab dem 11. Anspruch pro Anspruch	104 € ab dem 11. Anspruch pro 10 Ansprüche	50 CHF ab dem 11. Anspruch pro Anspruch	235 € ab dem 16. Anspruch pro Anspruch
Benennungsgebühr/ Länder	-	-	-	585 €
Erteilung/Druckkosten	-	208 €	-	925 €
Summe (20 Ansprüche)	710 €	654 €	1.200 CHF	5.830 €

Abbildung 12: Amtsgebühren[130] verschiedener Patentämter für die Anmeldung, Prüfung und Erteilung von Patenten. Die mit einem * gekennzeichneten Gebühren können durch elektronische Einreichung reduziert werden, die Größenordnung der Gesamtkosten ändert sich deshalb aber kaum. Die Kostenberechnung erfolgte für eine durchschnittliche Anmeldung mit 20 Patentansprüchen.

8.2 Aufrechterhaltungsgebühren der Patentämter

Nach Einreichung einer Patentanmeldung fallen noch weitere Kosten für das Schutzrecht an. Einen unumgänglichen Posten bilden dabei die Jahresgebühren, die an die Patentämter zur Aufrechterhalt des Schutzrechtes entrichten sind. Diese Patentjahresgebühren werden oft nicht erst ab Patenterteilung fällig, sondern sind auch schon für Patentanmeldungen zu bezahlen. Das europäische System der Jahresgebühren koppelt also an den Anmeldetag des Schutzrechts – anders als beispielsweise in den USA, in denen Jahresgebühren für Patente wirklich erst für Patente, also erst ab Patenterteilung, zu entrichten sind. Das ist ein schönes Beispiel für die unterschiedlichen Sichtweisen der Europäer und der Amerikaner: In Europa zahlt man bürokratisch korrekt und vorhersehbar, in den USA zahlt man natürlich erst dann, wenn man für sein Geld auch etwas gekriegt hat. Ich gebe zu, Letzteres hat einen gewissen Charme![131]

Jahresgebühren

Die Zahlung der Jahresgebühren können Sie entweder selbst vornehmen oder durch Dienstleister bzw. eine Patentanwaltskanzlei arrangieren lassen. Wenn Sie unbedingt selbst zahlen wollen, sollten Sie aber über Jahre im Voraus gut organisiert sein. Sie bekommen nämlich keine Rechnungen vom Patentamt! Erfolgt die Zahlung von

Einzahlung gut organisieren

---

[130] Angaben ohne Gewähr. Die aktuell gültigen Gebühren können Sie auf den Webseiten der Patentämter einsehen.
[131] Auch in Österreich zahlt man Jahresgebühren erst ab Patenterteilung.

Jahresgebühren nicht korrekt – wird also zu spät oder zu wenig oder dem Schutzrecht nicht zuordenbar gezahlt – dann geht Ihr wertvolles Schutzrecht einfach unter! Und das können Sie dann normalerweise auch nicht mehr korrigieren. Die amtlichen Regeln sind da recht streng.

Höhe der Jahresgebühren

Die Höhe der aktuellen Jahresgebühren ist auf den Webseiten der Patentämter veröffentlicht. Das erste Jahr, für das erstmalig Jahresgebühren zu entrichten sind, ist je nach Amt unterschiedlich. Gezahlt wird jeweils im Voraus. Die Höhe der Gebühren variiert ebenfalls und steigt dabei mit der Laufzeit merklich an.

Für nationale Patentanmeldungen bzw. nationale Patente sind die Jahresgebühren an die zuständigen nationalen Patentämter zu zahlen. Für deutsche Schutzrechte beispielsweise hat die Zahlung also an das Deutsche Patent- und Markenamt zu erfolgen. Im Falle von europäischen Patentanmeldungen sind die Jahresgebühren zunächst ans EPA zu entrichten. Ab dem Erteilungszeitpunkt werden dann die Gebühren nicht mehr an das EPA, sondern an die nationalen Patentämter gezahlt.

> **Praxisbeispiel: Jahresgebührenzahlung**
>
> Wird ein Europäisches Patent nach viereinhalb Jahren erteilt und mit Wirkung für Deutschland, Österreich und die Schweiz validiert, dann sind die 3., 4. und 5. Jahresgebühr ans EPA, die 6. und alle weiteren Jahresgebühren aber an das Deutsche, das Österreichische und das Schweizer Patentamt zu entrichten.

Für die Gesamthöhe der Gebührenzahlung kommt es also entscheidend darauf an, in welchen Staaten das Europäische Patent validiert wird.[132] Das System ist in Sachen Jahresgebühren außerdem nicht diskriminierend: Ob ein Patent auf dem europäischen Weg oder auf dem nationalen Weg erlangt wurde, ist ohne Einfluss auf die Höhe der Jahresgebühren nach Patenterteilung.

Kumulierte Jahresgebühren abhängig von Länderauswahl

Wie teuer sind nun die kumulierten Jahresgebühren für ein Patent im Durchschnitt? Nun, das kommt zum einen auf das Land bzw. die Länder an und zum andern auf die tatsächliche Laufzeit des Patentes! Rufen wir uns in Erinnerung, dass die durchschnittliche Laufzeit von Patenten eben nicht die maximal vorgesehenen 20 Jahre, sondern nur etwa elf bis zwölf Jahre beträgt, weil innerhalb dieses Zeitraumes oftmals die geschützte Technik überholt ist, dann summieren sich die Jahresgebühren in Deutschland, Österreich und

---

[132] Siehe Kapitel 2.3

8.2 Aufrechterhaltungsgebühren der Patentämter

Spalte1	Deutschland	Österreich	Schweiz	EPA
1. Jahr	- €	- €	- CHF	- €
2. Jahr	- €	- €	- CHF	- €
3. Jahr	70,00 €	- €	- CHF	470,00 €
4. Jahr	70,00 €	- €	100,00 CHF	585,00 €
5. Jahr	90,00 €	- €	150,00 CHF	820,00 €
6. Jahr	130,00 €	104,00 €	200,00 CHF	1.050,00 €
7. Jahr	180,00 €	208,00 €	250,00 CHF	1.165,00 €
8. Jahr	240,00 €	313,00 €	300,00 CHF	1.280,00 €
9. Jahr	290,00 €	417,00 €	350,00 CHF	1.395,00 €
10. Jahr	350,00 €	522,00 €	400,00 CHF	1.575,00 €
11. Jahr	470,00 €	626,00 €	450,00 CHF	1.575,00 €
12. Jahr	620,00 €	731,00 €	500,00 CHF	1.575,00 €
13. Jahr	760,00 €	835,00 €	550,00 CHF	1.575,00 €
14. Jahr	910,00 €	940,00 €	600,00 CHF	1.575,00 €
15. Jahr	1.060,00 €	1.044,00 €	650,00 CHF	1.575,00 €
16. Jahr	1.230,00 €	1.148,00 €	700,00 CHF	1.575,00 €
17. Jahr	1.410,00 €	1.253,00 €	750,00 CHF	1.575,00 €
18. Jahr	1.590,00 €	1.357,00 €	800,00 CHF	1.575,00 €
19. Jahr	1.760,00 €	1.566,00 €	850,00 CHF	1.575,00 €
20. Jahr	1.940,00 €	1.775,00 €	900,00 CHF	1.575,00 €

Abbildung 13: Jahresgebühren für Patente in Deutschland, Österreich und der Schweiz. Für ein Europäisches Patent richten sich die Jahresgebühren bis zur Patenterteilung nach den EPA-Gebühren, danach nach den nationalen Jahresgebühren der Patentämter derjenigen Länder, in denen das Europäische Patent validiert wird. Durch den Farbcode in der Tabelle wird das Beispiel im Text illustriert (Europäisches Patent nach viereinhalb Jahren erteilt und in DE, AT und CH validiert).

der Schweiz auf jeweils etwa 2.000 € bis 3.000 €. Das ist meiner Meinung nach kein zu hoher Preis für ein elf bis zwölf Jahre währendes Monopol!

Bei den Patenten, die über die volle Laufzeit hinweg 20 Jahre in Kraft bleiben, handelt es sich zumeist um wirtschaftlich besonders wertvolle Schutzrechte. Zu ihnen zählen u. a. Grundlagenpatente, die die Basis für eine neue Technologie bilden. Für diese Patente sind die Jahresgebühren dann zwar in der Summe deutlich höher, aber angesichts dessen, was darunter an Umsatz und Gewinn generiert wird, sind auch diese Gebühren nicht wirklich hoch oder gar zu hoch.

Die kumulierten Jahresgebühren für ein Europäisches Patent lassen sich pauschal also nur schwer angeben. Eine oft genannte Größenordnung liegt bei etwa 20.000 € bis 25.000 €. Häufig wird von Anmeldern ein Europäisches Patent eben „nur" in drei bis sechs ausgewählten Staaten validiert bzw. diese Länderauswahl wird als für den wirtschaftlichen Zweck völlig ausreichend erachtet. Bei einer hohen Zahl von Validierungen oder gar einer Vollvalidierung über die maximal möglichen 20 Jahre kann man aber auch einen sechsstelligen Betrag für Jahresgebühren ausgeben (maximal ca. 160.000 €). Das machen in der Praxis aber nur sehr wenige Anmelder, überwiegend aus dem Bereich der Pharmazie, nicht aber standardmäßig alle Großkonzerne (Siemens zum Beispiel auch nicht!). Die nachfolgende Tabelle gibt einen Überblick über aktuelle Jahresgebühren[133] wichtiger EPÜ-Vertragsstaaten und erlaubt auch eine Abschätzung der Gesamtkosten bei einer Laufzeit von 12 Jahren, 16 Jahren und 20 Jahren.

Deutschland gehört bei der Validierung eindeutig zu den teureren Ländern, bietet dafür aber auch einen wirtschaftlich sehr interessanten Markt. Die Laufzeit eines Europäischen Patentes in den jeweiligen Ländern kann unterschiedlich lang gewählt werden. In wichtigen Märkten kann so der Schutz länger aufrechterhalten werden als in Märkten von geringerem Interesse. Das existierende europäische Bündelpatent erlaubt für Patentanmelder also einen sehr individuellen Zuschnitt der Schutzrechtslage.

Spalte1	Deutschland	Frankreich	UK	Niederlande	Italien	Spanien	Österreich	Schweiz	Schweden	Ungarn
1. Jahr	- €	- €	- GBP	- €	- €	- €	- €	- CHF	300,00 SEK	17.600,00 HUF
2. Jahr	- €	38,00 €	- GBP	- €	- €	- €	- €	- CHF	450,00 SEK	17.600,00 HUF
3. Jahr	- €	38,00 €	- GBP	- €	- €	18,66 €	- €	- CHF	550,00 SEK	17.600,00 HUF
4. Jahr	70,00 €	38,00 €	- GBP	40,00 €	- €	23,29 €	- €	100,00 CHF	1.000,00 SEK	88.000,00 HUF
5. Jahr	90,00 €	38,00 €	70,00 GBP	100,00 €	60,00 €	44,55 €	- €	150,00 CHF	1.300,00 SEK	110.000,00 HUF
6. Jahr	130,00 €	76,00 €	90,00 GBP	160,00 €	90,00 €	65,75 €	104,00 €	200,00 CHF	1.600,00 SEK	148.500,00 HUF
7. Jahr	180,00 €	96,00 €	110,00 GBP	220,00 €	120,00 €	108,54 €	208,00 €	250,00 CHF	1.800,00 SEK	148.500,00 HUF
8. Jahr	240,00 €	136,00 €	130,00 GBP	280,00 €	170,00 €	135,12 €	313,00 €	300,00 CHF	2.200,00 SEK	148.500,00 HUF
9. Jahr	290,00 €	180,00 €	150,00 GBP	340,00 €	200,00 €	169,56 €	417,00 €	350,00 CHF	2.500,00 SEK	148.500,00 HUF
10. Jahr	350,00 €	220,00 €	170,00 GBP	400,00 €	230,00 €	218,22 €	522,00 €	400,00 CHF	2.800,00 SEK	148.500,00 HUF
11. Jahr	470,00 €	260,00 €	190,00 GBP	500,00 €	310,00 €	273,53 €	626,00 €	450,00 CHF	3.100,00 SEK	148.500,00 HUF
12. Jahr	620,00 €	300,00 €	210,00 GBP	600,00 €	410,00 €	321,16 €	731,00 €	500,00 CHF	3.400,00 SEK	148.500,00 HUF
13. Jahr	760,00 €	350,00 €	250,00 GBP	700,00 €	530,00 €	368,70 €	835,00 €	550,00 CHF	3.800,00 SEK	154.000,00 HUF
14. Jahr	910,00 €	400,00 €	290,00 GBP	800,00 €	600,00 €	414,69 €	940,00 €	600,00 CHF	4.100,00 SEK	154.000,00 HUF
15. Jahr	1.060,00 €	450,00 €	350,00 GBP	900,00 €	650,00 €	445,00 €	1.044,00 €	650,00 CHF	4.400,00 SEK	154.000,00 HUF
16. Jahr	1.230,00 €	510,00 €	410,00 GBP	1.000,00 €	650,00 €	463,44 €	1.148,00 €	700,00 CHF	4.700,00 SEK	154.000,00 HUF
17. Jahr	1.410,00 €	570,00 €	460,00 GBP	1.100,00 €	650,00 €	494,90 €	1.253,00 €	750,00 CHF	5.000,00 SEK	159.500,00 HUF
18. Jahr	1.590,00 €	640,00 €	510,00 GBP	1.200,00 €	650,00 €	494,90 €	1.357,00 €	800,00 CHF	5.300,00 SEK	159.500,00 HUF
19. Jahr	1.760,00 €	720,00 €	560,00 GBP	1.300,00 €	650,00 €	494,90 €	1.566,00 €	850,00 CHF	5.700,00 SEK	165.000,00 HUF
20. Jahr	1.940,00 €	790,00 €	600,00 GBP	1.400,00 €	650,00 €	494,90 €	1.775,00 €	900,00 CHF	6.000,00 SEK	165.000,00 HUF
			(1 GBP = 1,19 €)					(1 CHF = 0,92 €)	(100 SEK = 10,51 €)	(1000 HUF = 3,19 €)
SUMME										
12 Jahre	2.510,00 €	1.420,00 €	1.332,80 €	2.640,00 €	1.590,00 €	1.378,38 €	2.921,00 €	2.484,00 €	2.207,10 €	4.116,06 €
16 Jahre	6.470,00 €	3.130,00 €	2.879,80 €	6.040,00 €	4.020,00 €	3.070,21 €	6.888,00 €	4.784,00 €	3.993,80 €	6.081,10 €
20 Jahre	13.170,00 €	5.850,00 €	5.414,50 €	11.040,00 €	6.620,00 €	5.049,81 €	12.839,00 €	7.820,00 €	6.316,51 €	8.151,41 €

Abbildung 14: Patentjahresgebühren im europäischen Vergleich. Die Höhe der Jahresgebühren unterscheidet sich teilweise drastisch von Land zu Land bis etwa um den Faktor 2. Für nationale Patente eines Landes sowie für in diesem Land validierte Europäische Patente sind Jahresgebühren in derselben Höhe zu entrichten.

Systemwechsel bei neuem EU-Patent Das zukünftige Europäische Einheitspatent („EU-Patent") bedeutet für Patentanmelder in der EU einen grundlegenden Systemwechsel.[134] Mit dem EU-Patent soll es zukünftig einen einheitlichen Pa-

---

[133] Stand September 2016.
[134] Vgl. auch Kapitel 2.4.

8.2 Aufrechterhaltungsgebühren der Patentämter

tentschutz in 25 von 28 Mitgliedstaaten der EU geben. Die EU-Mitgliedsländer Spanien und Polen werden sich nach jetzigem Stand[135] nicht am EU-Patent beteiligen. Fraglich ist außerdem, ob und wenn ja wie das neue System nach dem BREXIT tatsächlich noch an den Start geht.

Die bisherige Idee zur Kostenstruktur des EU-Patentes sieht folgendermaßen aus: Jahresgebühren werden für das zukünftige EU-Patent pauschal für alle Teilnehmerstaaten erhoben. Das Einheitspatent kann auch nur, wie der Name schon sagt, einheitlich in allen Ländern in Kraft sein und auch nur einheitlich untergehen. Das System ist also einfach, bietet dafür aber weniger Flexibilität.

Die Höhe der Jahresgebühren für das EU-Patent soll dabei dem Ansatz des „True TOP 4" folgen. Die Jahresgebühren entsprechen demnach der Gesamtsumme der nationalen Jahresgebühren für die vier Länder, in denen Europäische Patente derzeit am häufigsten validiert werden. Die Länder mit den meisten Validierungen sind zurzeit Deutschland, Frankreich, das Vereinigte Königreich und die Niederlande. In Deutschland und den Niederlanden sind die Jahresgebühren vergleichsweise hoch, in Frankreich und dem Vereinigten Königreich eher niedrig bzw. nur etwa halb so hoch wie in Deutschland und den Niederlanden. Und das Vereinigte Königreich wird ja nun beim EU-Patent vermutlich nicht mehr dabei sein, sodass man sich auch bei der Kostenstruktur auf etwas Neues wird einigen müssen.

Das Europäische Patentamt kommuniziert das neue Gebührensystem des EU-Patentes als Meilenstein für KMU. Diese könnten sich nun auch endlich einen Patentschutz in 25 EU-Mitgliedstaaten leisten, so der Tenor des EPA-Präsidenten. Die Frage ist nach meinem Dafürhalten aber, ob KMU das denn tatsächlich so *wollen*. Nicht jedes dieser 25 Länder bietet für jeden Mittelständler einen gleichermaßen interessanten Markt. Vielleicht sind dafür aber andere EPÜ-Mitgliedstaaten von Interesse, die nicht am EU-Patent teilnehmen wollen oder können! Für Patente mit Wirkung in diesen 13 Ländern ändert sich nichts! Deshalb könnte Patentschutz für manche KMU zukünftig auch teurer werden. Man diskutiert für KMU zwar noch über Gebührenermäßigungen, aber ob diese kommen, in welcher Höhe sie dann kommen und wer genau die Kriterien zur Gebührenermäßigung erfüllen wird, ist noch völlig offen. In jedem Fall wird man bei jeder Patentanmeldung mit länderübergreifender

Neues EU-Patent günstiger als EP-Patent?

---

[135] Stand September 2015.

Relevanz ganz genau hinschauen müssen, wie man zukünftig am besten verfährt.

Was bedeutet das nun konkret? Für manche Anmelder werden Patente zukünftig günstiger, für andere aber teurer. Das hängt sehr empfindlich von der individuellen Länderauswahl für den Patentschutz ab.

Als Faustregel gilt nach heutigem Wissen: Für Anmelder, die bisher in *mindestens vier bis fünf EU-Staaten*, aber *nicht* in den beim EU-Patent fehlenden EU-Ländern Spanien und Polen (und nach dem BREXIT *nicht* im Vereinigten Königreich) validieren, wird es zukünftig tendenziell *günstiger*. Für alle anderen wird es tendenziell *teurer*.

Wer also bisher zum Beispiel in den fünf Ländern Deutschland, Frankreich, Österreich, den Niederlanden und Schweden validiert, für den wird das EU-Patent günstiger als das bisherige Bündelpatent, da die genannten Staaten allesamt beim EU-Patent dabei sein werden und da die tendenziell teureren Staaten Deutschland, Österreich und die Niederlande mit abgedeckt sind.

Wer aber zum Beispiel bisher in den Ländern Deutschland, Frankreich, Schweiz, Polen und Spanien validiert hat, muss nach dem neuen System tiefer in die Tasche greifen: Für Deutschland und Frankreich fallen die neuen Gebühren für das gesamte EU-Patent an (mit automatischem Schutz für die EU25-Staaten) und *zusätzlich* müssen noch die nationalen Jahresgebühren für die Schweiz, Polen und Spanien bezahlt werden.

Mit dem beschlossenen BREXIT werden auch Länderkonstellationen, die das Vereinigte Königreich beinhalten, tendenziell wieder teurer – denn das Vereinigte Königreich ist nur bei dem aktuellen EP-Patent, aber logischerweise nicht mehr beim zukünftigen EU-Patent dabei.

Konkurrenz der Systeme

Während einer Übergangsphase werden das alte und das neue europäische Patentsystem nebeneinander existieren. Patentanmelder haben dann die Wahl zwischen den beiden Systemen. Und natürlich gibt es stets auch die Möglichkeit, ganz gezielt in einigen wirtschaftlich interessanten Ländern einzelne Auslandsnachanmeldungen zu tätigen. Patentanmelder haben es also in der Hand, durch ihr Anmeldeverhalten über die Tauglichkeit des neuen Systems abzustimmen. In jedem Fall – so denke ich – wird eine Variante gefunden werden können, die den wirtschaftlichen Interessen von Unternehmen entspricht und deren Kosten in einem angemessenen Verhältnis zum Nutzen des Patentschutzes stehen.

8.3 Fördermöglichkeiten

Auch auf politischer Ebene hat man unlängst erkannt, dass der Schutz von Ideen eines der wesentlichen Fundamente für die wirtschaftlich erfolgreiche Umsetzung von Ideen darstellt. Das gilt auch und ganz besonders für den Schutz technischer Ideen durch Patente. Die Kosten für Patentanmeldungen stehen dabei zwar in einem angemessenen Verhältnis zum Nutzen von Patenten für Unternehmen, jedoch werden trotzdem – im Verhältnis zur absoluten Zahl von innovativen Ideen – zu wenige Schutzrechte angemeldet. Dieses Defizit betrifft vor allem KMU. Das politische Instrument zur Schaffung eines Anreizes für vermehrte Patentanmeldungen durch KMU bilden dabei auch finanzielle Förderprogramme. Diese Förderprogramme existieren auf Bundesebene, teilweise auf Länderebene und natürlich auch über die Europäische Union.

Das wohl bekannteste Programm zur Förderung von Patentanmeldungen durch KMU in Deutschland war das Programm SIGNO – Schutz von Ideen zur gewerblichen Nutzung. Dieses wurde mehrfach verlängert und in 2016 durch das nochmals erweiterte Programm WIPANO – Wissens- und Technologietransfer durch Patente und Normen – ersetzt. Dieses Programm ist meines Erachtens noch nicht bekannt genug und wird von KMU auch immer noch zu wenig genutzt. Einige Förderprogramme der Länder (Niedersachen, Sachsen-Anhalt) wurden gar wieder eingestellt, weil sie zu wenig genutzt wurden.

Ich möchte Ihnen deshalb WIPANO und einige andere Förderprogramme im Rahmen dieses Buches kurz vorstellen. Weitere Infos zu Förderprogrammen aller Art erhalten Sie auf der Website www.foerderprogramme.de sowie auf der Website des Bundes http://www.foerderinfo.bund.de.

WIPANO[136]

WIPANO ist eine Förderinitiative des Bundesministeriums für Wirtschaft und Energie. Es hat zwei Förderungsschwerpunkte. Der erste zielt auf die öffentliche Forschung, der zweite zielt auf Unternehmen. Dazu die Website: „Das Programm unterstützt KMU, die erstmals ihre Forschungs- und Entwicklungs- (F&E) Ergebnisse durch ge-

---

[136] http://www.bmwi.de/DE/Themen/Technologie/Rahmenbedingungen/patente,-did=774168.html

werbliche Schutzrechte sichern wollen bzw. deren letzte Schutzrechtsanmeldung länger als fünf Jahre zurückliegt. Die Förderung soll helfen, ein strategisches Verständnis des Patentsystems zu entwickeln und zur Sensibilisierung gegenüber dem Nutzen gewerblicher Schutzrechte beizutragen."

„Gegenstand der Förderung ist der gesamte Prozess einer Schutzrechtsanmeldung, von der Überprüfung der Idee bis zur Verwertung der Erfindung. Hierbei können Leistungspakete in Anspruch genommen werden, die durch qualifizierte externe Dienstleister erbracht werden müssen. In der Wahl des Dienstleisters sind die KMU frei."

Für Unternehmen untergliedert sich WIPANO in die folgenden Leistungspakete:

1. **Grobprüfung der Erfindung**
   Förderung: 50 % der Kosten, maximal 375 €
2. **Detailprüfung der Erfindung**
   Förderung: 50 % der Kosten, maximal 1.200 €
3. **(Strategie-) Beratung und Koordinierung zur Patentanmeldung**
   Prioritätsanmeldung und eine weitere Anmeldung (Ausland)
   Förderung: 50 % der Kosten, maximal 2.000 €
4. **Patentanmeldung**
   Amtsgebühren und Ausgaben für Patentanwälte
   Förderung: 50 % der Kosten, maximal 10.000 €
5. **Aktivitäten zur Verwertung**
   Förderung: 50 % der Kosten, maximal 3.000 €

Zuschuss bis zu 16.575 €

Insgesamt können KMU also bei der Patentaktion WIPANO mit bis zu 16.575 € bezuschusst werden. Das ist noch einmal ein deutlich höherer Betrag als bei dem Vorläuferprogramm SIGNO. Durch die finanzielle Aufstockung und durch die Verlängerung der Projektlaufzeit von 18 auf 24 Monate sind nun nicht nur die Patenterstanmeldung, sondern auch Patentanmeldungen für das Ausland im Rahmen von WIPANO gut zu realisieren.

Die Abfassung der Patentanmeldungen muss dabei durch Patentanwälte vorgenommen werden, um zu gewährleisten, dass die geförderten Patentanmeldungen auch von guter Qualität sind. Das erhöht die Chancen für eine Schutzrechtserteilung, senkt die Dauer und die Kosten der patentamtlichen Prüfungsverfahren und führt zu wirtschaftlich gut verwertbaren Schutzrechten. Der Patentanwalt selbst kann dabei vom geförderten Unternehmen selbst ausgewählt werden.

8.3 Fördermöglichkeiten

Antragsberechtigt sind KMU der gewerblichen Wirtschaft und Selbstständige der freien naturwissenschaftlich-technischen Berufe, die folgende Kriterien erfüllen:

Kriterien

1. Tätigkeit im Haupterwerb (also keine nur nebenberufliche Tätigkeit),
2. Niederlassung oder Betriebsstätte in Deutschland,
3. maximal 250 Beschäftigte,
4. maximaler Jahresumsatz 50 Mio. Euro oder Jahresbilanzsumme von höchstens 43 Mio. Euro (gemäß EU-Definition),
5. keine Patent- oder Gebrauchsmusteranmeldung in den letzten fünf Jahren.

Die Antragstellung selbst erfolgt dabei über das Online-Portal „EASY ONLINE" auf den Seiten des BMWi.

Den Förderprogrammen des BMWi zu Patenten und Innovation wird von seinen Initiatoren eine hohe Erfolgsquote bescheinigt. Zu SIGNO, dem Vorgänger von WIPANO, heißt es dazu: *„Die KMU-Patentaktion ist eine bewährte Maßnahme, die schon seit einigen Jahren durchgeführt wird. Sie kann bereits eine Reihe von Erfolgsgeschichten vorweisen. Mit einer Erteilungsquote von über 80 Prozent liegen von SIGNO geförderte Patentanmeldungen deutlich über der durchschnittlichen Quote des Deutschen Patent- und Markenamtes. Dies ist ein Indiz dafür, dass die Qualität dieser Anmeldung überdurchschnittlich hoch ist. Überdurchschnittlich sind auch die Verwertungserfolge ehemaliger Teilnehmer. Eine explorative Umfrage bei 1.100 ehemaligen Teilnehmern zeigt, dass die KMU-Patentaktion maßgeblich zur Schaffung von mehr als 1.450 Arbeitsplätzen beigetragen hat. Außerdem wird der Aktion ein hoher Lerneffekt bescheinigt: Nahezu die Hälfte der Teilnehmer hat nach Ablauf der Förderung bereits mindestens ein weiteres Schutzrecht angemeldet. Nicht zuletzt beurteilen auch die Teilnehmer die Maßnahme als sehr positiv: Die zügige Bewilligung, die unbürokratische fördertechnische Abwicklung sowie die kompetente Beratung durch die SIGNO-Partner werden dabei besonders oft hervorgehoben."*

Initiativen der Bundesländer

In einigen Bundesländern existieren weitere Förderprogramme, die entweder explizit der Förderung von Patentanmeldungen dienen oder die eine solche Förderung als Teilaspekt eines Förderprogrammes vorsehen. Aktuell gibt es dazu folgende Aktionen:

Bayern

Bayern

- **BayTP**[137] (Bayerisches Technologieförderungsprogramm)
- KMU mit Sitz oder Betriebsstätte in Bayern bzw. Mittelständler mit konzernweit weniger als 400 Mitarbeitern
- Darlehen oder Zuschuss: max. 35 % der zuwendungsfähigen Kosten
- Patente: Kosten für Patente und Lizenzen sind förderwürdig

Bremen

Bremen

- **IDL**[138] (Innovationsberatungsdienste und innovationsunterstützende Dienstleistungen)
- Markteinführung innovativer Produkte und Dienstleistungen
- Zielgruppe KMU mit Sitz oder Betriebsstätte in Bremen
- Förderung von bis zu 50 % der anfallenden Kosten
- bis zu 40.000 € je Förderprojekt (also max. 20.000 € Zuschuss)

Mecklenburg-Vorpommern

Mecklenburg-Vorpommern[139]

- Land MVP mit Unterstützung Europäischer Strukturfonds
- Ansprechpartner: TBI GmbH Schwerin
- Zielgruppe u. a. Unternehmen mit Betriebsstätte in MVP
- Umfangreiche Förderung von F&E, Innovationen, Patenten
- Patente: 50 % der förderfähigen Ausgaben, max. 50.000 €

NRW

Nordrhein-Westfalen

- **FEI-Richtlinie**[140] (Förderung im Forschungs-, Entwicklungs- und Innovationsbereich)
- Zielgruppe: u. a. Unternehmen in NRW
- umfangreiche Förderung von F&E, Innovationen, Technologietransfer, gewerblichen Schutzrechten
- Zuschüsse von bis zu 100 % (Staffelung nach Vorhaben)
- Patente: Innovationsbeihilfen (max. 50 %)

Thüringen

Thüringen

- **FTI-Richtlinie**[141] (Förderung von Forschungs-, Technologie- und Innovationsprojekten)

---

[137] https://www.stmwi.bayern.de/service/foerderprogramme/technologiefoerderung
[138] https://www.wfb-bremen.de/de/page/foerderprogramme-FuEr-bremen
[139] http://www.tbi-mv.de/technologiefoerderung/foerderprogramme/schutzrechte.html
[140] https://recht.nrw.de/lmi/owa/br_vbl_detail_text?anw_nr=7&vd_id=15330&ver=8&val=15330&sg=0&menu=1&vd_back=N
[141] http://www.aufbaubank.de/Foerderprogramme/TEC-FuTuI-Richtlinie#foerderzweck

8.3 Fördermöglichkeiten

- Projekte in Thüringen bestimmter Fachrichtungen (RIS 3 Thüringen)
- Fördergegenstand: F&E-Vorhaben, Innovationsgutscheine und wirtschaftsnahe Infrastruktur
- Patente: Innovationsgutscheine, Förderquote 50 % ; 1.500 € für Recherchen zum Stand der Technik; 1.000 € für Kosten-Nutzen-Analyse; 10.000 € für Patent- und Gebrauchsmusteranmeldungen, davon max. 2.100 € für jede Anmeldung in Deutschland und max. 2.700 € für jede Anmeldung außerhalb Deutschlands

Sachsen-Anhalt

- **Investitionsbank Sachsen-Anhalt**[142]
- Umfangreiche Förderung in den Bereichen industrielle Forschung und experimentelle Entwicklung für KMU, Großunternehmen und Forschungseinrichtungen
- Betriebsstätte in Sachsen-Anhalt und Durchführung des Vorhabens überwiegend dort
- Patente: Zuschuss in Höhe von bis zu 50 % der zuwendungsfähigen Ausgaben, max. 50.000 €

Schleswig-Holstein

- **BFEI-Richtlinie**[143] (Förderung betrieblicher Forschung, Entwicklung und Innovation)
- Vorhaben der industriellen Forschung und experimentellen Entwicklung, die die Schaffung und Sicherung zukunftsorientierter Arbeitsplätze in Schleswig-Holstein erwarten lassen
- Unternehmen mit Sitz oder Betriebsstätte in Schleswig-Holstein, KMU werden bevorzugt gefördert
- Förderung von F&E-Vorhaben bis zu max. 70 %
- Patente: ausschließlich für KMU sind die Kosten für die Erlangung, Validierung und Verteidigung von Patenten, die einen Bezug zum F&E-Vorhaben aufweisen, förderfähig

ZIM[144] *(Zentrales Innovationsprogramm Mittelstand)*

Beim Zentralen Innovationsprogramm Mittelstand (ZIM) handelt es sich um ein bundesweites, technologie- und branchenoffenes

---

[142] http://www.ib-sachsen-anhalt.de/foerderprogramme/forschung-und-entwicklung.html
[143] http://wtsh.de/foerderberatung-der-wtsh/foerderprogramme/foerderprogramm-bfei/
[144] www.zim-bmwi.de

Förderprogramm für KMU bzw. Mittelständler mit bis zu 499 Beschäftigten und für wirtschaftsnahe Forschungseinrichtungen, die mit KMU zusammenarbeiten. Gefördert werden F&E-Projekte. Je nach Art des Vorhabens und der teilnehmenden Partner erfolgt bei ZIM eine Unterteilung in drei Kategorien (Einzelprojekte, Kooperationsprojekte und Kooperationsnetzwerke) mit individuellen Förderquoten und Beträgen. Die Förderquoten variieren bei Unternehmen zwischen 25 % und 55 %, bei Forschungseinrichtungen beträgt die Förderquote bis zu 100 %. Die maximal mögliche Förderung beträgt dabei 380.000 € pro Unternehmen und bis zu 190.000 € pro Forschungseinrichtung.

In Anschluss an eine ZIM-Förderung eines F&E-Projektes können ergänzende Leistungen zur Markteinführung gefördert werden. Dazu zählen auch Innovationsberatungsdienste: Beratung, Unterstützung und Schulung in den Bereichen Wissenstransfer, Erwerb, Schutz und Verwertung immaterieller Vermögenswerte sowie Anwendung von Normen und Vorschriften, in denen diese verankert sind. Der Fördersatz beträgt 50 %, Kosten von bis zu 50.000 € sind förderfähig.

Zwei von drei ZIM-Anträgen werden bewilligt

Die Chancen für die Bewilligung eines gestellten Antrages stehen im Allgemeinen gut. Etwa zwei von drei ZIM-Anträgen wurden in der Vergangenheit bewilligt. Einen Überblick über die seit dem 1. Januar 2015 bewilligten Fördermittel aufgeschlüsselt nach Technologiefeldern zeigt Abbildung 15.

Patentförderung in Österreich

Das Österreichische Patentamt (ÖPA) informiert auf seiner Webpage unter anderem auch über österreichische Interessenvertretungen und Förderstellen: http://www.patentamt.at/Das_Oesterreichische_Patentamt/Partner.

Das Bundesministerium für Verkehr, Innovation und Technologie informiert auf der Webseite www.foerderkompass.at über diverse Förderprojekte und Maßnahmen. Unter anderem ist auf der Informationsseite eine sachbezogene Stichwortsuche (z. B. nach „Patent") möglich.

Eine finanzielle Förderung von Patentanmeldungen ist in Österreich u. a. über der Patentförderung NÖ realisierbar, die sich an in Niederösterreich ansässige KMU richtet.

8.3 Fördermöglichkeiten

ZIM-Fördermittel in Mio. Euro

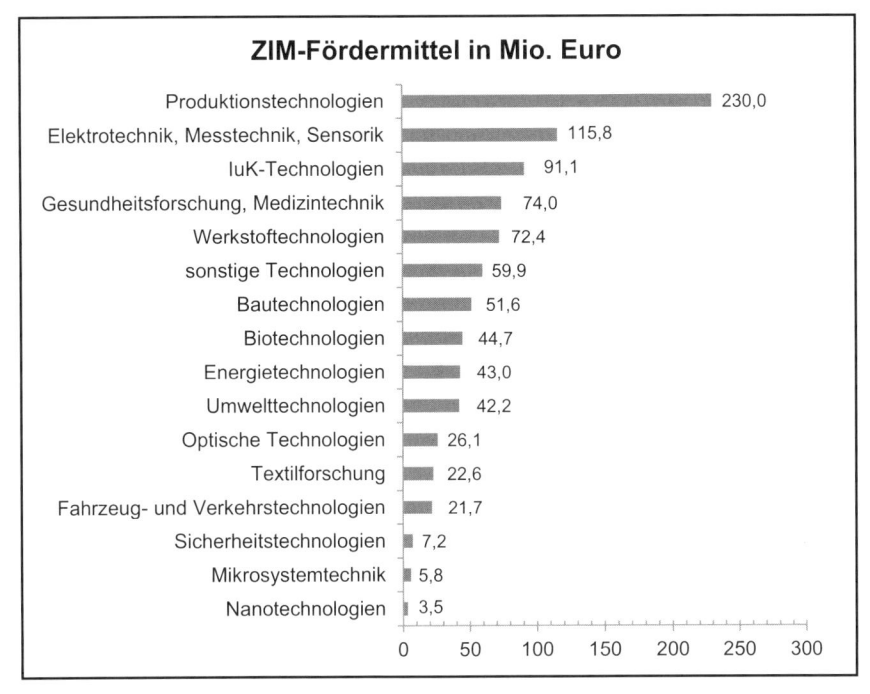

Technologiefeld	Mio. Euro
Produktionstechnologien	230,0
Elektrotechnik, Messtechnik, Sensorik	115,8
IuK-Technologien	91,1
Gesundheitsforschung, Medizintechnik	74,0
Werkstofftechnologien	72,4
sonstige Technologien	59,9
Bautechnologien	51,6
Biotechnologien	44,7
Energietechnologien	43,0
Umwelttechnologien	42,2
Optische Technologien	26,1
Textilforschung	22,6
Fahrzeug- und Verkehrstechnologien	21,7
Sicherheitstechnologien	7,2
Mikrosystemtechnik	5,8
Nanotechnologien	3,5

Abbildung 15: Bewilligte Fördermittel des ZIM-Programms seit dem 1. Januar 2015 aufgeschlüsselt nach Technologiefeldern in Mio. Euro (Stand 25.07.2016; Quelle: ZIM, Bundesministerium für Wirtschaft und Technologie)

Patentförderung in der Schweiz

Das Eidgenössische Institut für Geistiges Eigentum (IGE) in der Schweiz bietet spezielle Webseiten für KMU an.[145] Finanzielle Förderprogramme für Patentanmelder aus der Schweiz sind mir leider nicht bekannt.

---

[145] https://kmu.ige.ch/home.html

Wissen, das zählt: Patente aus strategischer Sicht

9

9.1 Patente als unternehmerisches Tool

Was zeichnet am Markt erfolgreiche Unternehmen aus? Warum und mit welchen Mitteln haben sie es geschafft, dort zu stehen, wo sie heute sind? Und warum steht zu vermuten, dass viele von ihnen auch zukünftig erfolgreich an der Spitze stehen werden? Obwohl sich die Zeiten, die individuellen Bedürfnisse von Konsumenten, das Wettbewerbsumfeld und die technologischen Möglichkeiten immer wieder wandeln und verändern? Was haben diese erfolgreichen Unternehmen gemeinsam?

Basis eines jeden unternehmerischen Erfolgs ist eine wohl überlegte und gut durchdachte Unternehmensstrategie. Passt die Strategie und wird diese regelmäßig an sich unvermeidlich verändernde Rahmenparameter angepasst, also quasi immer wieder nachjustiert, dann ist praktisch zwangsläufig auch die Umsetzung der Strategie von Erfolg gekrönt. Eine Strategie basiert also zu einem großen Teil auf Fakten und Wissen. Natürlich kann auch noch das berühmte Unternehmernäschen, der richtige Riecher, hinzukommen. Aber auch dieses zunächst intuitiv anmutende Element ist rational betrachtet nichts anderes als das frühzeitige Erkennen und Nutzen von Trends. Manche Unternehmen greifen deshalb auch ganz gezielt auf entsprechende Dienstleistungen zu Trendermittlungen und zur Identifikation von Zukunftsmärkten zurück.[146]

Doppelrolle von Patenten bei Unternehmensstrategie

Patente spielen aus strategischer Sicht nun eine doppelte Rolle: Zum einen bieten sie Unterstützung bei der *Umsetzung* einer existierenden Unternehmensstrategie. Patente sichern durch ihren Monopolcharakter die Unternehmensstrategie mit ab und sind ein Mittel zur Zielerreichung. Zum anderen sind Patente aber auch ein effektives und nützliches Tool schon bei der *Erarbeitung* einer Unternehmensstrategie. Hier ist vor allem der Faktor Patentliteratur bedeutend, der umfassende Analysen zum Markt (Bedarf) und zum Wettbewerb erlaubt. Das folgende Schaubild veranschaulicht diesen Zusammenhang.

Die Bedeutung von Patenten im Unternehmen ist also eine Doppelrolle. Sie haben sowohl Anteil an der *Formulierung* der Unternehmensstrategie als auch bei der *Umsetzung* der Unternehmensstrategie.

---

[146] Ein Dienstleister hierzu ist z. B. die Future Management AG, deren Dienstleistungsanspruch es ist, für Führungsteams Chancen in Zukunftsmärkten zu erkennen, zu erforschen und zu erschließen. Mehr Infos unter www.futuremanagementgroup.com

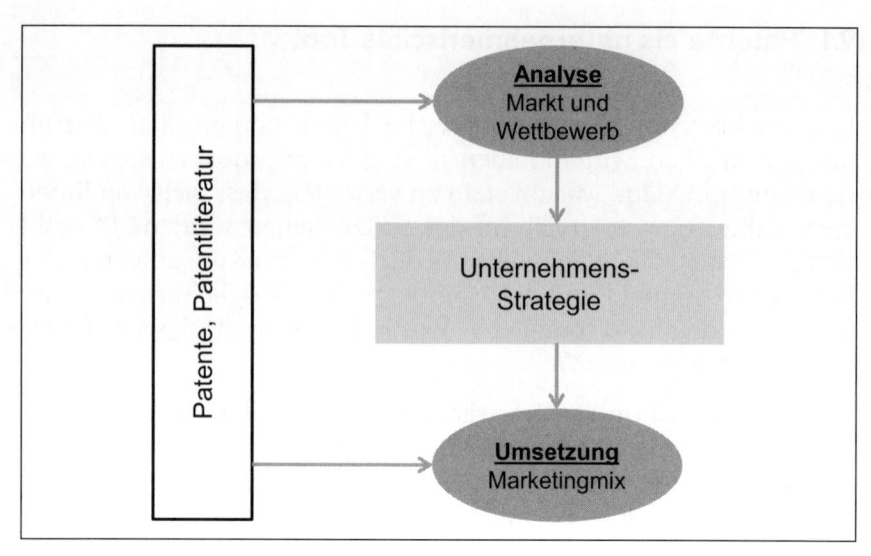

Abbildung 16: Das Verhältnis von Patenten und Patentliteratur zur Unternehmensstrategie. Patente und Patentliteratur leisten dabei einen doppelten Beitrag, und zwar bei der Strategiefindung und bei der Strategieumsetzung.

Alle Fragen und Aspekte, die mit Patenten in unternehmerischem Zusammenhang stehen, sind deshalb auch tendenziell sehr vielschichtig.

Patentliteratur zur Analyse von Markt und Wettbewerb

Schauen wir uns den Beitrag von Patenten bzw. Patent-Tools aus unternehmerischer Sicht einmal genauer an. Beginnen wir dabei mit der Rolle von Patenten im Analyseprozess im Rahmen der Entwicklung der Unternehmensstrategie. Hierbei werden zum einen der Markt (Bedarf) und zum anderen der Wettbewerb genau analysiert. Je vollständiger und präziser die Analyse, desto belastbarer sind die daraus gezogenen Schlussfolgerungen. Patentliteratur kann bei diesem Informationsbeschaffungs- und Analysevorgang einen ganz wichtigen, unterstützenden Beitrag leisten. Patentliteratur ergänzt dabei andere, herkömmliche Quellen und eigene Erfahrungen aus der unternehmerischen Praxis. Sie kann dabei anhand verschiedener, einander ergänzender Fragestellungen analysiert werden.

Im Rahmen der Wettbewerbsanalyse lassen sich Wettbewerber identifizieren und Erkenntnisse über technische Kompetenzen von Wettbewerbern ermitteln. Wo liegen ihre Stärken und Kernkompetenzen? Was wird vermehrt angemeldet, in welche Richtung wird folglich vermehrt entwickelt? Gibt es in technischer Hinsicht patentfreie Bereiche, in denen der Wettbewerb über keinerlei Schutzrechte verfügt? Sind diese für das eigene Unternehmen interessant? Neben diesen

9.1 Patente als unternehmerisches Tool

technischen Aussagen lassen sich aus denselben Patentquellen Aussagen darüber gewinnen, welche räumlichen Märkte der jeweilige Wettbewerber als für sich interessant erachtet. Patente haben ja einen definierten territorialen Gültigkeitsbereich und das entsprechende wirtschaftliche Interesse der Wettbewerber an bestimmten Ländern als Markt lässt sich gut anhand der Patentsituation abbilden. Patentliteratur erlaubt also im Rahmen der Wettbewerbsanalyse eine noch bessere und eindeutigere Positionierung des eigenen Unternehmens gegenüber dem Wettbewerb.

Bei der Marktanalyse geht es – anders als bei der Wettbewerbsanalyse – primär um den existierenden oder zukünftigen Bedarf an bestimmten Produkten. Im Rahmen der Marktanalyse kann wiederum Patentliteratur als Analyse-Tool eingesetzt werden. Ihr Einsatz ist hierbei breiter angelegt, um bestimmte technologische Trends auf dem Markt zu identifizieren und nach Möglichkeit für das eigene Unternehmen nutzbar zu machen. Erleichtert wird durch Patentliteratur also auch eine Marktsegmentierung. Bei der angesprochenen Trendanalyse spielen auch solche Trends eine Rolle, die auf den ersten Blick überhaupt nicht in einem unmittelbaren Zusammenhang zu den Geschäftsaktivitäten des eigenen Unternehmens stehen. Das Aufkommen des Internets hat beispielsweise nicht nur unsere Datenübermittlung im engeren Sinne revolutioniert, sondern hatte und hat maßgeblichen Einfluss auch auf andere Lebensbereiche, wie z. B. unser Einkaufverhalten.[147] In diesem Zusammenhang sei auch auf die Trendanalysen der einschlägigen Patentämter hingewiesen, die in ihren Jahresberichten immer auch neue technologische Trends identifizieren. Das zu verfolgen, ist unglaublich spannend und für Unternehmer eine wertvolle Informations- und Inspirationsquelle!

Verlassen wir nun den Bereich der Strategieentwicklung und kommen zum Bereich der Umsetzung der Unternehmensstrategie. Abgeleitet aus der Unternehmensstrategie wird der sog. Marketing-Mix: Product, Place (Vertrieb), Promotion (Kommunikation und Werbung), Price (sog. 4 „P"s). Mithilfe des ermittelten optimalen Marketing-Mix erfolgt dann die Umsetzung der Unternehmensstrategie. In diesem Umfeld spielen Patente ihre originäre Stärke als rechtlich garantiertes Monopol auf Zeit aus: Als starkes und umfassendes Verbietungsrecht tragen sie dazu bei, den Auf- und Ausbau von Kernkompetenzen rechtlich abzusichern. Sie schaffen sicheres Terrain und unterstützen so bei der Erschließung neuer Marktsegmente. Gleichzeitig werden Wettbewerber daran gehindert, in dieses

Patente zur Umsetzung der Unternehmensstrategie

---

[147] Beispiele: Amazon, Zalando.

geschützte Terrain vorzudringen, es werden also wirksame Markteintrittsbarrieren geschaffen. In der Konsequenz erlauben Patente deshalb unter ihrem Schutzschirm einen bestmöglichen Ausbau von Marktanteilen. Der Wettbewerb wird entsprechend verdrängt, da es ihm rechtlich verboten ist, bestimmte Produkte herzustellen, anzubieten, in Verkehr zu bringen oder zu gebrauchen oder zu den genannten Zwecken entweder einzuführen oder zu besitzen.

Ein durch Patent rechtlich abgesicherter USP schafft dann auch bei der Preisgestaltung für ein Produkt mit exklusiven Merkmalen mehr Spielraum für den Patentinhaber: Der Verkaufspreis für ein exklusives Produkt kann tendenziell höher veranschlagt werden, es steigt also die Marge und damit der mit einem Produkt erzielbare Gewinn.

Steigerung von Umsatz und EBIT

Im Ergebnis leisten Patente deshalb als Absicherung einer technischen Innovation einen wichtigen Beitrag zur Steigerung von Umsatz bzw. EBIT. Der allgemeine Zusammenhang zwischen Innovationen allgemein und Wachstum ist bekannt und gilt als gesichert. Innovationen sind demnach Voraussetzung für nachhaltiges Wachstum. Der KfW-Innovationsbericht Mittelstand 2014 resümiert: *„Innovationen entscheiden mit über den Unternehmenserfolg. Umsatz und Beschäftigung wachsen in innovativen Unternehmen um rund zwei Fünftel schneller als in Unternehmen ohne Innovationen. Die Umsatzrendite steigt innerhalb von zwei Jahren um 7 % gegenüber nicht-innovativen Unternehmen."*[148]

Das ist eine sehr starke Aussage! Die obigen Zahlen sind statistisch gut belegt bzw. signifikant und zeigen weit mehr als nur einen vagen Trend! Stattdessen spiegeln sie einen immens wichtigen Zusammenhang zwischen Innovationen und wirtschaftlichem Erfolg wieder, den man sich immer wieder klar machen sollte, wenn man ein Unternehmen wirtschaftlich voranbringen will. Innovation ist gewissermaßen das Mantra für unternehmerischen Erfolg.

Schaffung einer Innovationskultur

Das Entstehen von Innovation und hier speziell von technischen Erfindungen, die zu Patenten führen können, wird begünstigt durch eine entsprechend gestaltete Innovationskultur. Das Schaffen von Innovationen braucht zum einen spielerischen Freiraum und Gestaltungsfreiheit, zum anderen ist aber auch zielgerichtete, bedarfsorientierte F&E-Tätigkeit gefragt. Diese beiden Ansätze sind grundverschieden und haben doch jeder für sich ihre Berechtigung. Denn Ideen und Erfindungen entstehen auf unterschiedliche Weise. Inkrementelle Verbesserungen sind oft zielgerichtet und am Bedarf des Marktes orientiert. Größere Weiterentwicklungsschritte hingegen

---

[148] KfW-Innovationsbericht Mittelstand 2014 (Autor: Dr. Volker Zimmermann).

9.1 Patente als unternehmerisches Tool

sind oft verbunden mit dem spielerischen Forscherdrang einzelner Innovatoren in einer Firma. Beides ist gut.

In jedem Fall ist es wichtig, im Rahmen von Forschung und Entwicklung frühzeitig abzuklären, ob die eigenen neuen Ideen denn tatsächlich neu sind! Hierüber kann in den meisten Fällen eine gezielte Recherche in der existierenden Patentliteratur beitragen, die den Großteil allen technischen Wissens beinhaltet. Eine Patentrecherche nach dem Stand der Technik verhindert also zeit- und kostenintensive Doppelentwicklungen. F&E-Mittel können somit im Unternehmen zielführender eingesetzt werden.

Neben der Neuheitsrecherche in Patentdatenbanken zum Stand der Technik fällt in operativem Zusammenhang auch oft der Begriff „FTO" bzw. *freedom to operate*-Recherche. Bei dieser Art der Recherche wird gescannt, ob ein geplantes Produkt denn tatsächlich auf den Markt gebracht werden darf bzw. ob Schutzrechte Dritter möglicherweise durch das neue Produkt verletzt werden. Es kann so frühzeitig eine F&E-Kurskorrektur eingeleitet oder alternativ eine Lizenznahme versucht werden. Das Risiko, in einen Patentverletzungsprozess hineingezogen zu werden, lässt sich so schon im Vorfeld minimieren. In jedem Fall dient eine FTO dazu zu verhindern, dass eine technische Neuentwicklung in eine wirtschaftliche Sackgasse führt, was mit hohen überflüssigen Kosten verbunden wäre.

„FTO" bzw. freedom to operate-Recherche

Eine echte schutzrechtliche Wettbewerbsüberwachung dient überdies dazu, potenziell störende Patente von Wettbewerbern frühzeitig zu identifizieren und gegebenenfalls nichts unversucht zu lassen, das Entstehen eines Monopolrechts für den Wettbewerber zu verhindern. Auf diese Weise kann der eigene unternehmerische Handlungsspielraum besser gewahrt bleiben. Letztlich unterstützt dies den Erhalt von Marktanteilen und sichert Umsatz. Nützlich sind in diesem Zusammenhang wiederum eigene Patente, die sich gegebenenfalls als Tauschmittel im Rahmen einer Kreuzlizenzierung anbieten können.

Ganz generell erlaubt eine aktive Lizenzpolitik das Generieren von zusätzlichen Einnahmequellen für ein Unternehmen. Wir hatten ja schon gesehen, dass hier ein immenses Potenzial schlummert, das von europäischen Unternehmen – anders als von US-amerikanischen – noch viel zu selten genutzt wird. Lizenzen können zum Beispiel dazu dienen, Einnahmen in einem unternehmensfremden Marktsegment zu generieren oder aber im Rahmen einer Vertriebsstrategie andere, fremde Märkte zu bedienen. Obwohl durch eine Lizenzvergabe einem Dritten bestimmte Nutzungsrechte an einem Patent eingeräumt werden können, steht eine gute Lizenzvergabepo-

Aktive Lizenzpolitik ermöglicht zusätzliche Einnahmen

litik dennoch nie im Widerspruch zur Unternehmensstrategie. Denn jede Unternehmensstrategie lebt von ihrer Fokussierung und nicht von einer unspezifischen Breite.

Innovatives Image beeinflusst Kaufentscheidungen

Im Bereich der Werbung und Kommunikation manifestiert sich ein weiterer positiver Effekt durch Patente. Eine hohe und entsprechend kommunizierte Zahl von Patenten schafft ein wertvolles innovatives Image für ein Unternehmen. Viele Kaufentscheidungen heute werden nicht nur nach rationaler Abwägung, sondern auch nach subjektivem Empfinden getroffen. Eine hohe Anzahl von Schutzrechten adressiert beides: die harten Fakten und das Gefühl, etwas Besonderes, Einmaliges und Wertvolles zu erwerben. Gekauft wird nicht eine gefühlt oder tatsächlich billige, womöglich schlechtere Kopie. Ein positives, innovatives Image beeinflusst viele Kaufentscheidungen positiv und führt so zu einem höheren Umsatz und gegebenenfalls höherem EBIT.

Steigerung des Unternehmenswertes

Patente schützen nach der allgemeinen Wahrnehmung Innovationen von Wert. Und sie sind tatsächlich etwas wert: Der Monopolcharakter von Patenten garantiert bestimmte Marktanteile. Deshalb wird heutzutage der Wert eines Unternehmens ganz maßgeblich durch den Wert seiner gewerblichen Schutzrechte mitbestimmt. Das Anlagevermögen wird zu großen Teilen durch Patente und Marken mitbestimmt. Der Wert von Immaterialgüterrechten übersteigt dabei nicht selten den Wert von Sachanlagen und Finanzanlagen um ein Vielfaches! Bei Kreditanträgen, die für eine Umsetzung der Unternehmensstrategie erforderlich sein können, erleichtert deshalb ein gut bestücktes Patentportfolio die Zusage zur Finanzierung. Denn Patente bieten Sicherheit – und Zukunft.

9.2 Patentschnittstellen im Unternehmen

Patente stellen ein machtvolles und ein vielfältig einsetzbares unternehmerisches Tool dar. Das gilt sowohl für strategische Überlegungen im Rahmen der Unternehmensplanung als auch bei der Umsetzung und Erreichung von Unternehmenszielen. Für Patente existieren somit in Unternehmen jeder Größe eine Vielzahl von Berührungspunkten und Schnittstellen. Es lohnt sich, einen eingehenderen Blick auf diese Schnittstellen zu werfen, denn aus dieser Betrachtung lassen sich unmittelbar konkrete Checklisten und wertvolle Handlungsanweisungen für die einzelnen Player im Unternehmen ableiten.

9.2 Patentschnittstellen im Unternehmen

Beginnen wir mit einer kurzen Bestandsaufnahme: Welche Bereiche und Funktionen gibt es in praktisch jedem produzierenden Unternehmen? Und zwar am besten unabhängig von der konkreten Organisation und Hierarchie – denn diese Strukturen unterscheiden sich von Unternehmen zu Unternehmen einfach viel zu drastisch, um allgemeingültige Schlussfolgerungen daraus abzuleiten.

Im Bereich des strategischen Managements greift man für ein grundlegendes Verständnis der unternehmerischen Wertschöpfung oft auf die sog. Wertschöpfungskette zurück. Diese bildet den Wertschöpfungsprozess ab, der in unmittelbarem Zusammenhang mit der physischen Herstellung von Produkten und der diesbezüglichen Versorgung des Marktes steht. Wie genau die Wertschöpfungskette zu betrachten, zu analysieren und zu optimieren ist, dazu existieren verschiedene wirtschaftswissenschaftliche Ansätze.[149, 150] Den allermeisten Ansätzen hierzu aber ist gemein, dass sie von einer Betrachtung ausgehen, in der zwischen der eigentlichen Wertschöpfungskette im engeren Sinne und Umgebungsfaktoren unterschieden wird, die den Wertschöpfungsprozess unterstützen und beeinflussen. Dieses Bild möchte ich im Folgenden auch für die Einordnung von Patent bezogenen Prozessen in Unternehmen heranziehen:

Patente entlang der Wertschöpfungskette

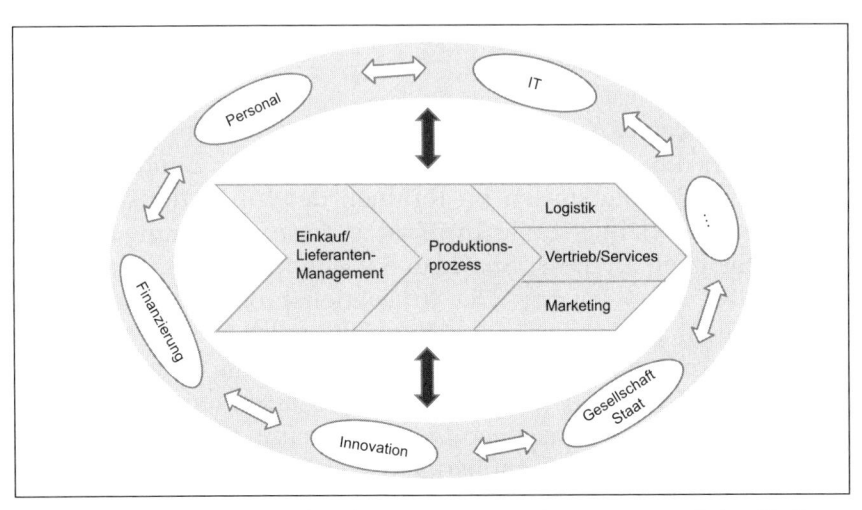

Abbildung 17: Der Wertschöpfungsprozess und seine wesentliche Einflussfaktoren. Dabei stehen die Einflussfaktoren (im Kreisring) sowohl mit den Kernprozessen (im Kreisinnern) als auch untereinander in Wechselwirkung.

---

[149] M. Porter: Globaler Wettbewerb – Strategien der neuen Internationalisierung, Wiesbaden 1989.
[150] M. Scott: Value Drivers – The Manager's Framework for Identifying the Drivers of Corporate Value Creation, Chicester 1998.

Kernprozesse und Umgebungsfaktoren

Im Zentrum der hier gewählten Prozess bezogenen Darstellung befindet sich die Wertschöpfungskette im engeren Sinne mit ihren Kernprozessen zur Eingangslogistik (Einkauf und Lieferantenmanagement), dem eigentlichen Produktionsprozess, der nachfolgenden Ausgangslogistik und damit verbundenen Prozessen im Bereich Vertrieb und Marketing sowie der Service. Um diese Kernprozesse herum sind die Umgebungsfaktoren dargestellt, die die Kernprozesse beeinflussen (dunkle Pfeile). Und natürlich beeinflussen sich die verschiedenen Umgebungsfaktoren auch untereinander (weiße Pfeile). Wichtige Einflussfaktoren sind die Prozesse in den Bereichen Finanzen, Personal, Informationstechnologie (IT), Innovation sowie Staat und Gesellschaft. Es ist klar, dass das obige Schaubild weiter ergänzt werden kann, ja gelegentlich sogar ergänzt werden muss, nämlich immer dann, wenn neue Einflussfaktoren hinzukommen. So gesehen ist bei obigem Schaubild die Informationstechnologie sicherlich der jüngste der wichtigen Einflussfaktoren.

Jetzt wird es richtig spannend! Die Preisfrage lautet nun: Wo sind in der obigen Prozessdarstellung nun Patente bzw. patentbezogene Prozesse einzuordnen? Wie sieht das Zusammenspiel zwischen Patentthemen und den oben beschriebenen Prozessen aus?

Patente im Innovationsprozess

Die spontane erste Antwort auf die Frage nach der Einordnung von Patenten in die obige Prozessstruktur ist oft eine Zuordnung zur Innovation. Patente spielen im Rahmen des Innovationsprozesses natürlich eine wichtige Rolle. Insofern ist diese Zuordnung möglich. Lassen Sie mich an dieser Stelle auch wiederholen, dass Innovation *mehr* ist als „nur" Patente. Der Innovationsprozess umfasst sogar deutlich mehr als Forschung und Entwicklung![151] Gleichwohl stellen patentierbare Erfindungen ein wertvolles Ergebnis vieler F&E-Anstrengungen und auch von Innovationsprozessen dar. Patente fungieren dann in ihrer ureigenen Funktion, nämlich als Schutzfunktion bzw. Schutzrecht gegenüber dem Wettbewerb.

Patente sind Output UND Input von Innovationsprozessen

Aber das ist noch nicht alles: Patente sind nicht nur ein möglicher *Output* von Innovationsprozessen, sondern sie können auch einen nützlichen *Input* darstellen. Wir hatten in vorangegangenen Kapiteln das Thema Patentliteratur schon näher beleuchtet.[152] Alles, was aus

---

[151] Vgl. Definition von Innovation in Kapitel 1.2.
[152] Vgl. Kapitel 5.1.

9.2 Patentschnittstellen im Unternehmen

dieser Patentliteratur schon bekannt ist, muss nicht erst mühsam durch eigene Ideen angestrebt und dann Zeit und Kosten aufwendig durch F&E-Anstrengungen realisiert werden. Dabei gilt es zu bedenken, dass längst nicht alles, was an technischen Informationen in Patentdokumenten enthalten ist, auch tatsächlich geschützt ist. Hier liegt also ein enormes Einsparpotenzial für Unternehmen und Patentinformation hat eine wichtige Kostensenkungsfunktion.

Natürlich hat Patentinformation für die eigene F&E auch eine Warnfunktion: Denn es macht häufig keinen Sinn, ein Produkt technisch nur in eine Richtung weiterzuentwickeln, in der ein Wettbewerber schon durch entsprechende Patente seinen unternehmerischen Claim abgesteckt hat. In diesen geschützten Bereich darf dann niemand einfach so eindringen. Eine Produktentwicklung in die falsche Richtung kann deshalb schnell in eine gefährliche Sackgasse führen.

Patente spielen also im Rahmen von Innovationsprozessen gleich mehrere wichtige Rollen. Sie haben eine

1. **Schutzfunktion** für eigene Produkte,
2. **Kostensenkungsfunktion** bei eigenen F&E-Anstrengungen und
3. **Warnfunktion** vor möglichen Entwicklungssackgassen.

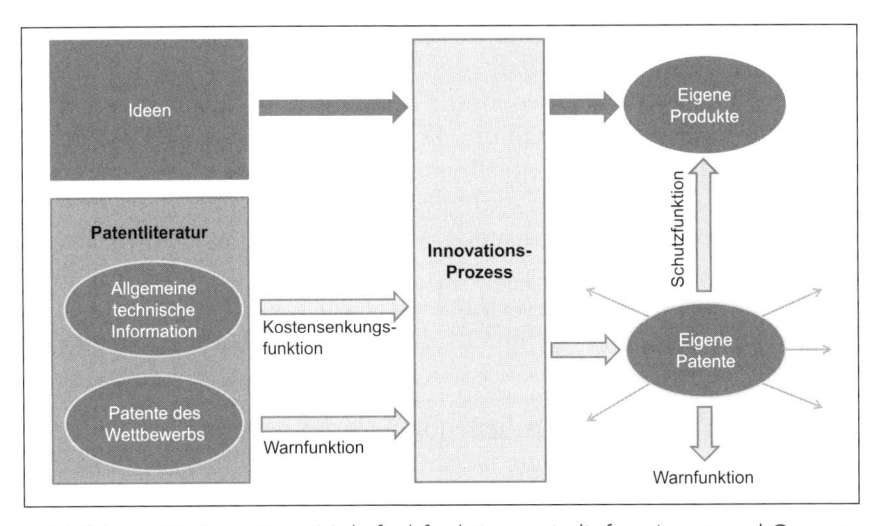

Abbildung 18: Patente in Mehrfachfunktion – sie liefern Input und Output beim Innovationsprozess

Die obige Grafik veranschaulicht die verschiedenen Patentfunktionen im Rahmen eines produktbezogenen, technischen Innovationsprozesses (es gibt natürlich auch nicht-technische Innovationen!).

Ein Großteil des Innovationsprozesses spielt sich dabei im Rahmen von Forschung und Entwicklung ab, der Innovationsprozess ist aber definitiv nicht auf diesen Unternehmensbereich beschränkt. In jedem Fall sind die Patentfunktionen im Innovationsprozess kein Selbstzweck, sondern haben immer unterstützenden Charakter. Das Ziel des produktbezogenen Innovationsprozesses ist nicht das Patent, sondern das am Markt erfolgreiche Produkt. Ein erfolgreiches Produkt ist für ein Unternehmen wertvoll. Und wertvolle Produkte brauchen Schutz, den Patente ihnen dann bieten können, wenn die Patentierungsvoraussetzungen betreffend Technizität, Neuheit und erfinderische Tätigkeit erfüllt sind.

Patente im Einkauf und Lieferantenmanagement

Patente spielen aber nicht nur im Rahmen von Innovationsprozessen eine wichtige Rolle, sondern sie weisen auch wichtige Berührungspunkte zu anderen Unternehmensprozessen auf, die so auf den ersten Blick gar nicht unbedingt vermutet werden. Schauen wir uns in Hinblick auf Patente deshalb als nächstes einmal die Kernprozesse der Wertschöpfungskette genauer an. Den Eingangsprozess hierzu bilden der Einkauf und das Lieferantenmanagement.

Der Einkaufsprozess ist primär ein betriebswirtschaftlicher Prozess. Es entstehen hierbei deshalb im Normalfall keine patentfähigen technischen Lösungen – jedenfalls nicht im Einkaufsprozess selbst. Stattdessen geht es zielgenau um die Beschaffung und Bereitstellung von Material, Rohstoffen und Maschinen, um Beistellungen, zugekaufte Teile und Produkte und gegebenenfalls um die Inanspruchnahme externer Dienstleistungen. Waren und Dienstleistungen, die über den Einkauf den Weg in das Unternehmen gefunden haben, werden dann im weiteren Verlauf im Unternehmen bestimmungsgemäß verwendet bzw. gebraucht. Das ist soweit ein ganz normaler Vorgang.

Der Einkauf und das anschließende bestimmungsgemäße Verwenden von patentverletzenden Gegenständen führen dazu, dass das einkaufende Unternehmen durch das Gebrauchen des Gegenstandes selbst ebenfalls zum Patentverletzer werden kann. Eine entsprechende Gefahr besteht besonders dann, wenn Produkte wegen großen Preisdruckes nicht von einem Originalhersteller, sondern von einem billigeren Nachahmer bezogen werden, der das Produkt ohne Erlaubnis des Schutzrechtsinhabers hergestellt, gehandelt oder importiert hat. Wohlgemerkt: Es handelt sich dabei um einen im Grunde

9.2 Patentschnittstellen im Unternehmen

völlig legalen Kauf des nachgeahmten Produktes auf ganz offiziellen Kanälen! Dennoch kann das Resultat eine Patentverletzung sein, mit der Folge, dass der gekaufte Gegenstand im Unternehmen nicht wie gewünscht verwendet werden darf.

> **Praxisbeispiel: Stolperfalle – Einkauf von patentverletzenden Produkten**
>
> Nehmen wir an, Ihr Unternehmen verkauft Klimaanlagen und Ihr Einkauf kauft deshalb Kompressoren als wesentliche Bauteile von Klimaanlagen zu. Sie dürfen jetzt einen patentverletzenden Kompressor, also eine Kompressor, dessen Existenz auf dem Markt sich *nicht* auf den Patentinhaber bzw. seine Erlaubnis zurückführen lässt, nicht einfach in eine von Ihrem Unternehmen hergestellte und vertriebene Klimaanlage einbauen!
>
> Das Gebrauchen von patentverletzenden Gegenständen im geschäftlichen Verkehr stellt eine Patentverletzung dar. Im ärgsten Fall drohen Ihnen deshalb durch den Einkauf patentverletzender Waren ein Herstellungs- und Vertriebsstopp für Ihre Produkte inklusive Schadensersatzforderungen durch den Patentinhaber.

Der Einkauf eines Unternehmens muss sich deshalb auch um das Thema Patentschutz bei den durch ihn gekauften Waren und Produkten grundsätzlich einmal Gedanken machen. Er darf das Thema keinesfalls komplett ignorieren. Auch wenn es sicherlich zu viel verlangt ist, dass der Einkauf die Patenlage jedes zugekauften Teiles oder Produktes kennt, so muss er sich doch einen gewissen Überblick über die Schutzrechtssituation verschaffen. Und er sollte mit seinen Lieferanten diesen Punkt unbedingt einmal grundsätzlich abklären.

Die zweite im Einkaufsprozess patentrechtlich relevante Fragestellung betrifft den Einkauf von Dienstleistungen, die prinzipiell von ihrer Natur her dazu geeignet sind, eine technische Erfindung hervorzubringen. Der Dienstleistungskauf kann dabei separat oder auch in Kombination mit einem Produktkauf erfolgen, bei der ein Produkt speziell auf die Käuferbedürfnisse zugeschnitten bzw. entwickelt werden muss. Kritische Dienstleistungen sind Entwicklungsdienstleistungen, Konstruktionsdienstleistungen und natürlich auch Arbeitnehmerüberlassungen oder ganze Kooperationsverträge. Hier sollte im Vorfeld eines Vertragsschlusses unbedingt abgeklärt werden, wie im Erfindungsfall mit Erfindungen umgegangen wird – nur so können wertvolle Erfindungen auch sicher, rechtmäßig und konfliktfrei in wertvolle Patente überführt werden.

> **Praxistipp: Zwei patentrechtlich relevante Fragen im Einkauf**
>
> Im Bereich Einkauf existieren prinzipiell zwei patentrechtlich relevante Fragestellungen, die beachtet werden sollten:
> 1. Kein Einkauf und Gebrauchen von patentverletzenden Produkten
> 2. Achtung bei Einkauf von Dienstleistungen, die potenziell Erfindungen hervorbringen!

Patente im Produktionsprozess

Im Rahmen der Produktion geht es um das Herstellen von Produkten oder um das Anwenden von Arbeitsverfahren. Eine kurze Fertigungs- oder Bearbeitungszeit, eine hohe Fertigungsgenauigkeit und Qualität, leicht anpassbare und individualisierbare Bearbeitungsparameter etc. können dabei im Fokus der kontinuierlichen Weiterentwicklung und Verbesserung des Produktionsprozesses stehen. Diese absolut anwendungsnahe und praxisorientierte Optimierungsarbeit erfolgt oft losgelöst und unabhängig von F&E-Prozessen im engeren Sinne, jedenfalls in größeren Firmen. Hierbei entstehen gar nicht so selten technische Verbesserungen, die patentwürdig sein können. Diese Erfindungen gilt es zu erkennen und gegebenenfalls zu schützen bzw. für das Unternehmen nutzbar zu machen.

Darüber hinaus empfiehlt es sich, bei jeder wichtigen d. h. echten Veränderung des Produktionsprozesses zu überprüfen, ob hier möglicherweise Verfahrenspatente Dritter zu beachten sind – sei es, dass eine Patentverletzung zu vermeiden ist oder sei es, dass rechtzeitig um eine Lizenz nachgesucht wird. Im Bereich der Produktion ist eine Verletzung von Verfahrenspatenten nämlich besonders gefährlich: Denn bei einer Patentverletzung steht im ungünstigsten Fall die gesamte Produktion still.

> **Praxistipp: Zwei patentrechtlich relevante Fragen in der Produktion**
>
> Die zwei wichtigsten Frage- bzw. Aufgabenstellungen in der Produktion zum Thema Patent sind also:
> 1. Erkennen und gegebenenfalls schützen eigener Verfahrenserfindungen
> 2. Kenntnis von wichtigen Verfahrenspatenten Dritter zur Vermeidung von Produktionsstillstand

Patente im Vertriebsprozess

Auch im Bereich des Vertriebs existieren einige wichtige Schnittstellen zu Patenten, die man dort kennen und nutzen sollte. Der Vertrieb

9.2 Patentschnittstellen im Unternehmen

ist typischerweise diejenige Einheit, die den engsten Kontakt zum Kunden und damit die besten Chancen hat, die tatsächlichen Kundenbedürfnisse zu erkennen und in neue Produkte mit entsprechendem Kundennutzen umzusetzen. Der Vertrieb kann also durch seine Kontakte und Kenntnisse wichtige Anstöße für die Produktentwicklung liefern und somit auch eine patentfähige Innovation anstoßen. Entsprechende firmeninterne Prozesse sollten deshalb für solche Impulse aufnahmefähig bzw. durchlässig gestaltet sein.

Zusätzlich kennt der Vertrieb seine konkreten Wettbewerber ganz genau und weiß, welche spezifischen Merkmale dessen Produkte aufweisen. Der Vertrieb ist also für das Aufspüren von möglichen Patentverletzungen durch Wettbewerber im Feld geradezu prädestiniert! Allerdings muss der Vertrieb dann natürlich auch wissen, über welche Patente das eigene Unternehmen denn nun eigentlich verfügt und in welchen Produkten diese wiederzufinden sind. Und das ist leider nur viel zu selten der Fall!

Da existiert dann also ein rechtlich geschütztes Alleinstellungsmerkmal für Produkte, dessen Monopolrecht aber nicht durchgesetzt wird – mit der Folge, dass dieser USP dann bald keiner mehr ist. Erstens faktisch und zweitens womöglich auch rechtlich, denn man kann bestehende Patentrechte auch verwirken, indem man über einen zu langen Zeitraum nicht auf Patentverletzungen des Wettbewerbs reagiert, obwohl man davon zumindest in technischer Hinsicht Kenntnis hatte.

Auch die Kenntnis der eigenen Schutzrechte, die in eigenen Produkten bzw. bestimmten Produktmerkmalen ihren Niederschlag gefunden haben, bietet weitere Vorteile: Besondere Merkmale mit entsprechendem Kundennutzen lassen sich viel besser bzw. einfacher verkaufen. Und bei Preisverhandlungen kann für Features mit Monopolcharakter getrost eine großzügigere Marge veranschlagt werden. Denn zu dem durch Patent geschützten technischen USP existiert normalerweise kein direktes Konkurrenzprodukt, sondern höchstens eine Substitutionslösung.

Ein weiterer wichtiger Punkt in Sachen Patente betrifft den Vertrieb insbesondere dann, wenn dieser mehrere Zielländer bedient: Gehen wir einmal davon aus, dass im Heimatmarkt bzw. Herkunftsland ein Produkt auch tatsächlich hergestellt und vertrieben werden darf. Es existieren dort dann also keine entgegenstehenden Schutzrechte von Wettbewerbern. Das sollte im Vorfeld von der Produktentwicklung im Rahmen des Innovationsprozesses schon überprüft worden sein. Da es sich bei Patenten aber um Schutzrechte handelt, die einen definierten territorialen Gültigkeitsbereich aufweisen, ist die Schutzrechtslage für eine bestimmte Erfindung natürlich nicht in allen Ländern automatisch gleich. Das hat zur Folge, dass es eigene Produkte geben kann, die zwar im Heimatmarkt, nicht aber in bestimmten anderen Ländern vertrieben werden dürfen, weil dort ein Wettbewerber über entsprechende Patente verfügt. Dies herauszufinden, ist sicher nicht die Aufgabe des Vertriebs – aber diesbezügliche Informationen müssen an den Vertrieb weitergegeben werden, damit dieser rechtskonform agieren kann. Ein Informationsverlust zu einer divergierenden Schutzrechtslage birgt die Gefahr einer Patentverletzung und einer Patentverletzungsklage *im Ausland*.

> **Praxistipp: Patentrechtlich relevante Fragen im Vertrieb**
>
> Die wichtigsten Frage- bzw. Aufgabenstellungen im Vertrieb zum Thema Patent lauten:
>
> 1. Kenntnis der eigenen Patente und deren Verwirklichung im eigenen Produktportfolio
> 2. Erkennen und Verfolgen von Patentverletzungen durch den Wettbewerb
> 3. Triggern von eigener Produktentwicklung und Innovationsprozessen
> 4. Bei Auslandsbezug: Vertrieb benötigt Infos über divergierende Schutzrechtssituationen in verschiedenen Zielländern bei Wettbewerbspatenten

Patente in der Ausgangslogistik/Versand

In der Ausgangslogistik geht es um die Auslieferung von fertigen Produkten an den Endkunden oder Zwischenhändler. Dabei spielt auch der Versand ins Ausland häufig eine wichtige Rolle. Verschiedene Transportoptionen stehen zur Wahl: über die Straße, die Schiene, per Schiff, per Luftfracht bzw. Kombinationen aus diesen Transportwegen.

Vor diesem Hintergrund können Patente ebenfalls von Bedeutung sein; auch dann, wenn eine Einfuhr von Produkten im Zielland patentrechtlich erlaubt ist (das sollte ja schon vorher hinreichend abgeklärt worden sein!). Das heißt aber noch nicht, dass der Transport *dorthin* auf jedem Wege rechtlich zulässig ist! Vorsicht ist nämlich dann geboten, wenn eine Durchfuhr durch ein Land erfolgt, in dem Patentschutz Dritter für das transportierte Produkt besteht. In so einem Fall muss dann nämlich unbedingt ein ungebrochener Transit erfolgen. Ansonsten kann auch der Transport durch das Drittland ein verbotenes Inverkehrbringen eines patentverletzenden Gegenstandes in dem Drittland darstellen.

9.2 Patentschnittstellen im Unternehmen

Die Frage, ob und wann die Durchfuhr durch ein Schutzland eine Patentverletzung in jenem Land darstellt, wird immer einmal wieder neu diskutiert. Es scheint aufgrund der steigenden Zahl von Fällen der Produktpiraterie auch die Tendenz zu einer strikteren Einschätzungsweise durch die Gerichte zu existieren. Im Zweifelsfall sollte für den Warenversand deshalb eine Route gewählt werden, die nur durch patentfreie Drittstaaten führt oder direkt vom Herkunftsland ins Zielland (z. B. per Luftfracht) verläuft.

> **Praxistipp: Eine patentrechtlich relevante Frage für die Ausgangslogistik**
>
> Die wichtigste Frage- bzw. Aufgabenstellung in der Ausgangslogistik zum Thema Patent ist:
> - Wahl einer patentverletzungsfreien Transportroute und ansonsten Sicherstellen eines ungebrochenen Transits.

Patente im Marketing/der Promotion

Im Bereich des Marketings (im engeren Sinne) bzw. in der Promotion geht es darum, Produkte und Dienstleistungen in einer Weise zu vermarkten, die potenzielle Käufer anspricht und zum Kauf motiviert. Das Herausstellen von Besonderheiten und Alleinstellungsmerkmalen der beworbenen Produkte und deren Relevanz in Hinblick auf den Kundennutzen sind dabei von zentraler Bedeutung. Alleinstellungsmerkmale sollen nach herrschender Meinung „verteidigungsfähig" sein. Bei durch Patent geschützten USPs ist das natürlich der Fall.

Bei der Kommunikation von USPs können diesbezügliche Patente deshalb eine wichtige unterstützende Wirkung entfalten. Ein entsprechender Hinweis auf Patentschutz weist nicht nur auf eine behauptete, sondern auf die tatsächliche Einmaligkeit von Produktmerkmalen hin. Der Adressat der eingesetzten Kommunikationsmittel wird das kommunizierte Alleinstellungsmerkmal deshalb mit weniger Skepsis betrachten, er ist viel überzeugter von der vermittelten Botschaft. Der Kunde hat deshalb ein gutes Gefühl beim Kauf des Produktes, die Kaufentscheidung wird ihm erleichtert und er bewertet ein Produkt mit Patentschutz als qualitativ hochwertiger als dasselbe Produkt ohne Patentschutz.

Für Wettbewerber hingegen beinhaltet ein Hinweis auf Patentschutz für ein Produkt bzw. Produktmerkmal eine deutliche Warnfunktion, also die deutliche Botschaft, dass hier eine schutzrechtliche Grenze des Zulässigen existiert, die er besser nicht überschreiten sollte. Ein Wettbewerber wird deshalb eingehender überprüfen, über welchen Handlungsspielraum er bei seiner eigenen Produktentwicklung noch verfügt und wo er durch das fremde Patent in seinen Aktivitäten auf dem Markt eingeschränkt wird.

Schutzrechte in der Werbung Wenn allerdings mit Schutzrechten Werbung betrieben wird, dann sollte dies auf eine rechtlich zulässige Weise erfolgen. Der Werbende ist verpflichtet, jedem Dritten mit einem berechtigten Interesse darüber Auskunft zu erteilen, auf welches erteilte Patent oder auf welche noch nicht erteilte Patentanmeldung sich die sog. *Patentberühmung* stützt. Das Marketing als für die Werbung verantwortliche Abteilung sollte deshalb in der Lage sein, diese Auskunft zu erteilen.

Auch der in der Werbung verwendete Wortlaut ist wichtig und muss die tatsächliche schutzrechtliche Situation korrekt und nicht etwa irreführend widerspiegeln. Hierzu zählt eine korrekte Unterscheidung zwischen bloßen Patentanmeldungen und bereits erteilten und somit voll gegen den Wettbewerb durchsetzbaren Patenten und auch Gebrauchsmusterschutz ist klar von Patentschutz abzugrenzen. Der räumliche Geltungsbereich der Schutzrechte ist zu beachten und gegebenenfalls korrekt zu benennen. Begriffe wie „Weltpatent" oder „europaweit geschützt" können unter Umständen irreführend sein. Eine Folge irreführender Werbung ist häufig eine wettbewerbsrechtliche Abmahnung durch die Konkurrenz, verbunden mit Ansprüchen auf Unterlassung, Auskunftserteilung und Schadensersatzzahlungen.

Disclaimer Bestehen für bestimmte Produkte eines Unternehmens Handelsbeschränkungen in Bezug auf bestimmte Länder (z. B. bei divergierender Schutzrechtslage), dann kann diese Tatsache auch für das Marketing relevant werden. Werbeunterlagen können nämlich im Rechtssinne ein Angebot darstellen, dies betrifft beispielsweise Produktbroschüren in Papierform oder zum Download im Internet. Richten sich Angebote nun aber undifferenziert an eine Vielzahl von potenziellen Kunden aus verschiedenen Ländern, obwohl der Markt in einem dieser Länder durch Patente von Wettbewerbern gesperrt ist, so können allein diese undifferenzierten Angebote in dem gesperrten Land eine Patentverletzung darstellen. Dass dem Angebot ein Handelsabschluss folgt oder ein Herstellen oder Liefern, ist für die Erfüllung des Patentverletzungstatbestandes des *Anbietens* gerade nicht erforderlich. Abhilfe schafft in solchen Fällen zumeist die

9.2 Patentschnittstellen im Unternehmen

Verwendung eines ausdrücklichen Disclaimers in den Werbe- bzw. Angebotsunterlagen.

Offensichtlicher als der Patentbezug ist im Bereich des Marketings wohl der Bezug zu den Schutzrechtsarten Marke und Design.[153] Zu den Marketingaufgaben zählt nämlich oft auch die Kreation einer Corporate Identity (CI). Für Internetauftritte, Firmenbroschüren und Geschäftsausstattung werden hierzu Marken und Designs entwickelt. Besonders die Marke ermöglicht es dem Kunden, sich in einer immer größer werdenden Angebotsvielfalt zu orientieren. Sie steht für Leistung und bürgt für Qualität. Im Bereich des Marketings ist es deshalb sehr wichtig, bereits bei der CI-Entwicklung bzw. Markenkreation die aktuelle Schutzrechtslage abzuklären und Markenverletzungen zu vermeiden. Ansonsten drohen Unterlassungs- und Schadensersatzansprüche der Konkurrenz. Umgekehrt sollte durch eigene Markenanmeldungen sichergestellt werden, dass die Konkurrenz die entwickelten Produktbezeichnungen nicht einfach kopieren oder sich diesen beliebig weit annähern kann. Und Markenschutz ist hierbei nicht gleich Markenschutz – nur rechtlich starke Marken bieten den gewünschten umfassenden Schutz vor Trittbrettfahrern und Fälschern.

Schutzrechtslage bei der CI- und Markenentwicklung beachten

> **Praxistipp: Patentrechtlich relevante Fragen im Marketing**
>
> Die wichtigsten Frage- bzw. Aufgabenstellungen im Marketing zum Thema Schutzrechte sind also:
>
> 1. Patente und Gebrauchsmuster: Kenntnis der eigenen Schutzrechtslage und Produktzuordnung, sichere Verwendung/Hinweise in der Werbung
> 2. Patente und Gebrauchsmuster: Kenntnis von Märkten/Ländern, die für bestimmte Produkte durch Schutzrechte Dritter gesperrt sind, Berücksichtigung bei Internet- und Printwerbung
> 3. Marken und Designs: Grundkenntnisse zu starken Rechten und Anwendung dieses Wissens schon bei der Kreation von Branding und CI
> 4. Marken und Designs: Initiieren von Schutzrechtsanmeldungen in Zusammenarbeit mit Patent- und Fachanwälten
> 5. Marken und Designs: Schutzrechtslage der Wettbewerber kennen und beachten zur Vermeidung von Schutzrechtsverletzungen

> **Zusammenfassung**
>
> Das Thema Patente und Schutzrechte ist ein ganz wichtiges und zentrales Thema, das diverse Schnittstellen zu den verschiedenen Prozessen in einem Unternehmen aufweist. Je nach Abteilung bzw. Aufgabenbereich ergeben sich dabei unterschiedliche Blickrichtungen und Fragestel-

---

[153] Vgl. den Schutzrechtsüberblick in Kapitel 2.1.

lungen zum Thema Patent. Für den Innovationsprozess selbst und die Kernprozesse im Unternehmen entlang der Wertschöpfungskette haben wir dies oben explizit betrachtet.

Diese Betrachtung lässt sich noch weiter fortführen für die übrigen Einflussfaktoren: Im Bereich Unternehmensfinanzierung ist die Kenntnis des Wertes der eigenen Schutzrechte von erheblicher Bedeutung. Im Bereich Personal spielen Patente bei der Rekrutierung kreativer Köpfe, in der Buchhaltung bei der Erfindervergütung und im Bereich IT beim Schutz sensibler Daten und bei sicherer Kommunikation eine Rolle.

Grundsätzlich kann man deshalb sagen, dass das Thema Patente sämtliche Unternehmensbereiche berührt oder gar in der einen oder anderen Form durchzieht. Und dieser Tatsache muss im unternehmerischen Alltag Rechnung getragen werden. Es gilt, in allen Bereichen auf sinnvolle Weise die Vorteile aus Innovationen und Patenten aktiv zu nutzen und gefährliche Risiken durch Schutzrechte Dritter zu minimieren.

9.3 Patentwissen in Unternehmen

Wir haben gesehen, dass es in praktisch jedem produzierenden Unternehmen zahlreiche Schnittstellen zum Thema Patente gibt. Dabei ist der Blickwinkel auf das Thema Schutzrechte je nach Art der Schnittstelle aber ein vollkommen anderer. Und diese Verschiedenartigkeit der Perspektive ist etwas, das es bei jeder Implementierung von patentrelevanten Vorgängen im Blick zu behalten gilt.

Um das wichtige Thema Patente bestmöglich und gewinnbringend für ein Unternehmen umzusetzen, reicht es definitiv nicht aus, einfach einmalig und formal Prozesse zu implementieren. Obwohl man natürlich an der einen oder anderen Stelle auch formale Prozesse benötigt, das ist ganz klar. Man braucht zum Beispiel beim Thema Meldung einer Erfindung durch einen Arbeitnehmer definierte Ansprechpartner, Formulare und Abläufe, um den Übergang von Erfindungen in das Eigentum des Unternehmens nicht zu gefährden.

Viel wichtiger als eine mögliche Überregulierung und Überfrachtung der Mitarbeiter mit einer weiteren Vielzahl von Prozessen und Dokumentationspflichten ist meiner Meinung nach aber das Schaffen von Verständnis und Sensibilität für das Thema gewerbliche Schutzrechte und Ideenschutz. Es geht also beim Verankern von Patentthemen im Unternehmen nicht um die Schaffung eines starren Korsetts, sondern um ein selbständiges Mitdenken jedes Einzelnen zum Thema Patente im Rahmen seiner Kernaufgabe.

9.3 Patentwissen in Unternehmen

Ein solches Mitdenken setzt aber natürlich voraus, dass Mitarbeiter zum Thema Patente erst einmal sensibilisiert worden sind. Sie müssen über ein bestimmtes schutzrechtliches Grundwissen verfügen, das sie erkennen lässt, wann es sich lohnt, einen zweiten patentrechtlichen Blick auf eine Sache zu werfen oder durch einen Patentanwalt werfen zu lassen. Es ist nicht notwendig, dass jeder Mitarbeiter zum individuellen Schutzrechtsexperten wird, das wäre verfehlt. Aber für das Unternehmen patentrechtlich potenziell wichtige oder gar gefährliche und brenzlige Situationen sollten für den Mitarbeiter als solche erkennbar sein.

Das wichtigste Ziel ist es deshalb aus meiner Sicht, existierende Informationsdefizite zum Thema Patente zu schließen. Das deckt sich ganz fundamental auch mit den vorn beschriebenen Ergebnissen der Studien zu Patenten in Unternehmen.[154] Demnach sind in Unternehmen bzw. ganz besonders oft in KMU keine hinreichend fundierten Kenntnisse der Patentmaterie für entsprechend weitreichende strategische Entscheidungen zum Schutz von Innovationen vorhanden. Es fehlt schlichtweg die Basis, also das Wissen um die Zusammenhänge.

Informationsdefizite zum Thema Patente reduzieren

Nach entsprechender Kenntnis von unternehmensrelevanten Schutzrechtsbasics ergeben sich manche Prozesse in Zusammenhang mit Patenten recht zwanglos allein aus der Ratio. Sie sind dann einfach nur zwingend logisch. Manche Ergebnisse zu vorteilhaften Abläufen sollten trotzdem festgeschrieben werden, bei anderen Aspekten wird individueller und besser nach Bedarf und nach gesundem Menschenverstand zu verfahren sein. Engagierte und vor allem mündige Mitarbeiter können mit dem entsprechenden Grundwissen einiges bemerken, bewerten und bewirken.

Das aber leider weit verbreitete Informationsdefizit zum Thema Patente müssen Sie dafür natürlich erst einmal schließen. Gut eignen sich dafür Seminare und Schulungen, die auf eine bestimmte Zielgruppe zugeschnitten sind. Mitarbeiter und Entscheider aus dem Bereich Forschung und Entwicklung haben nun einmal einen ganz anderen Blickwinkel auf das Thema Schutzrechte als Mitarbeiter in Vertrieb und Marketing oder die Geschäftsführung! Die ticken einfach ganz unterschiedlich! Und je zielgruppenorientierter und spannender Patentthemen adressiert werden können, desto interessanter und damit auch einprägsamer ist das vermittelte Schutzrechts-Know-how. Ich selber biete solche speziell auf bestimmte Zielgruppen zugeschnittenen Seminare übrigens auch an.

Zielgruppenorientierte Seminare und Schulungen

---

[154] Siehe Kapitel 1.2.

Wichtig ist mir dabei, dass jeder Seminarteilnehmer für seine betrieblichen Aufgaben aus der Schulung etwas ganz Konkretes mitnimmt. Das Ergebnis des Seminares ist dann also nicht nur ein unterhaltsamer, einzelner Schulungstag, der dann wieder schnell in Vergessenheit gerät. Das Seminar hat dann, wenn die Relevanz und das Potenzial des Themas erst einmal erkannt worden ist, viel weitreichendere Effekte und einen garantierten Return-of-Invest: Es wird sich garantiert für Ihr Unternehmen auszahlen!

Nach einem Grundlagenseminar kommt gegebenenfalls auch ein späteres individuelles Coaching-Gespräch mit dem einzelnen Seminarteilnehmer in Betracht. In diesem geschützten, vertraulichen Rahmen ist es möglich, auch vertrauliche, konkret unternehmensbezogene Fragen zu beantworten. Manche davon tauchen auch erst im Nachgang des Seminars bei der Nachbereitung des Tages überhaupt auf. Der Seminarteilnehmer gewinnt dann durch ein Follow-up-Coaching zusätzliche Sicherheit und Kompetenz. Insbesondere kann dann auch das noch einmal mit einem Experten durchgesprochen werden, was sich der Mitarbeiter selber als Essenz des Seminars für seine persönliche Arbeitsschnittstelle zum Patent überlegt hat.

Patentzirkel für 360°-Betrachtung

Nachdem der Grundstock an Patentwissen erst einmal gelegt worden ist, ist es natürlich wichtig, das erworbene Wissen im Unternehmen auch zusammenzuführen und zusammenzuhalten. Dazu bietet sich meiner Meinung nach ein Patentzirkel an. Diesem Patentzirkel gehören Mitarbeiter ganz verschiedener Arbeits- und Aufgabenbereiche an, die demzufolge auch verschiedene Blickwinkel auf das Thema Patent mitbringen bzw. verkörpern. Jede Perspektive ist dabei wichtig und ernst zu nehmen. Es geht dabei rein um die Sache, nicht um Hierarchiefragen. Im Patentzirkel wird in einer 360° Betrachtung in einem regelmäßigen Turnus von z. B. zwei bis drei Monaten all das besprochen, was es zum Thema Patente Wissens- und Berichtenswertes zu sagen gibt und wo Probleme oder Defizite existieren.

Patentwissen im Unternehmen: typische Alltagsfragestellungen

- Was gibt es an neuen Erfindungsmeldungen in der Firma?
- Auf welchem Gebiet?
- Für welche Produkte sind diese Erfindungen relevant?
- Was wird/wurde zum Patent angemeldet?
- In welchen Produkten des eigenen Unternehmens sind Schutzrechte realisiert?
- Wird das in der Werbung und gegenüber dem Kunden kommuniziert?
- Was hat der Wettbewerber kürzlich zum Patent angemeldet?
- Was davon könnte uns in unserer Handlungsfreiheit stören?

9.3 Patentwissen in Unternehmen

- Verletzt ein Wettbewerber die Schutzrechte des Unternehmens?
- Was wird dagegen unternommen?

Neben diesen Alltagsfragestellungen werden dann auch turnusmäßig strategische Fragen angesprochen. Dabei geht es vorrangig darum, Patente zur Durchsetzung der Unternehmensstrategie bestmöglich einzusetzen bzw. auch Patentliteratur als Input zur Strategiefindung einzusetzen.

Wer Mitglied des Patentzirkels ist, das sollte allgemein in der Firma bekannt sein. Die Mitglieder des Patentzirkels sind dann natürlich auch Erstansprechpartner für die übrigen Mitarbeiter des Unternehmens. Von Vorteil ist es, wenn auch ein Patentanwalt (intern oder extern) oder zumindest ein interner Patentkoordinator mit von der Partie ist. Aber lassen Sie es mich noch einmal betonen: In einem Patentzirkel geht es um die Firmeninteressen, nicht um separate Schutzrechtsziele. Die Idee eines Patentzirkels ist es, dass das Thema Patente die Unternehmensziele und die Prozesse zu deren Erreichen in allen Bereichen *unterstützt*, nicht etwa in Form von steifen Kennzahlen vorgibt.

Patentzirkel zur unternehmerischen Unterstützung

In kleineren Firmen braucht man auch noch nicht sofort einen förmlichen Patentzirkel. Da läuft vieles beim Geschäftsführer selbst und seinem engsten Mitarbeiterkreis ganz natürlich zusammen. Das gilt jedenfalls so lange, wie das Unternehmen nicht zu groß wird und das Gespräch über Patentthemen immer mal wieder mit all denen stattfindet, die es in ihrer Arbeit betrifft oder potenziell betreffen könnte. Wichtig ist es in solchen Fällen, nicht den richtigen Zeitpunkt für einen organisierten Patentzirkel zu verpassen, wenn das Unternehmen wächst. Wachstum bedeutet Veränderung, und zwar auch in der Kommunikation und im Wissensmanagement. Das ist ein nicht zu unterschätzender Faktor!

Noch eine letzte Sache zum Thema Implementierung von Patentwissen möchte ich Ihnen dringend mit ans Herz legen. Es ist von großer Bedeutung, dass zumindest ein Mitglied der Geschäftsleitung fortwährend in das Thema Patente eingebunden ist. Einer der Bosse muss wissen, was bei Patenten Sache ist:

Commitment aus der Chefetage

- Erstens kann das Thema Patente nur bei einem echten Commitment aus der Chefetage im Unternehmen auch erfolgreich angewendet und umgesetzt werden. Alles andere ist ein Lippenbekenntnis ohne Substanz und wird nicht mit genügend Power und Rückendeckung wirklich umgesetzt werden. Das ist eigentlich eine

Binsenweisheit, man sollte sich das aber trotzdem immer wieder klar machen.
- Zweitens steht die Geschäftsleitung als Organ in Sachen Patente auch persönlich mit in der Haftung. Selbst wenn die Geschäftsleitung die eigentliche Operative in Sachen Patente an einen anderen leitenden Angestellten delegiert hat, ändert sich an dieser Tatsache rein gar nichts.[155] Insofern ist ein regelmäßiger, offener und kritischer Blick auf die schutzrechtliche Situation auch durch die Geschäftsleitung von immenser Wichtigkeit. Für die Firma und für den Geschäftsführer ganz persönlich.

9.4 Der volkswirtschaftliche Impact von Patenten

Das Thema Patente ist ein spannendes, dringendes und mächtiges Topic, wie ich Ihnen – so hoffe ich – in diesem Buch vermitteln konnte. Patente sichern Wettbewerbsvorteile und halten Wettbewerber auf Distanz. Sie sind deshalb für Unternehmen ein wertvolles und wertsteigerndes Tool der Unternehmensführung.

Aber nicht nur für das individuelle Unternehmen, sondern auch für Volkswirtschaften als Ganzes betrachtet, sind Patente von enormer Wichtigkeit. Ich möchte deshalb dieses abschließende Kapitel noch einmal dazu nutzen, das Thema Patente und Innovationen in diesen übergeordneten Kontext einzuordnen. Denn auch aus dieser Sicht besteht dringender Handlungs- und Verbesserungsbedarf, wenn wir wirtschaftlich Spitze bleiben wollen.

Es ist bekannt, dass die Patentanmeldezahlen eines Landes und die Wirtschaftskraft dieses Landes miteinander korrelieren. Patentanmeldezahlen geben also Auskunft über den nationalen Wohlstand eines Landes oder bei hinreichender Landesgröße auch über den von einzelnen Landesteilen.[156] Ein Land der Ideen, also ein Land ohne nennenswerte Rohstoffe, ist dabei darauf angewiesen, seine Ideen wirksam und nachhaltig zu schützen.

Erfolgshungrige Konkurrenz aus Asien

Und die Konkurrenz schläft nicht, ganz im Gegenteil. Findige, erfolgshungrige und uns bevölkerungszahlenmäßig weit überlegene Nationen aus Asien, namentlich China und Korea, erkennen Europa

---

[155] Vgl. Kapitel 6.4.
[156] So sind in Deutschland die beiden wirtschaftlich stärksten Bundesländer Baden-Württemberg und Bayern auch die Bundesländer, aus denen die meisten Patentanmeldungen stammen (vgl. Jahresberichte des DPMA).

9.4 Der volkswirtschaftliche Impact von Patenten

als zunehmend interessanten Absatzmarkt für ihre Produkte. Diese Produkte des ausländischen Wettbewerbs werden dabei immer innovativer. Sie können in vielen technischen Bereichen mittlerweile nicht nur mit europäischen Produkten mithalten, sondern sind immer öfter selbst Spitzenprodukte. Bloßes Kopieren war gestern. Und wie schon ein schwedisches Sprichwort so treffend sagt: „Wer in die Fußstapfen anderer tritt, kann nie als erster ankommen." So hat auch unsere asiatische Konkurrenz die sprichwörtlich ausgetretenen Pfade mittlerweile verlassen und setzt mit großem Ehrgeiz zum Überholsprung an.

Konkret melden innovative, asiatische Firmen mittlerweile ganz systematisch und konsequent immer mehr Patente an, die ihnen auch hier in Europa den Marktzugang und zukünftig wichtige Marktanteile sichern werden. In China werden schon heute jedes Jahr mehr Patentanmeldungen eingereicht als in den USA und beim Europäischen Patentamt zusammen! Auch die Zahl chinesischer Anmeldungen hier in Europa steigt zurzeit noch exponentiell an. Die Zuwachsrate bewegt sich dabei bei deutlich mehr als 20 % pro Jahr. Das ist eine Respekt verlangende Leistung einer ehrgeizigen und aufstrebenden Nation. Und diese Tatsache wird eine tiefgreifende Veränderung der europäischen Patentanmeldelandschaft nach sich ziehen. Schon in zehn Jahren könnte sich das wirtschaftliche Gleichgewicht im Technologiesektor in Europa signifikant verschoben haben.

Wir hier in Europa müssen deshalb schon heute darauf mit Bedacht und mit allem Einsatz reagieren. Die Gefahr, dass wir unsere wirtschaftliche Vorrangstellung im Bereich innovativer technischer Produkte einzubüßen drohen, beruht dabei sicherlich nicht auf mangelndem Potenzial. Im Gegenteil. Denn gründend auf Kreativität, technischem Wissen, viel Erfahrung und neuen Ideen, ist es definitiv vorhanden. Aber dieses große Potenzial wird leider nur viel zu ungenügend dazu genutzt, um Marktanteile schutzrechtlich abzusichern. Es werden deutlich zu wenige Patente angemeldet, obwohl es genug schützenswerte technische Ideen gibt. Das gilt besonders für Deutschland als patentanmeldestärkstes Land in Europa.[157]

Die Gefahr für Europa

Europäische Großunternehmen sind in schutzrechtlicher Hinsicht die eher unproblematischen Fälle. Sie melden aktuell einen Großteil der hiesigen Patente an, sei es auf nationalem Wege oder beim

---

[157] Die Zahl der aus Deutschland stammenden Patentanmeldungen beim Europäischen Patentamt ist seit 2012 durchschnittlich um ca. 3,1 % pro Jahr gefallen!

Europäischen Patentamt. Aber mehr als 99 % aller hier ansässigen Unternehmen sind eben keine Konzernriesen, sondern zählen zu den KMU. Und diese schöpfen ihr Patentpotenzial einfach nicht genügend aus. Nur noch etwa 26 % aller Patentanmeldungen stammen von KMU! Das ist einfach viel zu wenig! Diese immense Lücke, die da regelrecht klafft, ist genau die Lücke, in die die Konkurrenz eines nicht allzu fernen Tages mit eigenen Exklusivrechten hineinstoßen wird!

Dramatisches Absinken der Innovationstätigkeit bei KMU

Es sei denn, wir tun etwas dagegen. Und zwar mit aller Kraft und nicht nur halbherzig! Beim Lesen der alljährlichen KfW-Innovationsberichte Mittelstand[158] wurde mir die Dramatik der Lage erneut mit aller Deutlichkeit vor Augen geführt: In den Berichten geht es um die wichtigsten statistisch signifikanten Trends zum Thema Innovation. Die Innovationstätigkeit von Unternehmen wird dabei also mit wirtschaftlichen Kennzahlen verknüpft.

Der Befund vom Februar 2015: *„Die Innovationstätigkeit im Mittelstand lässt zum dritten Mal in Folge nach."* Und im Februar 2016: *„Innovationen trotz leichter Erholung weiterhin im Tal. ... Der aktuell zu beobachtende leichte Anstieg der Innovatorenquote darf nicht darüber hinweg täuschen, dass der Anteil der Innovatoren im Mittelstand um gut ein Drittel unter dem Höchststand 2004/2006 liegt."*

Es handelt sich bei den besorgniserregenden Daten also nicht um einen einmaligen Ausrutscher oder eine unbedeutende statistische Schwankung im Rahmen des Normalen – diese Befunde zur Innovationstätigkeit sind ein absolutes Alarmsignal!

Den Daten zufolge liegt das Defizit der Innovationsaktivität praktisch nicht bei den Großunternehmen. Diese sind nach wie vor überdurchschnittlich innovativ. Das insgesamt alarmierende Ergebnis kommt stattdessen durch die gefallene Innovationsaktivität der KMU zustande. Zu dem im Wesentlichen inhaltsgleichen Ergebnis kommt leider auch der Innovationsbericht der EU-Kommission.[159] Am stärksten vom Rückgang der Innovatorentätigkeit betroffen sind dabei ausgerechnet die international agierenden Mittelständler. Ein leichtes Plus bei der Innovationstätigkeit ist nur bei den Kleinstunternehmen zu verzeichnen.

---

[158] KfW-Innovationsbericht Mittelstand 2014 und 2015 (veröffentlicht im Februar 2015 bzw. 2016, Autor: Dr. Volker Zimmermann).

[159] Pressemitteilung der Europäischen Kommission vom 7. Mai 2015 sowie Leistungsanzeiger der Innovationsunion 2015 (Innovation Union Scoreboard).

9.4 Der volkswirtschaftliche Impact von Patenten

Es ist also leider eine nicht zu leugnende Tatsache: Die Innovationstätigkeit bei KMU sinkt. Trotzdem wird dieser alarmierende Befund in der Presse auch noch teilweise schön geredet: Es fehle wegen der guten Auftragslage schlicht die Zeit für Innovationen! Soll uns das in Sicherheit wiegen? Oder gar trösten? Wir haben zwar eigentlich alle Voraussetzungen, um hierzulande erfolgreich zu sein und Spitze zu bleiben. Aber dennoch geht da gerade etwas in Sachen Zukunftssicherung gewaltig schief – und wenn wir nicht fürchterlich aufpassen, zukünftig den sprichwörtlichen Bach herunter!

Tatsache ist doch, dass man sich in einer solch alarmierenden Situation, mit den sich schon heute unzweifelhaft abzeichnenden Veränderungen durch die immer weiter erstarkende asiatische Konkurrenz, nicht einfach einlullen lassen und in Sicherheit wiegen darf! Wir Europäer und ganz besonders auch wir Deutschen dürfen uns eben nicht auf unseren Lorbeeren ausruhen, sondern müssen zusammen wieder lernen, erfolgshungrig zu sein! Wir brauchen heute mehr denn je den Weitblick für den Erfolg von morgen!

Unternehmerischer Weitblick für den Erfolg von morgen

Das ist gerade im Bereich Patente eine unumstößliche Wahrheit. Und Wahrheiten – auch die unbequemer Art – müssen ausgesprochen werden. Selbst wenn man sich schon zu Zeiten der Antike durch Kassandra-Rufe[160] keine Freunde gemacht hat. Patente hervorzubringen und dadurch Geschäftsbereiche abzusichern ist nämlich ein langfristig angelegter Prozess, mit dem man gar nicht früh genug beginnen kann. Deshalb dürfen wir uns keinesfalls erst einmal zurücklehnen und abwarten, was in ein paar Jahren passiert. Dann könnte es nämlich schon zu spät sein, um auf der wirtschaftlichen Erfolgsspur zu bleiben. Wenn wir unser Innovationsverhalten nicht verändern, dann werden zukünftig wichtige Technologiefelder von der asiatischen Konkurrenz besetzt und durch immer mehr Patente rechtlich abgesichert sein. Der Marktzugang wird durch die Monopolrechte, die Patente generieren, für die hier heimischen Unternehmen dann deutlich erschwert oder gar unmöglich gemacht.

Mein hochverehrter Mentor und Seniorpartner in einer Münchener Patentanwaltskanzlei verglich das Patentwesen immer wieder gern mit einem Hochseetanker. Wenn der Supertanker mit seiner immensen Masse einmal vom Kurs abkäme, sei das nur mit erheblicher Verzögerung wieder zu korrigieren. Wenn der Hochseeanker aber erst einmal Fahrt aufgenommen habe, dann sei er auch kaum noch

---

[160] Kassandra sagte in der griechischen Antike den Untergang von Troja voraus, fand aber kein Gehör. Troja wurde zerstört.

zu bremsen. Patente sinnvoll zu nutzen, erfordert deshalb Umsicht, Weitblick sowie auch Hartnäckigkeit und Ausdauer – und keine kurzfristigen, hektischen und unüberlegten Aktionen. Auch aus der vergangenen Weltwirtschaftskrise sind übrigens diejenigen Unternehmen unbeschadeter hervorgegangen, die in Zeiten der Krise eben *nicht* kurzfristig im Bereich Innovationen und Patente gespart haben. Sie haben auch in Zeiten der wirtschaftlichen Not eben gerade nicht den Ast abgesägt, auf dem sie morgen komfortabel sitzen wollen.

Innovationskultur nachhaltig verbessern

Es ist deshalb nach meiner tiefsten Überzeugung ungeheuer wichtig, dass wir es schaffen, unsere Innovationskultur auf den Prüfstand zu stellen und flott zu machen für die Zukunft. Wir sind gut, ja, aber wir sind aktuell leider noch lange nicht gut genug. Nicht in dieser Konkurrenzsituation mit Blick auf die Zukunft. Mit einer besseren – und das heißt für KMU vor allem *bewussteren* – Innovationskultur, können wir deshalb alle viel gewinnen. Patente sind ein wichtiger Teilbereich von Innovation, sie bieten wertvollen Schutz für erfolgreiche technische Produkte. Auch Patentwissen ist also ein Teil des Wissens um erfolgreiche Innovation und trägt somit zu einer bewussteren Innovationskultur bei. Nur wenn es uns gelingt, Innovationen zukünftig auch in KMU erfolgreich zu begleiten und durch starke Patente vor Nachahmung durch die Konkurrenz zu schützen, haben wir die Chance, wirtschaftlich dauerhaft Spitze zu bleiben.

Es stimmt also wirklich, wenn es heißt, dass der Mittelstand das Rückgrat der heimischen Wirtschaft darstellt. Aber der Sinn hinter diesem Satz stellt sich bei genauerer Betrachtung als ein anderer dar, als ursprünglich intendiert. Der Mittelstand hat das größte Wachstumspotenzial und die besten Chancen für wirtschaftliches Wachstum. Aber Chancen allein sind wie Talente: das allein reicht leider nicht. Dauerhafter Erfolg für den Mittelstand und für unser Land erfordert noch viel Anstrengung und vor allem den unbedingten Willen, Dinge, die nicht optimal sind, wirklich verbessern zu wollen.

Wir müssen uns klarmachen, dass die Zeit für einen bewussteren Umgang mit unserer wichtigsten Ressource, unserem Ideenreichtum, auch und gerade bei KMU reif ist. Innovation darf nicht nur völlig beliebig auf der Tagesordnung stehen, wenn dafür zufällig einmal etwas wertvolle Zeit oder Geld erübrigt werden können. Innovationen sind bei aller Kreativität nichts Beliebiges, sondern etwas Wichtiges und vor allem *Dringendes* – denn Innovationen sichern unsere wirtschaftliche Zukunft. Schützen wir dieses wertvolle Wirtschaftsgut mit allen Möglichkeiten, die unser Rechtsstaat dafür bietet. Nutzen wir dafür auch konsequent die Power von Patenten. Und fangen wir damit nicht erst morgen, sondern gleich heute damit an!

Stichwortverzeichnis

A

Akteneinsicht 70
Amtsbescheid 45
Amtsgebühren 173
Anmeldemöglichkeiten 37
Anmeldetag 56
Anmeldung
– Klassifizierung 68
Anwaltshonorare 173
Arbeitnehmererfinder 145
Arbeitnehmererfindungsrecht
– in Deutschland 148
Aufrechterhaltungsgebühren 177
Ausgangslogistik 206
Auskunftsanspruch 135
Auslandsnachanmeldungen 45

B

Bekanntmachungsanspruch 138
Beschreibung der Patentanmeldung 107
Beschwerde 71
Besichtigungsanspruch 138
BREXIT 43, 50
Bündelpatent 43

C

China 4
Compliance 163
computerimplementierte Erfindungen 78
Corporate Identity 209

D

Defensivpublikation 83, 92
Design 25, 31
– Werbung 209
Disclaimer
– Angebotsunterlagen 208, 209
Durchschnittsfachmann 61, 62

E

Einkauf 202
Einspruch 71, 113
– Erfindungsdiebstahl 159

Einspruchsfrist 114
Einspruchsgebühr 115
Einstweilige Verfügung 16
Einwendung Dritter 117
entgangener Gewinn 134
Entschädigungsanspruch 70
EP-Patent 42
EPÜ 41
Erfinder
– Recht auf das Patent 147
erfinderische Tätigkeit 60
– Beweisanzeichen 65
– Indizien 65
Erfindervergütung 149, 153
Erfindungsdiebstahl 154
Erfindungshöhe 27
ergänzendes Schutzzertifikat 26
Erschöpfung 130
Erstanmeldungsgrundsatz 36
Ersterfindungsgrundsatz 36
EU-Patent 48, 49
– Jahresgebühren 180
Europäisches Patent 42
Europäisches Patentübereinkommen 41

F

Finanzierung 18
„first-to-file"-Grundsatz 36
Fördermöglichkeiten 12, 183
freie Erfindung 149
Freiheitsstrafen 138, 142
FTO 197

G

Gebrauchsmuster 25, 26, 83
– Neuheitsschonfrist 58
– Schutzdauer 85
Gebrauchsmusterschutz 84
Gebühren 171
geheime Information 162
Geheimhaltung 15, 83, 88
Geheimhaltungsvereinbarung 60, 161
Geldstrafen 138, 142

Gerichtsgebühren
- Nichtigkeitsklage 115
Gesamtschuldner
- bei Patentverletzung 140
Geschäftsführerhaftung 139

H
Haftung 19, 49
- Geschäftsleitung 140
- leitende Angestellte 142
- persönliche Haftung 139
Haftungsfragen 119
Herausgabe des Verletzergewinns 135
Honorare 171

I
Imagesteigerung 19
Inanspruchnahme 148, 149
Innovation 9
Innovationskultur 196
Innovationsverhalten 11
Investorenfindung 18

J
Jahresgebühren 177
Japan 4

K
KMU 8, 216
Kooperationspartner 145
Kooperationsverträge 161
Korea 4
Kosten 12

L
Lieferantenmanagement 202
Lizenz
- alleinige 165
- ausschließliche 164
- einfache 165
Lizenzanalogie 135
Lizenzen 16, 197
Lizenzgebühren 166
Lizenzstrategie 168
Lizenzverträge 163
Londoner Übereinkommen 49

M
Marke 25
- Werbung 209

Markenschutz 28
Marketing 207
Marktanalyse 195
Marktbeobachtungspflicht 105
Merkmalsanalyse 108
Monopol 23

N
Nachbau 15
Neuheit
- objektiv absolute 59
Nichtigkeitsklage 113
- Erfindungsdiebstahl 159
Nobelpreise 33

O
Offenbarung
- Anspruchsänderungen 69
- ursprüngliche 66
Offenbarungserfordernis 70
Offenlegung 70
- vorläufiger Schutz 70

P
Patent 25
Patentanmeldezahlen 4
Patentanmeldung
- Einreichung 68
- In welchen Ländern? 37
- Kosten 173
- planen 37
Patentansprüche
- abhängige 108
- Schutzumfang 107
- unabhängige 108
Patentberühmung 208
Patentboom
- aus Asien 4, 7
Patentierungsausschlüsse 73
- chirurgische, therapeutische und Diagnostizierverfahren 76
- Embryonenschutz 75
- Entdeckungen, wissenschaftliche Theorien, mathematische Methoden 76
- Generalklausel 73
- Geschäftsmethoden 77
- Softwarepatente 78
Patentinformation 17, 18
Patentliteratur 101, 197, 200
Patentpools 165

Patentschnittstellen 198
Patentschrift 71
Patentverletzer 121
Patentverletzerkette 125
Patentverletzung 16, 119
– Anbieten 122
– äquivalente 109
– Besitzen 125
– Durchfuhr 127
– Einschreiten der Zollbehörden 137
– erlaubte Handlungen 128
– Erschöpfung 128
– Export 126
– Gebrauchen 124
– Gerichtsstand 14
– Handlungen zu Versuchszwecken 129
– Herstellen 122
– Import 126
– Inverkehrbringen 123
– mittelbare 125
– privater Raum 128
– Sanktionen und Verbietungsrechte 131
– Schadensberechnung 134
– unmittelbare 125
– unmittelbare Verfahrenserzeugnisse 127
– Verfahrenserfindungen 127
Patentzirkel 212
Patentzusammenarbeitsvertrag 44
PCT 44
PCT-Nachanmeldung 46
Priorität 68
Prioritätsfrist 45, 48
Prioritätsgrundsatz 35
– Stichtag 35
Prioritätsprinzip 32
Prioritätstag 56
Produktbezeichnungen 28
Produktion 204
Promotion 207
Prüfungsantrag 69
Prüfungsbescheid 69
Prüfungsverfahren
– Dauer 71

R
Recht auf das Patent 147
Rechtsnachfolge 147

Rechtsübergang 147
Reverse Engineering 15, 89
Rückrufanspruch 137

S
Schadensberechnung 134
Schadensersatzansprüche 132
– Bruch von Vertraulichkeitsvereinbarungen 162
Schutzrechtsarten 23
Schutzumfang 106
SIGNO 183
Softwarepatente
– Urheberrecht 79
Sperrpatent 149
Spionage
– Ziele, Angriffsformen, Täter 91
Strafverfahren 142
Streitwert 115
– Nichtigkeitsklage 115

T
Territorialitätsprinzip 39, 40

U
ungerechtfertigte Bereicherung 134
Unterlassungsanspruch 132
Unternehmensstrategie 193
Unternehmenswert 18
unternehmerische Verkehrs- und Sorgfaltspflichten 133
Urheberrecht 25
USA 4

V
Validierung 42
verbotene Handlungen 121
Vernichtungsanspruch 137
Versand 206
vertrauliche Information 161
Vertraulichkeitsvereinbarung 161
Vertrieb 204
Verwirkung von Patentrechten 205
Vindikationsklage 157
Vorveröffentlichung
– eigene 58
– schädliche 59

W

Weiterbenutzungsrecht 92
Weltpatent 44
Werbung 208
Wertschöpfungskette 199
Wettbewerb 24
Wettbewerbsanalyse 194
Wettbewerbsüberwachung 17, 197

widerrechtliche Entnahme 159
WIPANO 183

Z

Zeichnungen der Patentanmeldung 107
Zeitrang 68
ZIM 187